幼儿园管理实用手册

主编 王晓彤 顾艺文
参编 王 巍 刘 军

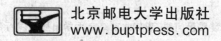

北京邮电大学出版社
www.buptpress.com

内 容 简 介

本书汇编了北京邮电大学幼儿教育中心多年来的制度建设和管理经验。全书共分为九章，内容包括园所文化、党支部工作管理、行政工作管理、保教工作管理、后勤工作管理、卫生保健管理、安全工作管理、食堂工作管理和安全应急预案，旨在为新时代幼儿园制度建设、科学管理及学前教育的创新发展提供参考与借鉴。

图书在版编目(CIP)数据

幼儿园管理实用手册 / 王晓彤，顾艺文主编. - - 北京：北京邮电大学出版社，2021.9
(2023.11 重印)

ISBN 978-7-5635-6517-7

Ⅰ. ①幼… Ⅱ. ①王… ②顾… Ⅲ. ①幼儿园—管理—手册 Ⅳ. ①G617-62

中国版本图书馆 CIP 数据核字(2021)第 186207 号

策划编辑：刘纳新　姚　顺　　责任编辑：廖　娟　　封面设计：七星博纳

出版发行：	北京邮电大学出版社
社　　址：	北京市海淀区西土城路 10 号
邮政编码：	100876
发 行 部：	电话：010-62282185　传真：010-62283578
E-mail：	publish@bupt.edu.cn
经　　销：	各地新华书店
印　　刷：	保定市中画美凯印刷有限公司
开　　本：	720 mm×1 000 mm　1/16
印　　张：	17.5
字　　数：	268 千字
版　　次：	2021 年 9 月第 1 版
印　　次：	2023 年 11 月第 4 次印刷

ISBN 978-7-5635-6517-7　　　　　　　　　　　　　　　　定价：58.00 元

·如有印装质量问题，请与北京邮电大学出版社发行部联系·

前　言

2018年7月,习近平总书记主持中央全面深化改革委员会会议,会议审议通过的《关于学前教育深化改革规范发展的若干意见》明确指出,推动学前教育深化改革规范发展是党和政府为老百姓办实事的重要民生工程。《关于学前教育深化改革规范发展的若干意见》是新中国成立以来第一个以党中央和国务院的名义发布的学前教育重要文件,彰显了党中央、国务院对学前教育事业的高度重视,同时也对新时代学前教育改革发展进行了系统谋划和全面部署。

新时代学前教育要有新作为,就必须加强幼儿园的制度建设。只有让科学的制度在幼儿园管理实践中有效实施,方能让制度建设在学前教育领域生根发芽、开满鲜花。使命呼唤担当、使命呼唤未来。办好学前教育,关系亿万儿童健康成长,关系社会和谐稳定,关系党和国家事业的未来。作为学前教育的重要承载机构,幼儿园应切实增强办好新时代学前教育的政治责任感和历史使命感,认真贯彻执行党的十九大、全国教育大会精神,深化改革、完善制度、强化管理、规范发展,加大宣传力度,营造良好氛围,从而促进学前教育安全优质发展,满足人民群众幼有所育的美好期盼。

教育部先后出台的关于学前教育的系列纲领性文件,成为新时代幼儿园制度建设的基本依据。《幼儿园教育指导纲要(试行)》《3—6岁儿童学习与发展指南》等为新时代幼儿园发展理念提供了指导原则,《幼儿园教职工配备标准》《幼儿园教师专业标准(试行)》《幼儿园园长专业标准》《幼儿园教师职业道德规范》等为新时代幼儿园教师队伍建设提供了指导原则,《幼儿园工作规程》等为新时代幼儿园建设规划提供了指导原则,《北京市幼儿园办园质量督导评估标准(试行)》为幼儿园制度化、精细化管理提供了指导原则。

北京邮电大学幼儿教育中心(以下简称"北邮幼教中心")创建于1956年,隶属于北京邮电大学,建园至今已有六十多年的发展历程,是北京市一级一类幼儿园、海淀区示范幼儿园。多年来,北邮幼教中心以"创设和谐园所,促进幼儿健康快乐发展"为办园宗旨,确立了"以幼儿为本,家园和谐,师幼共成长"的办园理念和"幼儿开心,家长放心,员工舒心"的办园目标,以科学的保教管理为重点,营造了具备健康教育特色的园本文化氛围,有效地提高了办园质量。

建园以来,北邮幼教中心在严格执行上级各项教育法律法规的基础上,积极探索幼儿教育改革发展规律,创新管理机制与管理模式,同时逐步制定实施了一系列园本的管理制度。随着国家政策文件的出台,努力把握学前教育正确的发展方向,有些制度需要进一步修订完善,有些制度需要废除更新,也有一些新的制度陆续建立实施。自2009年以来,北邮幼教中心一直高度重视对规范标准的研习和制度意识的培养,将制度实践化,不断日积月累整理成册。为进一步提高依法办园水平,同时便于教职工学习、执行和落实本中心规章制度,从2019年1月起,北邮幼教中心管理者再次对各项管理制度进行了汇总和修订,形成《幼儿园管理实用手册》一书。

本书共分为九章,内容涉及园所文化、党支部工作管理、行政工作管理、保教工作管理、后勤工作管理、卫生保健管理、安全工作管理、食堂工作管理、安全应急预案。本书的出版是北京邮电大学幼儿教育中心上述制度建设理念与实践的总结和凝练,以期为新时代幼儿园制度建设、科学管理以及学前教育的创新发展提供有益帮助。天道酬勤,思者常新。规范幼儿园管理,提升教育内涵,打造优质教育品牌,是我们不断追求的目标。

本书的出版得到了北京邮电大学出版社的支持和帮助,我们在此表示诚挚的谢意。限于编者的水平,书中不妥和错误之处在所难免,敬请广大读者和同行批评指正。

目　　录

第一章　园所文化 ……………………………………………… 1

第一节　北京邮电大学幼儿教育中心概况 …………………… 1
第二节　教师入职宣誓制度 …………………………………… 6
第三节　师德建设制度 ………………………………………… 7
第四节　师德培训学习制度 …………………………………… 9
第五节　师德宣传制度 ………………………………………… 10
第六节　师德检查制度 ………………………………………… 10
第七节　师德考核制度 ………………………………………… 10
第八节　师德奖惩制度 ………………………………………… 11
第九节　师德监督制度 ………………………………………… 12

第二章　党支部工作管理 ……………………………………… 13

第一节　党支部工作制度 ……………………………………… 13
第二节　党员联系群众制度 …………………………………… 15
第三节　谈心谈话制度 ………………………………………… 16
第四节　团支部工作制度 ……………………………………… 16
第五节　工会小组管理制度 …………………………………… 18

第三章　行政工作管理 ……………………………………………… 20

第一节　幼教中心职责 …………………………………………… 20
第二节　岗位责任制 ……………………………………………… 20
第三节　贯彻落实"三重一大"决策制度实施办法 …………… 41
第四节　园务委员会制度 ………………………………………… 44
第五节　教职工代表大会制度 …………………………………… 46
第六节　会议制度 ………………………………………………… 48
第七节　领导带班制度 …………………………………………… 53
第八节　管理者检查指导制度 …………………………………… 53
第九节　新员工入职管理制度 …………………………………… 54
第十节　教职工培训制度 ………………………………………… 55
第十一节　法制副校长工作制度 ………………………………… 57
第十二节　工作质量评价考核制度 ……………………………… 58
第十三节　考勤制度 ……………………………………………… 59
第十四节　奖惩制度 ……………………………………………… 62

第四章　保教工作管理 ……………………………………………… 69

第一节　教育教学管理制度 ……………………………………… 69
第二节　教研制度 ………………………………………………… 71
第三节　业务活动制度 …………………………………………… 72
第四节　听课、备课制度 ………………………………………… 72
第五节　教学资料管理制度 ……………………………………… 73
第六节　幼儿发展情况报告制度 ………………………………… 73
第七节　教育评价制度 …………………………………………… 74
第八节　批阅计划制度 …………………………………………… 74
第九节　交接班制度 ……………………………………………… 75
第十节　业务档案管理制度 ……………………………………… 75

第十一节　幼儿作息制度 …………………………………… 76

　　第十二节　家长联系制度 …………………………………… 76

　　第十三节　家长开放活动制度 ……………………………… 77

　　第十四节　重大事项向家长通报及意见征询制度 ………… 79

　　第十五节　家长委员会工作制度 …………………………… 80

　　第十六节　资料借阅制度 …………………………………… 81

　　第十七节　资料管理制度 …………………………………… 82

　　第十八节　信息管理制度 …………………………………… 83

第五章　后勤工作管理 …………………………………………… 84

　　第一节　财务管理制度 ……………………………………… 84

　　第二节　财产管理制度 ……………………………………… 85

　　第三节　专项资金使用制度 ………………………………… 86

　　第四节　收、退费制度 ……………………………………… 87

　　第五节　幼儿园收费公示制度 ……………………………… 87

　　第六节　办公室工作人员保密制度 ………………………… 88

　　第七节　节能减排制度 ……………………………………… 89

　　第八节　纸张管理制度 ……………………………………… 91

　　第九节　采购管理办法 ……………………………………… 92

　　第十节　购置物资验收办法 ………………………………… 95

　　第十一节　印章使用制度 …………………………………… 96

　　第十二节　员工招聘管理制度 ……………………………… 97

　　第十三节　辞职与辞退制度 ………………………………… 97

　　第十四节　招生工作制度 …………………………………… 98

第六章　卫生保健管理 …………………………………………… 100

　　第一节　卫生保健制度 ……………………………………… 100

　　第二节　一日生活制度 ……………………………………… 101

第三节	健康检查制度	104
第四节	预防接种制度	107
第五节	传染病管理制度	107
第六节	疫情报告制度	108
第七节	保健室设备及药品、消毒用品管理制度	109
第八节	日常卫生消毒制度	110
第九节	体弱儿管理制度	112
第十节	五官保健制度	115
第十一节	营养膳食管理制度	117
第十二节	体格锻炼制度	121
第十三节	儿童伤害制度	122
第十四节	健康教育制度	124
第十五节	传染病防控健康教育宣传制度	125
第十六节	登记统计制度	126
第十七节	空调使用制度	127
第十八节	新风系统使用制度	128
第十九节	缺勤追访制度	128
第二十节	饮用水安全管理制度	129
第二十一节	幼儿卫生保健信息安全管理制度	130
第二十二节	幼儿卫生保健信息培训制度	130
第二十三节	幼儿卫生保健信息质控制度	131
第二十四节	幼儿用药委托交接制度	132
第二十五节	班级个人卫生制度	133
第二十六节	预防疾病与隔离制度	133
第二十七节	集中用餐陪餐制度	134
第二十八节	家园信息互通制度	135
第二十九节	每日健康状况统计制度	136

目 录

第七章 安全工作管理 … 138

第一节 安全小组组织机构图 … 138

第二节 安全责任制度 … 139

第三节 安全管理制度 … 143

第四节 安全教育制度 … 144

第五节 安全检查制度 … 144

第六节 幼儿接送制度 … 145

第七节 出入管理制度 … 146

第八节 安全隐患排查制度 … 147

第九节 防止幼儿意外伤害制度 … 148

第十节 校舍安全年检制度 … 149

第十一节 防治欺凌和暴力管理工作制度 … 150

第十二节 安全工作档案制度 … 151

第十三节 安全应急演练制度 … 152

第十四节 视频安防监控系统管理制度 … 153

第十五节 幼儿园安全事故责任追究制度 … 155

第十六节 幼儿园公共活动场所安全管理制度 … 158

第十七节 体育活动、运动会安全管理制度 … 159

第十八节 组织师生外出活动安全管理制度 … 159

第十九节 网络信息安全管理制度 … 160

第二十节 安全保卫制度 … 162

第二十一节 门卫值班制度 … 163

第二十二节 保安巡逻制度 … 164

第二十三节 夜间巡逻制度 … 164

第二十四节 水、电、气、电梯等设施设备安全制度 … 165

第二十五节 大型玩具的检查维护制度 … 166

第二十六节 监控室管理制度 … 166

第二十七节　幼儿安全制度 …………………………………… 167

第二十八节　午睡管理制度 ……………………………………… 169

第二十九节　宿舍卫生安全管理制度 …………………………… 170

第三十节　安全风险评估制度 …………………………………… 171

第三十一节　假期干部值班制度 ………………………………… 172

第三十二节　交通安全管理制度 ………………………………… 173

第三十三节　消防安全管理制度 ………………………………… 174

第八章　食堂工作管理 …………………………………………… 176

第一节　食品安全组织机构和职责 ……………………………… 176

第二节　食品安全自查和检查制度 ……………………………… 177

第三节　食品采购索证验收管理制度 …………………………… 178

第四节　食品库房管理制度 ……………………………………… 179

第五节　食品退货制度 …………………………………………… 180

第六节　粗加工管理制度 ………………………………………… 180

第七节　烹调加工管理制度 ……………………………………… 181

第八节　面食糕点制作管理制度 ………………………………… 182

第九节　从业人员健康管理制度 ………………………………… 183

第十节　从业人员食品安全知识培训制度 ……………………… 184

第十一节　餐饮具清洗消毒保洁管理制度 ……………………… 185

第十二节　餐厅卫生管理制度 …………………………………… 186

第十三节　食品留样管理制度 …………………………………… 187

第十四节　食品用具设备、设施管理制度 ……………………… 187

第十五节　餐厨废弃物和废弃油脂处置管理制度 ……………… 188

第十六节　食堂设备检修维护制度 ……………………………… 189

第十七节　电器、机械设备安全操作规程 ……………………… 190

第九章　安全应急预案 …………………………………………… 194

第一节　安全应急组织机构 ……………………………………… 194

目 录

第二节　幼儿园紧急事件应急预案 …………………………………… 195

第三节　招生应急预案 ………………………………………………… 204

第四节　大型集体活动安全应急预案 ………………………………… 206

第五节　甲型 H1N1 流感防范应急预案 ……………………………… 208

第六节　食物中毒应急预案 …………………………………………… 212

第七节　突发传染病应急预案 ………………………………………… 214

第八节　幼儿园手足口病应急预案 …………………………………… 218

第九节　诺如病毒应急预案 …………………………………………… 220

第十节　寨卡病毒应急预案 …………………………………………… 223

第十一节　登革热防范应急预案 ……………………………………… 226

第十二节　霍乱防范应急预案 ………………………………………… 229

第十三节　疟疾防范应急预案 ………………………………………… 232

第十四节　新型冠状病毒肺炎疫情防范应急预案 …………………… 235

第十五节　防恐安全预案 ……………………………………………… 240

第十六节　安全维稳应急处理预案 …………………………………… 243

第十七节　舆情舆论预案 ……………………………………………… 245

第十八节　幼儿园防踩踏事故应急预案 ……………………………… 248

第十九节　幼儿园矛盾处置应急预案 ………………………………… 250

第二十节　幼儿园停电应急预案 ……………………………………… 252

第二十一节　幼儿园停水应急预案 …………………………………… 253

第二十二节　施工安全预案 …………………………………………… 254

第二十三节　假期安全应急预案 ……………………………………… 256

第二十四节　空气重污染应急预案 …………………………………… 258

附件一　陪餐班次表 …………………………………………………… 262

附件二　陪餐记录表 …………………………………………………… 263

附件三 食品验收标准 …………………………………………… 264

附件四 食堂工作流程图 …………………………………………… 266

第一章 园所文化

第一节 北京邮电大学幼儿教育中心概况

一、北京邮电大学幼儿教育中心简介

北京邮电大学幼儿教育中心创建于1956年,隶属于北京邮电大学,建园至今已有60多年的发展历程,是北京市一级一类幼儿园、海淀区示范幼儿园。园所总占地面积4 539平方米,其中建筑面积2 738平方米,园内环境优美,绿树成荫,整洁优雅,布局合理,赋有童趣。在大学文化的熏陶下,幼儿园形成了以"爱"为中心轴,以"自然、平和、成长"为核心的园所文化,以"创设和谐园所,促进幼儿健康快乐发展"为办园宗旨,确立了"以幼儿为本,家园和谐,师幼共成长"的办园理念和"传承北邮校园文化、打造健康教育"的办园特色。多年来,幼儿园以科学的保教管理为重点,营造了具备健康教育特色的园本文化氛围,有效地提高了办园质量。

二、幼教中心园所文化

"自然、平和、成长"为幼教中心的园所文化,三者之间相互依存、和谐发展。

自然:是一种顺应、尊重和推动。本园营造着自然而朴素的园所环境,提供自然的材料,打造自然的生活,幼儿在与环境、材料的充分互动中释放天性、满

足需要,顺应教育。

自然,尊重和强调幼儿生命中天性使然的部分,我们创设一个真实的自然,为幼儿提供发现的机会、探索的机会、解决问题的机会和自处的机会。在给予幼儿正向引导的同时,充分尊重幼儿的自我成长、自我发展,为幼儿创设时间上、空间上独特的自然课堂,帮助幼儿找到自己内心的生长力量,顺应自身成长规律,成为最好的自己。在自然文化的氛围中,教师和幼儿都是有能力的学习者、探索者,一起在真实的生活中体验、学习,共同收获心灵深处的成长。

平和:营造了幼幼间、幼师间、师园间("园"指园长和园所环境)平等和谐的关系。教师用温和而坚定的教育观追随幼儿、理解幼儿、支持幼儿,园长用仁和、包容的胸怀滋养园所中的每一位教职工,见证他们的成长。

一种平和的态度比一百种智慧更有力量,本园为教职工和幼儿的发展提供了宽松的环境和条件,让每个个体的个性和特长能够得到充分发挥,让幼儿在自信、自立的快乐环境中健康成长,将良好的行为品德、有益的社会技能深深植入幼儿的心底。本园还建立了平和的"家园关系",让家长参与幼儿园管理、组织家长参与幼儿园教育、指导家长科学育儿,更好地实现"家园互动与共育"。

成长:本园从领导到老师、门卫、厨师等皆树立了"与幼儿共同成长"的理念。成长是一个自身不断变化的动态过程,园(园所、园长)师相长、师幼相长、相互成就、互相促进。

本园积极营造支持性的环境,自然而朴素的园所理念、温和而坚定的教育观,全新、前瞻而开阔的思考方式,使师幼置身于更多元、更适宜、更优化的教育环境中,感受教育的自由和快乐,全力构建园师间、师幼间和谐平等的关系,相互带动,共同成长。

三、幼教中心园所建设

办园宗旨:创设和谐园所,促进幼儿健康快乐发展。

办园理念:以幼儿为本,家园和谐,师幼共成长。

办园目标:幼儿开心,家长放心,员工舒心。

办园特色:健康教育——以体育活动为切入点,深入开展丰富多彩的健康教育活动,制定合理均衡的营养膳食,通过保教结合,促进幼儿身心发展,形成健康教育特色。

四、幼教中心园标

园标寓意:

希望的起点,永远的家园。

园标解读:

(1) 一双坚强有力的大手,托着幼鸽稚嫩的身体,预示着幼儿在教师们的精心呵护下健康成长。

(2) 奋起的幼鸽抽象图案既是突显幼儿们充满朝气的特点,也暗含着幼儿们在未来的明天将展翅飞翔,实现自己的理想。

(3) 卡通状的太阳代表着多姿多彩的幼儿园生活,每名幼儿在这里都能感受到如家的温暖。

(4) 整个园标选用圆形对称的图案,采用渐变暖色、卡通太阳和鸽子的元素象征着阳光、健康、和谐、温暖、快乐,这所充满爱的家园,既是幼儿们健康快乐生活的开始,也寓意着幼儿园的事业朝气蓬勃,蒸蒸日上。

五、幼教中心园歌

爱的乐园

作曲：买吉提·木哈买提
作词：王晓彤 顾艺文

六、幼教中心组织机构图

幼教中心采用分层管理模式,组织机构图如图 1-1 所示。

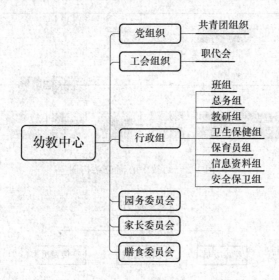

图 1-1　幼教中心组织机构图

七、幼教中心岗位结构图

幼教中心实行层级管理,上一级对下一级实施管理,下一级对上一级负责。班组成员对班长负责,班长对部门主任负责,部门主任对中心副主任负责,中心副主任对中心主任负责。幼教中心岗位结构图如图 1-2 所示。

八、幼教中心党支部组织结构图

北京邮电大学幼儿教育中心党组织机构情况:支部书记 1 人,设支部委员 4 人(含支部书记、纪检委员、组织委员、宣传委员)。幼教中心党支部组织结构图如图 1-3 所示。

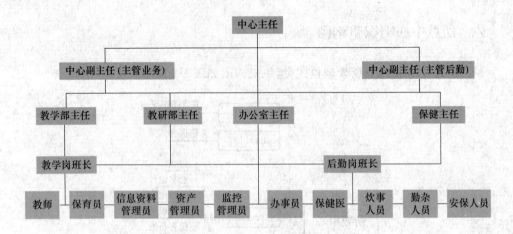

图 1-2　幼教中心岗位结构图

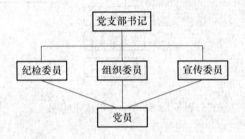

图 1-3　幼教中心党支部组织结构图

第二节　教师入职宣誓制度

为引导教师自觉践行"传道、授业、解惑"核心价值观,切实提高教师队伍思想政治素质、职业道德素质和业务素质,不断增强教师的职业使命感、荣誉感和社会责任感,规范教师行为,特制定本制度。

一、誓词内容

我是一名光荣的幼儿教师。我的肩上担负着民族的希望,我的心中装着祖国的未来,我的手中捧着孩子的明天。今天我郑重宣誓:我将全身心投入我的工作,恪守教师职业道德规范,对每一个孩子,用爱心去塑造,用真情去感化,用榜样去激励,用人格去熏陶。让孩子珍视自己,关爱他人,热爱幼儿园。我将牢记:我的一言一行都在给孩子做榜样,为千万个家庭培植希望。我坚信只要心中有爱,胸中便会有热情,脚下自会有热土。我愿意用行为和热血书写四个字:幼儿教师!

二、宣誓时机及范围

(1) 新招聘教师正式上岗前,应当参加教师宣誓。

(2) 教师节或园所组织重大活动时,应举行重温教师誓词仪式。

三、宣誓仪式要求

(1) 宣誓会场悬挂中华人民共和国国旗。

(2) 宣誓仪式由后勤负责人主持,领誓人由指定人员担任。

(3) 宣誓人宣誓时,应着正装,成立正姿势,面向国旗,右手握拳上举过肩,随领誓人宣誓。

(4) 宣读誓词应当发音清晰、准确,语音铿锵有力。

四、宣誓程序

(1) 宣誓人面向国旗列队站立。

(2) 领誓人逐句领读誓词,宣誓人跟读。

第三节　师德建设制度

为落实习近平总书记提出的"四有"好老师标准,构建师德师风建设长效机制,进一步规范教师行为,建设一支师德高尚、业务精湛的教师队伍,根据《中小学教师职业道德规范》(2008年修订)、《国务院关于加强教师队伍建设的意见》(国发〔2012〕41号)和《教育部关于建立健全中小学师德建设长效机制的意见》(教师〔2013〕10号)等文件要求,特制定本制度。

一、教师职业道德规范

(1) 爱国守法。热爱祖国,热爱人民,拥护中国共产党的领导,拥护社会主义。有理想信念,在思想上保持先进性、纯洁性。全面贯彻党的教育方针,自觉遵守法律法规,依法履行教师职责权利。不得有违背党和国家方针政策的言行。

(2) 爱岗敬业。热爱幼儿教育事业,勤恳敬业,忠于职守,甘为人梯,乐于奉献。对工作高度负责,不敷衍塞责。

(3) 关爱幼儿。有仁爱之心,真心诚意地关爱每一名幼儿,尊重幼儿人格,平等公正对待幼儿。保护幼儿安全,维护幼儿权益,促进幼儿身心健康发展。不偏爱、不歧视、不体罚或变相体罚幼儿。

(4) 团结协作。热爱幼儿园,关心集体,顾全大局。尊重同事,尊重家长。创造和谐的人际关系和工作氛围,不做不利于团结的事情。

(5) 为人师表。有道德情操,知荣明耻,严于律己,以身作则。衣着得体,语言规范,举止文明,以良好的教师风范影响幼儿。作风正派,廉洁从教。不利用工作之便谋取私利。

(6) 终身学习。有扎实知识,崇尚科学精神,树立终身学习理念,拓宽知识视野,更新知识结构。潜心钻研业务,勇于探索创新,不断提高专业素养和教育教学水平。

二、教师"十不准"

(1) 不准在教育教学活动中有违背党和国家方针政策的言行。

(2) 不准体罚幼儿或以侮辱、歧视等方式变相体罚幼儿。

(3) 不准在教育教学活动、评价中有不公平公正对待幼儿的行为。

(4) 不准对幼儿实施性骚扰。

(5) 不准收取家长任何形式馈赠的礼金或礼品。

(6) 不准向家长推销商品、乱收费用,违规强迫幼儿购买书籍、资料,不得借职务之便谋取私利。

（7）不准在招生、考核评价、职务评审、教研科研中弄虚作假、营私舞弊。

（8）不准参与邪教组织和封建迷信活动，不得进入不健康的娱乐场所。

（9）不准在工作时间使用手机，不得在工作时间用手机做与工作无关的事情。

（10）不准奢侈浪费、贪慕虚荣，不准崇尚拜金主义、享乐主义。

第四节　师德培训学习制度

为加强教师队伍的师德师风建设，让全体教职工具备良好的职业道德，树立教师良好职业形象，特制定本制度。

（1）每学年制定培训学习计划，每学期至少要组织四次教师全员参加的师德师风学习培训。

（2）主要学习内容：

① 有关政治理论；

② 教育相关法律法规、文件等；

③ 先进典型事迹、警示教育片；

④ 幼教中心管理制度及师德建设文件；

⑤ 其他有关学习材料。

（3）每年五月确定为师德师风建设月，每年确定一个师德师风教育主题，围绕主题教育活动召开专题动员会议，开展形式多样的师德教育活动。

（4）创新教育形式，集中学习和自我学习相结合，专题辅导、实践反思、讨论交流、典型案例分析相结合；组织新教师入职宣誓、拜师活动，进行职业信念教育；组织老教师座谈会，传承职业信念和宝贵经验；树标兵、楷模，用身边的人和事教育引领教师以德施教，以德立身。

（5）严格学习考勤制度，全体教职工保证参与培训学习，一般不得请假，凡因特殊情况请假者，须自学完成培训学习内容。

第五节　师德宣传制度

为真正做到"学模范、强师德、树形象"，切实打造幼教中心教师品牌，特制定本制度。

（1）安排专人负责师德宣传工作，每年拿出专项经费保障师德宣传工作。

（2）充分利用橱窗、幼教中心网站等载体宣传政策法规、优秀事迹，引导教师细微之处见师德，日常之中守师德。

（3）每年参加上级部门组织的师德先进评选活动。

（4）对师德师风宣传工作进行考核、总结和表彰。

第六节　师德检查制度

为提高教职工道德素质，坚持违反师德失范行为"零容忍"原则，特制定本制度。

（1）各部门主任在日常工作检查中，重视师德行为检查，发现问题及时解决，绝不能让微小的师德问题蔓延，影响师风、园风。

（2）教师之间互相提醒，互相监督，防微杜渐。

（3）每年六月和十一月开展"师德建设检查月"活动，重点检查教师践行《中小学教师职业道德规范》情况和是否存在"十不准"行为，着力解决师德突出问题。

（4）每学年对幼教中心师德师风建设工作进行一次全面检查，总结经验与不足，不断提升师德师风建设工作实效。

第七节　师德考核制度

为进一步明确教职工在师德师风建设中的责任，保障师德师风建设的各项考核目标落到实处，特制定本制度。

（1）师德考核组织：成立由幼教中心领导，教师、家长组成的三个层面师德考评组织，具体负责师德考评工作。每学年末采用问卷调查方式让家长（幼儿）对本班教师进行评价，教师评议采取自评和互评方式。

（2）师德考核主要从爱国守法、爱岗敬业、关爱幼儿、团结协作、为人师表、终身学习六个方面进行。

（3）考核结果分为优秀、合格、不合格三个等级，并以适当方式在幼教中心公示。

（4）凡是在学年中出现"十不准"行为者，该学年师德考核结果为不合格。

（5）考核结果存入教师档案，考核评定为不合格者在职称评定、岗位聘用、绩效考核、评优奖励等环节实行一票否决。考核优秀者在职称评定、岗位聘用、评优奖励时，同等条件下优先考虑。

第八节　师德奖惩制度

为了正确评价教职工师德师风建设工作中的成绩和作用，激励督促教职工重视和加强师德师风建设，推动和确保师德师风建设的顺利进行，特制定本制度。

（1）每学年评选表彰师德师风优秀教师，幼教中心认真总结师德师风优秀教师的典型事迹，做好宣传，扩大影响。

（2）建立师德师风责任追究和连带责任追究制度，若教职工发生不遵守师德师风规范的行为，按以下条款进行责任追究和连带责任追究：

① 违反师德师风规范情节轻微且未造成不良后果的，由幼教中心给予当事人批评教育，责令作出检查，园内通报批评。

② 违反师德师风规范情节较轻，但造成一定程度影响不良后果的，由幼教中心给予对当事人通报批评，责令做出检查、限期改正，当事人学年考核为不合格，且不得参加评优、评职、晋级和正常晋升工资。

③ 违反师德师风规范情节较重且造成较大影响不良后果的，由幼教中心给予当事人相关的党纪政纪处分，当事人学年考核为不合格，且并不得参加评优、

评职、晋级和正常晋升工资,并调离教师岗位。

④ 违反师德师风规范情节严重且影响很大的,由幼教中心给予当事人辞退或开除处分,并依法撤销其教师资格。

⑤ 违反师德师风规范情节恶劣,构成犯罪事实的,幼教中心应交由司法机关依法追究当事人的法律责任。

⑥ 教职工发生严重违反师德规范的行为,中层领导或知情教师迟报、谎报、瞒报的,幼教中心给予相关责任人通报批评、责令检讨、取消当年评优晋职晋升资格、诫勉、降职的处理。

⑦ 发现幼儿人身权利受到侵害,发现教师性侵犯而知情不报、推诿逃避的领导、教师,视其情节和后果给予相应的纪律处分,直至开除,永不聘用。

第九节 师德监督制度

为建设一支师德高尚、业务精湛的教师队伍,特制定本制度。

(1) 幼教中心设立师德举报电话(中心主任办公室电话)、师德举报信箱(门卫室),聘请师德师风监督员(家委会成员),将《中小学教师职业道德规范》公示在醒目位置,确定每月最后一天(工作日)为家长接待日,及时了解师德师风动态,采取针对性措施,不断改进师德师风建设工作。

(2) 每学年向家长及社会广泛征求师德师风建设意见和建议,自觉接受社会和家长对师德师风建设的监督和评议。根据收集的意见和建议,制订整改措施,并限期整改到位。

(3) 对举报的师德师风问题,幼教中心都须进行认真调查核实,若属个别教师问题,由幼教中心处理解决;对严重违反《中小学教师职业道德规范》、"十不准"的教师要严肃处理。如不属师德问题,也要及时做好解释、宣传工作,做到事事有回音,件件有答复。

第二章　党支部工作管理

第一节　党支部工作制度

幼教中心党支部隶属北京邮电大学后勤处党委,支部委员会设有四名委员,支部书记、组织委员、宣传委员、纪律检查委员各一名。支部委员会是支部的领导核心,负责支部的日常事务,组织全体成员开展支部活动,是支部建设的根本组织保证。为了建设一个充满活力,具有较强战斗力的幼教中心党支部,特制定本制度。

一、支部委员会的主要任务

贯彻执行党的基本路线、方针、政策,执行上级组织和本支部党员大会的决议;教育、管理党员,搞好支部的自身建设;分析党建工作的动态,开展思想政治工作。具体分工,责任到人;按时完成上级组织部署的工作。

二、支部委员会的自身建设

(1) 健全支部委员会。按照党章规定并结合后勤党委的要求,定期举行选举大会,支委有缺额应及时补选。

(2) 加强政治业务学习,坚持学习理论政治,学习党的路线方针政策,加强自身修养,不断提高每名委员的理论水平和业务素质。

(3) 搞好内部团结。支委之间应经常交流,相互支持,提高支部战斗力。

(4) 支部书记应以身作则,发挥模范带头作用。

三、支部委员职责

(一) 支部书记

(1) 负责召开支部委员会和支部党员大会,组织检查支部的工作计划、决议执行情况,按时向上级党支部汇报支部工作。

(2) 认真搞好党的自身建设,把握党内外思想动态,做好经常性的思想政治工作。

(3) 抓好支委会的学习,按时召开支部生活会,认真开展批评与自我批评,抓好党风廉政建设。

(二) 组织委员

组织委员在支部委员会的集体领导下,负责党支部的组织建设工作。具体职责是:

(1) 全面掌握党支部的组织状况,做好组织统计工作。

(2) 做好发展党员工作,了解入党积极分子情况,负责入党积极分子的培养、教育和考察,提出发展党员的意见,办理接收新党员手续;做好预备党员的教育考察工作,具体办理预备党员转正手续;做好党员的管理工作,接转组织关系,收缴党费,定期向党员公布党费收缴情况。

(三) 宣传委员

宣传委员在支部委员会的集体领导下,负责党支部的宣传工作。其主要职责是:

(1) 根据上级党委的决定和党员的思想实际,提出宣传教育的意见,拟订学习计划,经支部委员会集体讨论通过后,具体组织实施。

(2) 根据党支部实际工作的需要,配合上级党委的工作重点,开展宣传工作。

(四) 纪律检查委员

纪律检查委员在支部委员会和上级纪律检查委员会的双重领导下,分管支

部的纪律检查工作。其主要职责是:

(1) 负责支部党员党内法规、党风党纪的教育工作。

(2) 检查落实本园所对党的路线、方针、政策的贯彻执行情况;研究本园所党风方面存在的问题,向支部委员会提出加强党风廉政建设的意见和措施。

(3) 保障党员的民主权利。受理党员和群众的申诉和举报,并及时向支部委员会和上级党组织汇报。

(4) 每年按照党支部工作计划,定期组织党员学习、培训,举办民主生活会等活动。做好会议记录,填写支部工作手册。

(5) 每年进行党支部工作总结,总结前广泛征求党员意见,组织党员进行讨论,找出不足,特别是找准存在的问题,提出下一步打算,做出整改承诺;撰写支部总结,并向上级党组织汇报。

第二节 党员联系群众制度

幼教中心党支部遵照上级党组织的要求,宣传党的路线、方针、政策,倾听群众对党组织的意见、建议和要求,不断加强党和群众的密切联系,特制定本制度。

(1) 党员干部要带头密切联系群众,要通过基层走访、交心谈心活动掌握群众的思想、工作、学习和生活情况,要有针对性地做好思想政治和宣传解释工作,并切实帮助群众解决实际问题和困难。对群众反映的问题,能够解决的要及时解决;受客观条件限制暂时不能解决的,要向群众做好解释工作,并协调有关部门创造条件逐步解决。

(2) 每名党员要做好本职工作,严格要求自己。在各项工作中,充分发挥先锋模范作用,影响并带动教职工群众,带头完成各项任务。

(3) 每名党员都应主动联系群众,要与本岗位职责涉及的相关群众交流、谈心,关心他们的思想、工作、学习、生活情况,对有问题或困难的群众要及时给予精神上的疏导和鼓励,必要情况下要适当给予物质上的帮扶。

(4) 支部指定的入党积极分子联系人要加强对入党积极分子的培养联系工

作。要定期与培养对象谈话,掌握他们的思想、工作、学习情况,了解他们的不足,帮助他们尽快提高和进步,并向党支部报告培养考察情况且按要求登记。

第三节　谈心谈话制度

为了加强党员干部的思想政治工作和思想作风建设,健全组织措施,特制定本制度。

谈心谈话,是党组织了解、帮助、教育和监督党员的重要手段,是党员之间交流思想、交换意见的有效形式。坚持谈心谈话制度,有助于在党组织与党员、上级与下级之间建立沟通的桥梁,为同志之间统一思想、加深了解、增进团结提供平台和保障。党组织领导班子之间、班子成员和党员之间、党员和党员之间以及党员和群众之间要开展经常性的谈心谈话活动。谈心谈话既要交流思想,沟通工作生活情况,又要相互听取意见,指出问题和不足。党员领导干部、党支部书记要带头谈,也要接受党员、干部约谈。

第四节　团支部工作制度

幼教中心团支部隶属北京邮电大学后勤处团委,支部委员会设有三名委员,支部书记、组织委员、宣传委员各一名。支部委员会是支部的领导核心,紧紧围绕上级团委和党支部开展工作,组织全体成员开展支部活动,为青年团员成长搭建平台。为了建设一个充满创新意识,具有较强实践能力,充分发挥团支部的青年主力军和突击队作用,特制定本制度。

一、团支部委员会的主要任务

贯彻执行党的基本路线、方针、政策,执行上级组织和本支部团员青年大会的决议;教育管理团员,搞好支部的自身建设;分析团建工作的动态,开展思想政治工作。具体分工,责任到人;按时完成上级组织部署的工作。

二、团支部委员会的自身建设

（1）健全支部委员会。按照团章规定并结合后勤团委的要求，定期举行选举大会，支委有缺额应及时补选。

（2）加强政治业务学习，坚持学习理论政治，学习党的路线方针政策，加强自身修养，不断提高每名委员的理论水平和业务素质。

（3）支委之间经常交流，相互支持，搞好团结，提高支部领导力。

三、团支部委员职责

（一）团支部书记

（1）负责召集团支部委员和团支部团员大会，组织检查支部的工作计划、决议的执行情况，按时向上级团支部汇报支部工作情况。

（2）了解掌握团员的思想、学习、生活等情况，发现问题及时解决，做好思想政治工作。

（3）支部书记以身作则，发挥模范带头作用，抓好团支部的自身建设，调动和发挥团支部的主力军和突击队作用。

（二）组织委员

（1）负责协助团支书完成上级组织布置的各项任务，做好团内各项工作、会议的记录。

（2）了解培养青年积极分子的情况，负责对青年积极分子的培养、教育和考察，提出发展新团员的意见。

（3）负责管理团员的奖惩工作，注意掌握团员的思想、学习、参加团支部活动的表现；协助团支书做好团支部的各种评选工作。

（三）宣传委员

（1）根据上级团委的决定和团员青年的思想实际，提出宣传教育的意见，协助团支书拟订支部活动计划，经支部委员会集体讨论通过后，具体组织实施。

（2）了解团内外青年的意见和要求，及时做好解释宣传工作。

(3) 根据团支部实际工作的需要,配合上级团委的工作重点,开展宣传工作。

四、团支部会议

(1) 团支部委员会会议每两月至少召开一次,每学期至少开展一次活动。

(2) 团支部委员会会议由组织委员组织。

(3) 团支部各项制度,工作计划、总结,各项活动的计划等由团支部会议拟定。

(4) 积极分子、优秀团员、优秀团支部等先进对象、候选人先由团支部会议提名。

(5) 支部会议要有详细的会议记录。

五、团支部改选

(1) 团支部由全体团员大会民主选举产生。选举时,由前任团支部书记提出候选人名单,也可由团员推选候选人,进行差额无记名投票选举。

(2) 根据上级组织要求及工作需要,每届团支部委员会任期不超过三年,一般与党支部同期改选。

第五节 工会小组管理制度

为了深入贯彻实施《中华人民共和国工会法》《中国工会章程(修正案)》,切实维护全体教职工的合法权益,认真履行工会的各项职能,进一步做好工会工作,特制定本制度。

(1) 工会职责。

① 在学校工会组织和幼教中心党组织的领导下,充分发挥"工会小组是党组织联系群众"的桥梁纽带作用,协助党政组织发动教职工积极参与幼教中心的民主管理和监督。

② 负责幼教中心教职工代表大会组织工作。

③ 关心和维护教职工的合法权益,及时向党政领导反映教职工的意见和要求。

④ 关心教职工业余文化生活,积极组织和开展有益于身心健康的文体活动,凝聚人心。

⑤ 开展青年教职工和女教职工工作,关心青年教职工成长和生活,依法维护女教职工的合法权益和特殊利益。

(2) 每学年,工会制订工会工作计划,经后勤会讨论通过后落实。

(3) 全体教职工应积极参与后勤处组织的各项工会活动。

(4) 每学年,根据学校工会的活动组织及参与情况,评选工会积极分子。

第三章 行政工作管理

第一节 幼教中心职责

贯彻国家的教育方针,按照保育和教育相结合的原则,遵循幼儿发展特点和规律,对三岁以上学前幼儿实施德、智、体、美等方面全面发展的教育,促进幼儿身心和谐发展。为适龄北京邮电大学教职工子女及周边社区幼儿提供保育和教育服务。

第二节 岗位责任制

一、中心主任岗位职责

(1) 实施中心主任负责制,负责建立并组织执行幼教中心各项规章制度,实行科学民主管理,领导管理幼教中心各项工作。

(2) 认真贯彻执行国家有关法律、法规、方针、政策和上级主管部门的各项规定。

(3) 负责履行后勤处交给的各项工作任务、职责和权限,完成教委交付的各项任务。

(4) 负责聘任、调配各岗位工作人员,合理组织人力,制定人员编制。

(5) 指导、检查和评估教师及其他岗位人员的工作,定期深入班级指导、检查各岗工作情况,并按规章制度、考核评价标准给予相应奖惩。

(6) 领导全中心教育教学、教科研、卫生保健、后勤及安全保卫工作。对中心副主任工作进行督促、检查和指导。

(7) 负责园舍、财产及设备的管理领导工作,组织制定预算和决算,监督执行经费运行情况;负责对权限范围内的各种采购物品的审核和批准,对超权限的项目向上级主管部门报批。

(8) 负责领导制定中心三年发展规划、教职工队伍发展规划,以及中心年度计划、总结并监督组织落实。

(9) 负责制定招生方案并组织实施和审批。

(10) 组织和指导家长工作。定期组织召开全园会、园务会、家长会和教职工代表会等,加强民主集中管理。

(11) 加强教职工的思想工作,组织政治、业务学习、岗位培训、师德培训等,并为员工的政治和业务进修创造必要的条件。

(12) 及时了解有关学前教育工作的政策、信息,做好上传下达工作,提高管理的执行力。

二、中心副主任(主管业务)岗位职责

(1) 负责协助主任实施有关教育方面的法律、法规、方针、政策,以及上级主管部门的规定。

(2) 根据区教研室的统一工作部署,结合幼教中心日常保教工作中存在的主要问题,制定本中心保教工作计划并做出工作总结。

(3) 指导教研部主任制定切实可行的教研工作计划,支持教研部有效开展教研工作,确保教研活动达到提高教育质量和促进教师专业发展的目的。

(4) 负责组织教师外出参观与培训,围绕保教计划对保教人员开展思想政治、专业知识、继续教育等培训,发挥专业引领作用。

(5) 定时批阅各班级日计划、周计划、教育笔记和各类教学材料,以及保教工作相关的材料。

(6) 每周深入班级时间不少于16小时,重视指导时效,做好下班检查记录。

(7) 协助主任做好家长工作,定期召开家长会、家委会,做好家长学校工作,每学期至少开展一次"早教进社区"活动或为全园家长服务工作。

(8) 负责组织中心各项重大活动,完成领导交办的临时工作。

(9) 负责申请及采购幼儿玩具、幼儿图书、教师用书、音像教材、环境创设材料等。

三、中心副主任(主管后勤)岗位职责

(1) 协助主任实施有关卫生保健方面的法律、法规、方针、政策,以及上级主管部门的规定,制定和完善卫生保健制度,并检查督促落实。

(2) 负责制定本中心后勤工作计划和总结,定期向中心主任汇报工作。

(3) 协助主任主管中心的安全保卫工作,撰写中心安全计划总结,带领安全小组成员定期检查园内环境、大型玩具和设备设施,做好相关记录,确保幼儿及园所安全。

(4) 监督指导各班级落实安全计划,并进行定期检查。

(5) 负责监督落实卫生保健及膳食营养等相关工作,每周深入班级时间不少于16小时,重视指导时效,做好检查记录。

(6) 协助主任开展相应的岗位培训,负责组织教师、保育员、厨房工作人员及后勤人员参加思想政治理论学习和专业知识培训,提高业务水平。

(7) 负责幼儿园设备设施维修、工程修缮后勤保障工作,完成领导交办的临时工作。

(8) 指导并协助办公室人员做好园所资产的账目、调用、检查、盘点、督促维修、报废等工作;监督办公室和教室的财产、设备设施等的登记、保管工作。

(9) 协助主任监管中心预算执行情况、人员工资的制定及发放情况。

(10) 监督伙食费账目,责成财务人员定期向家长公布伙食费收支情况。

(11) 协助主任做好家长工作及家长学校工作,每学期至少开展一次"早教进社区"活动或为全园家长服务工作。

(12) 负责申请及采购办公用品、设备设施和幼儿生活用品等。

四、中心教学部主任岗位职责

（1）负责做好全园的常规教学管理工作，制订教学计划，有计划地开展教学活动，并做好各种教学活动记录及总结工作。

（2）定期组织教师学习相关教育教学理论，观看先进园所的实拍录像，针对本园的实际水平，找出差距，总结经验，承担指导教师的业务指导工作。

（3）每周定时批阅各班级日计划、周计划以及教学活动反思，每周深入班级时间不少于 20 小时，重视指导时效。

（4）定期组织教师进行交流观摩、研讨、园内评比等活动。

（5）积极配合园交办的其他工作，负责安排组织布置幼教中心对外宣传橱窗，充分展示幼教中心丰富多彩的教育教学活动。

（6）协助中心副主任（主管业务）做好教材、教学资料、玩具、教具的征订工作，组织好材料、玩具、教具的发放工作。

（7）协助中心副主任（主管业务）做好青年教师的培养工作，鼓励并支持青年教师在教育实践中大胆创新。

（8）负责教学设备、玩具、教具、图书等的申请及发放。

五、中心教研部主任岗位职责

（1）协助中心副主任（主管业务）做好教育教学管理工作，制定实施教研计划，并做好各种教研记录和总结工作。

（2）定期组织教师学习相关教育教学理论、教育文章，观看先进园所的实拍录像，针对本园的实际水平，找出差距，总结经验、承担指导教研组成员的业务指导工作。

（3）定期查看教育教学笔记、观察分析；定期组织教师进行交流观摩、研讨等教研活动。

（4）定期对教师进行理论考核并做好记录、资料整理和资料积累。

（5）根据园务计划，协助中心副主任（主管业务）组织安排幼教中心各种大型活动。

（6）深入开展对健康领域的体育特色研究，指导教师有效开展户外区域体育活动；配合保健老师做好幼儿体能和运动量的监测记录工作。

（7）每周深入班级时间不少于 20 小时，重视指导时效。

（8）协助中心副主任（主管业务）指导教师编写创新体育游戏和体育活动教案。

（9）定期检查户外体育器械的配备情况，做好及时淘汰、更新工作。

（10）完成领导临时交办的其他各项任务。

六、中心保健主任岗位职责

（1）协助中心主任实施有关卫生保健方面的法律、法规、方针、政策及上级主管部门的规定，制定和完善卫生保健制度，并检查督促落实。

（2）协助中心主任管理园所的安全保卫工作，带领安全小组成员定期检查园内环境、大型玩具及设备设施，做好相关记录，确保园所环境和幼儿安全。

（3）根据本园幼儿发展目标和北京市托幼机构卫生保健工作常规要求，配合中心主任有计划地开展保健及安全工作，协助中心副主任（主管后勤）制定各类计划，完成各项总结。

（4）负责管理幼儿伙食和保健工作，监督厨房落实食品安全工作，定期检查并完成伙食计划，落实幼儿膳食营养安排工作。

（5）配合教学部门开展相应的教学工作及各类活动，做到保教结合。

（6）负责组织教师、保育员、厨房工作人员和后勤人员参加卫生保健和安全的学习及培训，提高业务水平。

（7）严把教职工入职、幼儿入园的体检工作，定期组织健康检查，并将分析后的检查结果反馈给园领导。

（8）监督伙食费账目，责成财务人员定期向家长公布伙食费收支状况。

（9）监督保健部门做好幼儿安全事故的记录、分析和处理。

（10）完成领导临时交办的其他各项任务。

七、中心办公室主任岗位职责

（一）职工手续办理

（1）负责教职工签订合同的一切办理工作（留存证件资料、签订用工合同、登记考勤、办理住宿等）。

（2）及时提供合同即将到期的教职工名单给领导，经领导商议决定后，负责办理续签等相关手续。

（3）负责办理教职工离职的一切手续（及时减员，提醒教职工归还工作服、图书等）。

（二）招聘工作

（1）负责幼教中心各个岗位职工的招聘工作，及时查询网站简历信息，挑选并邀约合适人员来园面试。

（2）定期关注招聘网站，根据需要，及时与招聘网站进行合同的续签工作。

（三）文案工作

（1）根据领导的指示，准备、起草各种会议的学习资料和讲话材料，保证至少提前一天写好，交给领导审阅。

（2）及时起草和记录园内各类大型活动和典型人事，做好幼教中心新闻稿件的撰写和宣传工作。

（3）参加园内重要会议，做好各类会议的记录工作。

（4）配合中心主任做好年度工作计划，总结相关工作。

（5）做好各项文字签报、批文的起草工作。

（6）负责做好网站内容的更新工作（上传照片、视频、新闻稿等）。

（7）及时关注海淀后勤办公网、海淀人事网、海淀教委公共邮箱、北京邮电大学网站办公布告栏上的相关消息，负责及时将文件精神及工作要求传达给领导。

（8）收集、整理园所各类奖章、证书、锦旗等荣誉，统一管理摆放。

（9）协助中心主任做好党政事务工作，完成领导下达的临时任务，遵守保密制度，不得随意复制、散发领导决策或上级文件，未经批准不得泄露会议决策或上级文件内容。

（10）服从安排，尽职尽责，做好本职工作的同时，优先完成领导交代的各项临时性工作。

八、中心教师班长岗位职责

（1）负责根据全园计划制订本班学习计划和总结，带领本班人员做好班级各项工作。

（2）负责本班幼儿的保育、教育、安全、卫生、健康、财产保管等工作。

（3）合理安排和组织幼儿一日生活的各个环节，将教育灵活地渗透到一日生活中。

（4）及时传达和贯彻中心领导的决定，定期向主任汇报本班工作。

（5）及时召开班会，研究改进本班的工作，了解本班员工思想动态，做好班会记录。

（6）管理和指导本班保教人员政治思想理论学习，提高业务水平，改进保教工作，做好本班幼儿及家长的思想工作。

（7）做好药品登记和管理工作，根据药品登记单，定时定量地给幼儿喂食。

（8）协助主任做好家长工作，定期召开家长会、家委会，做好家长学校工作，每学期至少开展一次"早教进社区"活动或为班级家长服务工作。

（9）负责本班幼儿的考勤。

九、中心教师岗位职责

（1）协助主班教师安排好幼儿一日生活，对幼儿的保育、教育、安全、卫生、健康、财产保管负责。

（2）按中心保教工作计划的要求，结合本班幼儿的年龄特点和个体差异，协助主班教师根据本班教育目标推进教学工作。

（3）观察分析幼儿发展情况，做好观察记录。在保健医的指导下，配合保育员做好幼儿卫生保健工作。

(4) 指导并配合保育员管理好幼儿的生活。

(5) 协助主班教师为幼儿创设良好的物质环境和精神环境，充分发挥环境的教育作用。

(6) 在组长的指导下，协助教师积极开展教育改革实践。

(7) 协助主班教师做好家长工作，全心全意为家长服务，用多种形式与家长配合，共同完成教育任务，每学期至少开展一次为班级家长服务工作。

(8) 通过班务会协助主班教师研究改进本班保教工作，团结全班同事，共同做好本班工作。

十、中心教师助教岗位职责

(1) 负责本班幼儿的安全，严格执行园所安全制度，增强责任心，防止发生事故。

(2) 按中心保教工作计划的要求，结合本班幼儿的年龄特点和个体差异，协助教师根据本班教育目标进行教学工作。

(3) 观察分析幼儿发展情况，做好观察记录。在保健医的指导下，配合保育员做好幼儿卫生保健工作。

(4) 指导并配合保育员管理好幼儿的生活。

(5) 协助教师为幼儿创设良好的物质环境和精神环境，充分发挥环境的教育作用。

(6) 在组长的指导下，协助教师积极开展教育改革实践。

(7) 协助教师做好家长工作。

(8) 通过班务会协助教师研究改进本班保教工作，团结全班同事，共同做好本班工作。

十一、年级组长岗位职责

(1) 协助保教干部落实保教工作计划、教研计划、园本培训计划，明确各类计划中培养目标及管理目标。

(2) 以身作则，加强自身修养，努力学习专业知识，团结全组人员，促进年级组建设。

(3) 在教学干部的指导下，定期组织本组教师进行专题研讨，解决工作中的问题，推广有效的教学方法和手段，营造相互学习、能者为师的工作、学习氛围。

(4) 积极参加幼教中心研训团队建设，发挥自身特长；每学期在教学部的支持下至少参与组织、策划一次教研或培训活动，指导教师更新教育观念，改革教育内容和方法，总结和积累教育经验。

(5) 发挥示范带头作用，积极承担幼教中心的对外开放活动。

(6) 积极参与全园的教科研实践工作，在教学干部的指导下带领本组成员开展教科研实践和部分文字梳理等工作。

(7) 根据保教工作计划，遇到大型主题活动时，发动组内教师共同研究、献计献策，做到"活动前有方案、活动后有总结"。

(8) 在教学部干部的指导下，组织本组教师创设支持幼儿发展的公共环境，要求有目的、有方案、有效果。

(9) 珍惜外出学习的机会，肩负起桥梁与窗口的作用，把外出学到的有益经验带回园所，跟全体教师分享、交流，并率先在自己班上实施。

十二、中心保育员岗位职责

(1) 负责幼儿安全，严格执行安全制度，加强责任心，防止各类事故的发生。

(2) 负责本班活动室、寝室、设备、环境及包干区域的清洁卫生工作，保证幼儿活动环境舒适、整洁。严格执行卫生保健制度中规定的消毒要求，熟练掌握园内常用物品的清洗消毒时间和方法。

(3) 配合教师全面细致地照顾好幼儿一日生活，根据天气变化提醒幼儿家长为幼儿及时增减衣服、被褥。注意保护幼儿心理健康，培养幼儿良好的生活卫生习惯。

(4) 在教师的指导下做好配班工作，配合本班教师做好各项教育活动的准备工作，积极主动地配合教师组织各种教育活动。

(5) 配合教师做好药品登记和管理工作，根据药品登记单定时、定量、准确地给幼儿喂食。

(6) 严格执行幼教中心安全制度和卫生制度；妥善保管幼儿衣物和班内设备用具，定期清点查对，如有损坏及时报告相关人员；负责保管本班幼儿衣物和本班设备用具。

(7) 积极参加保育员业务培训及各种活动，认真总结经验，写好保教笔记和专题总结。

十三、中心保健医班长岗位职责

(1) 负责协助中心主任贯彻实施有关卫生保健方面的方针、政策、法规，并监督执行。

(2) 根据本园幼儿发展目标和北京市托幼机构卫生保健工作常规要求，配合保健安全主任有计划地开展保健工作，参与制订保健工作计划和幼儿一日作息时间表，完成各项总结。

(3) 配合保健主任修订和健全各项卫生保健制度，并检查督促各项制度的落实。

(4) 指导分配保健工作，提高保健医的业务水平，了解其思想动态。

(5) 定期组织保育员培训，指导保育员一日工作流程及日常消毒规范。

(6) 严把教职工入职和幼儿入园体检工作，定期组织健康检查并分析检查结果，将其反馈给园领导。

(7) 了解幼儿体质状况，掌握体弱儿情况，参与制订体格锻炼计划；每年组织幼儿进行体能测试，并将测试结果反馈园领导。

(8) 掌握疾病相关知识，能够正确处理意外伤害及传染病，及时做好上报和记录工作，指导班级做好消毒及防控工作。

(9) 积极参加海妇幼例会，并向保健医传达会议精神；与校医院保持密切联系，及时做好计划免疫工作；定时召开保健会，结合本园工作做好相关部署。

(10) 负责幼儿安全事故的记录分析和处理。

(11) 妥善保管药品和消毒用品，负责外用药品和消毒用品的申请与采购。

(12) 服从安排，尽职尽责，完成好本职工作的同时优先完成领导交代的各项临时性工作。

十四、中心保健医岗位职责

（1）负责每天的晨检、午检工作，发现特殊情况及时汇报给班级教师或园领导。

（2）了解本园卫生保健制度和一日作息情况，熟知本园日常卫生消毒要求，掌握常见传染病相关知识，做好日常卫生消毒监督指导及传染病防控工作。

（3）了解幼儿健康状况，定期组织幼儿进行体格检查，加强对体弱、患龋、视力低常幼儿的管理，并在日常生活中对教职工和家长给予指导。掌握教职工健康状况，定期组织教职工体检。

（4）能够对疾病给予正确判断和处理，遇急症及时送医院就诊。掌握六项体能测试要点，组织开展体能培训和测试。

（5）掌握儿童免疫规划，准确查验预防接种情况，监督幼儿进行接种。

（6）以多种形式开展卫生保健宣教工作，配合园所做好早教宣传工作。

（7）全面监管指导食堂工作。每周制定食谱，每月召开伙委会，每季度进行膳食计划制订和营养计算，把握幼儿伙食费开支情况，监督伙食费的使用，做到专款专用，全月伙食费亏赢不超过2%。

（8）积极参加园外培训并向其他保健医进行二次培训；结合保健计划，组织开展相应培训。

（9）熟练掌握卫生保健专用软件操作，做好幼儿入园、转园、离园登记，做好体检数据和体能数据等录入，正确登记北京市儿童保健记录，及时维护北京市学前教育管理系统。

（10）根据区级要求，做好保健资料的整理分类，妥善保管药品和消毒用品，并做好发放登记工作。

（11）服从安排，尽职尽责，完成好本职工作的同时优先完成领导交代的各项临时性工作。

十五、中心办公室办事员岗位职责

（1）做好教职工中合同制员工社会保险相关工作。

（2）协助中心副主任（主管业务）完成每年新生入园工作和新生信息统计录入工作，及时更新幼儿花名册等工作。

（3）做好社区早教宣传工作。

（4）协助处理项目工程招投标、采购合同等相关工作。

（5）协助中心主任做好全园年度考核、教委督导回访等相关工作；做好每年3月的年检工作。

（6）负责每年全园人员花名册制表、造册、系统维护工作。

（7）协助中心副主任（主管后勤）做好生活用品、办公用品、设备设施等物品的申请及购置。

（8）及时将职称评定信息、内容及要求（需要证件、评定资格等）传达给需评定职称者，并督促其缴纳职称评定证件，协助教职工完成职称评定工作。

（9）每学期及时维护、更新教师管理系统信息。

（10）服从安排，尽职尽责，完成好本职工作的同时优先完成领导交代的各项临时性工作。

十六、中心信息资料管理员岗位职责

（一）班级日用品领取及发放管理

（1）严格遵守物品采购制度，物品不够时上交采购计划单，经主管领导批准并进行采买。物品到货后，认真做好验收、登记、入库工作。

（2）坚持秉公办事，做好领取物品的管理工作。班级领取日用品须登记，由领取人与发料人签字，不得私自发放。

（3）做好资料室、服装室、备课室、打印室的清洁卫生及日常整理工作，各种物品存放整齐有序，并做好防潮、防腐、防损坏、防白蚁、放火、防盗工作，避免不必要的损失和浪费，保证仓库安全。

(4) 发现办公物品损坏时,及时联系相关人员进行维修,确保办公设备正常使用。

(二) 资料管理

(1) 负责图书、光盘、磁带等教学用具的资料录入工作。

(2) 做好纸张和教学辅料资料的发放领取工作。

(3) 负责园内教师报纸、杂志的订阅、领取和发放工作。

(4) 做好幼儿服装的领取、借还登记工作,并检查衣服借出前、归还后是否完好无损,出现破损现象要及时报办公室进行处理或更新,以便其他人员的借用。

(三) 公共教室管理

(1) 做好公共教室的管理工作,对各区域材料的投放、使用及破损情况进行监管,及时补充、更新,确保幼儿正常使用。

(2) 负责公共教室内设备的保管,出现问题及时上报,并联系相关人员进行维修。

(3) 有计划地安排班级幼儿参加公共教室活动事宜,做好公共教室活动安排相关记录。活动结束后,做好教室内所有物品的整理工作。

(4) 做好公共教室内玩具、教具清洗消毒工作,保证教室整洁、卫生。

(四) 其他工作

(1) 完成领导给予的向上报送或领取相关资料的工作。

(2) 服从安排,尽职尽责,完成好本职工作的同时优先完成好领导交代的各项临时性工作。

(3) 协助完成幼教中心固定资产建账、报废相关工作。

(4) 根据园内需要,服从领导安排,做好临时进班、帮班工作。

十七、中心财务资产保管员岗位职责

(1) 负责中心财务管理(报销、收支、预算等)并妥善保管相应的票据。

(2) 做好全园工资薪酬管理。

(3) 负责幼儿伙食费、代办性服务收费、托儿费等费用的收、退、开票工作。

（4）负责全园资产管理及低值易耗品管理并严格执行登记造册工作，做好新购进资产的验收登记、报销等工作。

（5）做好固定资产调动和各班级财产责任人移交手续。人员调动时，应办理移交手续，并列出资产移交清册，交接双方和监交人签字，保证固定资产由专人负责，定人定位保管。

（6）按照教委规定，及时做好幼儿信息录入后的审核管理工作，更新现有幼儿信息以备用。

（7）做好每年各类教委报表工作的填写、报送工作。

（8）按照学校统一规定，负责办理教职工"五险一金"各项事宜，按时领取、发放教职工社保卡、医保存折、办理公积金缴存和领取、各类保险报销等。对有关保险相关文件精神和要求，做到及时上传下达。

（9）协助中心副主任（主管后勤）做好厨房食材的入库、出库数据录入和整理工作；每月与保健医、厨房班长核对伙食费使用情况。

（10）服从安排，尽职尽责，完成本职工作的同时优先完成领导交代的各项临时性工作。

十八、中心监控管理员岗位职责

为保证在园幼儿、教职员工及公共财产的安全，幼教中心实行封闭式管理，幼教中心配有监控摄像头及周界红外报警系统，全覆盖无死角24小时实施监控并存有录像回放，周界红外报警系统夜班时间配合夜班值班人员实施监控。依照北京市人民政府令185号《北京市公共安全图像信息系统管理办法》《幼儿园安全管理制度》，并根据幼教中心的具体情况特制定监控员岗位职责。

（1）监控员应提前十五分钟到岗，上班前检查监控设施、设备是否正常工作，有无损坏。

（2）监控员必须具有高度的责任心，认真落实安全监控任务，及时掌握各种监控信息，对监控过程中发现的情况及时进行处理和上报。

（3）熟练掌握监控系统的性能及操作方法，熟悉园区各安全防范控制点的安装位置。

（4）监控员在工作中应严格遵守《幼儿园监控室管理制度》，认真负责，按时记录，遵纪守法，遵守职业道德，注意保密。不得让无关人员观看监控录像，不得将监控录像内容、幼教中心的情况、幼儿图影像资料提供给外人。发生任何问题，第一时间向领导汇报，并向有关部门说明情况。

（5）监控室不得让外人进入，如因工作需要调取图像信息，须持相关证明并说明调取图像用途后，在幼教中心相关负责人员陪同下填写查看、调取图像信息情况登记表后方可进入监控室。在幼教中心人员操作下调取资料，查找资料人须按照申请查找的时间、地点调取录像。

（6）监控员须熟知《幼儿园管理实用手册》《幼儿园安全制度手册》和幼儿一日流程等相关内容，根据幼教中心各项规章制度仔细查看实时监控，每天认真填写北京邮电大学幼儿园监控记录表，要求记录详尽真实，并保留存档。

（7）保护幼教中心所有安全监控设备。为了监控设备的正常使用，要保持设备的清洁卫生；实时关注监控录像正常运转情况，如发现问题应及时汇报，联系相关人员维修，并做好维修记录。

（8）做好幼儿园办公用品和日杂用品的登记、收发等日常工作。每月统计反馈和报送需要的相关材料和数据，完成各种报表、汇总等工作。

（9）负责查询每月教职工考勤情况，及时向领导汇报缺勤、早退、迟到等的教职工名单，并做好每月出勤情况汇总记录。

（10）服从安排，完成领导交代的各项临时性工作。

十九、中心食堂班长岗位职责

（1）负责带领本班组人员认真执行《中华人民共和国食品安全法》，做好食堂卫生及食品加工工作，严防食物中毒及肠道传染病发生。定期组织本班组人员进行从业人员食品安全知识培训及学习，会议记录须详尽。

（2）负责根据带量食谱订购所需食材，如需调换食谱上所规定的食材，需经保健医同意方可更改。如果增加新品需上报保健医，经食品安全小组审核通过后方可制作。幼儿伙食与成人伙食严格分开。

（3）负责协助保健医完成工作任务，参加伙委会，严格按中心《食堂食品安全管理制度》搞好饮食、环境卫生。

（4）负责食堂机器设备的安全使用和保养,做好防火、防盗、防食物中毒等工作。

（5）协助中心副主任(主管后勤)做好本班组人员的思想工作。

（6）带领本班组人员严格按带量食谱操作。做好采购食品的验收工作,所采购食品必须按照要求严格把好验收关,杜绝过期食品进入库房。

（7）严格把控食品加工各环节,保证食品卫生安全。按监督部门要求填写教委食品安全管理科下发的八本记录册,并对填写内容进行复核监管。

（8）对每日留样食品的留样克数、留样时间、处理时间、冰箱温度等进行复核监管。

（9）每周盘点库存,对库存物品做到心中有数,防止积压和短缺。及时清理临期或过期食品。

（10）按时报账,账目清晰,手续健全,严格遵守财务制度。

二十、中心食堂炊事员岗位职责

（1）严格执行食品安全制度,按卫生要求保持食堂的清洁卫生,按食品加工操作流程进行操作,严防食物中毒,杜绝肠道传染病的发生。

（2）负责全中心幼儿的伙食制作。

（3）严格按带量食谱制作,严格按幼儿出勤人数投放主副食量。

（4）食品的制作过程要讲究科学,原料新鲜,洗涤干净,生熟分开,烹调时注意保存营养素。

（5）食物制作要符合幼儿年龄特点,并做到色香味美。

（6）负责对熟制加工食品的中心温度进行测量并完成记录,保证烧熟、煮透。

（7）保证准时出餐,根据出勤人数及带量进行分餐,并做好饭菜的防尘、保温及降温工作。

（8）根据餐饮具清洗消毒保洁方法,做好餐饮具的清洗、消毒、保洁工作。

（9）保管好食堂的用具,做好节约工作。

(10) 按操作规定使用炊事机械,做到安全操作。

(11) 负责整理冰箱,按要求对冰箱内食物进行分类保存。

(12) 晚班炊事员完成各区域毛巾、墩布及盖布的清洗、消毒工作。

(13) 下班前,认真检查燃气、水的阀门和电器开关,做到断气、断水、断电,并关好所有门窗,确保万无一失。

二十一、中心食堂管理员岗位职责

(1) 全面负责食堂工作,认真贯彻食堂管理的各项规章制度。

(2) 对食堂上岗人员进行每日晨检,掌握上岗人员身体状况,并做好当天的工作安排和分工。

(3) 严格按带量食谱操作,按每日来园人数投放主副食量。做好采购食品的验收工作,所进食品必须按照进货要求严格把好验收关,拒收存在质量问题的食品及原料。登记食品的生产日期、保质期、过期日期,杜绝过期食品进入库房,并做好出库、入库登记。

(4) 保证食堂食品采购、储存、加工供应过程符合规定,操作规范,消除安全隐患。

(5) 每周与保健医商定营养菜谱,测定需求量和价格成本,平衡每月盈亏。

(6) 善于倾听和正确对待、处理师生及家长的意见和要求,不断提高食堂服务质量。

(7) 每月与厨房班长进行一次清仓盘点,做到账目清晰,账物相符。

(8) 一旦发生食品卫生安全事故,立即向中心主任汇报,并在领导小组的统一指挥下,有效执行应急预案。

(9) 负责食堂用水、用电、用气等安全工作。

二十二、中心食堂厨工岗位职责

(1) 根据带量食谱严格进行备餐,负责食品的粗加工及切配工作。

(2) 根据每日幼儿来园人数分发餐具。

(3) 负责根据每日幼儿来园人数及带量进行水果清洗分发和奶品分发。

(4) 负责做好食堂清洁卫生工作,保持环境的整洁有序。

(5) 根据餐饮具清洗消毒保洁方法,对餐饮具进行清洗、消毒、保洁工作,并完成记录。

(6) 保管好食堂的用具,做好节约工作。

(7) 做好个人所属卫生区的清洁消毒工作。

(8) 负责冰箱的清洁消毒工作,保证无冰霜、无水渍、无污物、无异味。

(9) 连班厨工完成晚餐食材的切配工作。

(10) 晚班厨工完成各区域毛巾、墩布及盖布的清洗消毒工作。

(11) 下班前认真检查燃气、水的阀门和电器开关,做到断气、断水、断电,并关好所有门窗,确保万无一失。

二十三、中心食品留样人员岗位职责

(1) 负责按要求对每餐每个品种进行留样。

(2) 填写留样食品标签并做好留样记录。

(3) 负责留样冰箱的清洁消毒,保证无冰霜、无水渍、无污物、无异味。

(4) 按要求保证留样冰箱处于恒温状态。

(5) 保证留样冰箱及时上锁,钥匙由专人保管。

(6) 负责按要求对48小时后的留样食品进行处理,并对留样盒进行清洗、消毒。

二十四、中心会计岗位职责

(1) 认真执行《会计人员职权条例》,严格按照上级规定的财务制度和标准管理幼教中心的账目和经费,定期向分管领导汇报经费收支情况,对违反财务制度的开支敢于提出反对意见。

(2) 严格按照财务制度管理现金,记现账,管理支票、印鉴;严格按照银行规定限额及时把收取的现金存入银行。监督单位费用的收支,发现问题及时处理解决。

（3）正确制定财务预算，严格执行财务预算。统一管理全园预算经费，定期向中心主任报告经费收支情况。协助中心主任做好财务管理工作。各项费用来源清晰，专款专用。坚持勤俭办园方针，合理安排经费，计划开支，杜绝浪费。

（4）正确设立账户，科目明确，账目清晰。对出纳交来货币款项及时核对，及时入账。

（5）每月结算幼儿伙食账，按赢亏不超过2％给伙食提供财务数字。定期向主管副主任汇报伙食费收支状况。

（6）负责结算幼儿的各项费用，处理一切暂收、暂支的款项，及时做好记录，不出差错。

（7）协助出纳做好取款、送款的安全工作。

（8）按规定及时记账、报账，账目要清楚，项目准确，手续完备，日清月结。经常与出纳核对账目并做到账款相符。

（9）为家长服务热情，有问必答，为家长交费提供方便。同时，对拖欠的费用及时催缴入账。

二十五、中心出纳员岗位职责

（1）认真执行国家有关财务的规章制度及本园各项财务制度，严格执行《中华人民共和国现金管理暂行条例》。

（2）根据国家规定的费用、开支标准，认真审核各项报销凭证，对不符合财务制度的收付款项，在做好宣传解释工作的基础上，有权监督拒付。

（3）负责掌管幼教中心预算内、外以及伙食费等库存现金；根据规定按银行账户设置现金账册，每天做好原始记录，轧清现金，做到日清月结，正确无误，账款相符。

（4）根据国家规定的费用、开支标准，认真审核各项报销凭证，每张凭证必须有经手人、验收人及领导签字方能报销，对不符合财务制度的收付款项，在做好宣传解释工作的基础上，有权监督拒付。

(5) 严格遵守现金管理办法,做好现金的管理工作。每日库存现金不能超过银行批准的限额,不能挪用现金,不准用白条抵库和"坐支",各类收款必须及时送入银行,不得过夜。

(6) 工作人员支领现金、支票,均须有主要中心主任签字。各种收据、发票的使用和管理,必须严格执行上级部门的规定,不得随意或混淆使用。

(7) 应按时、按规定向会计及银行核对账目,做到账证、账账、账款相符。

(8) 每月做好各种费用的收费、退费工作。

(9) 对家长服务热情,有问必答,为家长提供方便;对于拖欠款项,应及时催缴。

二十六、中心值班员岗位职责

(1) 负责做好中心的安全保卫工作,做好大门出入人员的盘查工作,来客登记,禁止推销员入园推销产品。

(2) 认真做好幼教中心的防火、防盗、安全保卫工作。值班人员要认真检查和关好幼教中心办公室及各班的门窗,关闭不需要的电源,关好水龙头等,消除一切隐患,确保幼教中心的安全。

(3) 认真做好安全巡逻工作,预防各种事故和事件的发生。

(4) 值班期间,不得擅自离岗、脱岗,认真值班。

(5) 及时将外来文件、报刊、信件等送到中心办公室。

(6) 定时开关中心大门,静园后巡逻全园,以确保中心安全。

(7) 负责传达室及其周围的清洁工作。

(8) 值班人员要做好值班记录,重要事情要有记载。做好交接班等有关工作。

(9) 值班人员要做好电话记录,做好上情下达、下情上报工作,接待来访人员。负责幼教中心安全、大型玩具及院子的卫生工作。完成领导交办的其他工作。

二十七、中心勤杂工岗位职责

(1) 热爱本职工作,端正工作态度,服从领导指挥,按时完成领导交代的工作任务。

（2）在中心主任的领导下，协助中心副主任（主管后勤）做好大型玩具、教具及设备设施的简单维修和零件的采购工作。

（3）负责清扫院落及清理垃圾桶，保证环境整洁。

（4）整理库房，把各班不需要物品放置库房中，并及时清理库房的闲置物品。

（5）协助班级教师对班级环境进行基础布置。

（6）管理好本园花草树木，定期浇水、除草、施肥、治虫、修剪。

（7）根据季节，定期在园区喷洒消毒液及杀虫剂（避开幼儿玩耍时），以消灭蚊虫。

二十八、中心保安员岗位职责

（1）幼教中心保安人员肩负着幼教中心安全保卫重任，要有高度的责任感，要严格遵守保安职业道德。7:20~19:20轮流值班，不得擅自离岗。

（2）检查接送幼儿家长是否刷卡入园，核实门禁卡信息（幼儿及家长的姓名和照片）是否准确无误，如有不符，禁止其入内，并及时通知班级老师和办公室。遇忘带卡的家长要登记（特殊时期要电话通知老师，由老师亲自到园门口将幼儿接进或送出幼教中心）。

（3）幼教中心保安人员不得与他人闲谈，杜绝一切陌生人员入园；对来访人员要礼貌接待并询问其来访目的，值班员与被访者电话沟通，确认有必要接待的，核实其身份（检查有效证件），无误后到值班室登记方可入园（特殊时期须被访者手拉手接进园里）。

（4）严禁家长接送幼儿的自行车、摩托车进入园内；其他为幼教中心服务的车辆经幼教中心同意后方可进入校园。

（5）在幼儿来园离园时间点，要及时排除校门外（左右5米）的堵塞障碍物，有效疏通门口拥挤现象。按时做好大门的开关工作（早上7:20~8:30开门，晚上5:00~6:00关门），做到门开人在。

（6）除幼儿入园和离园时间外，要锁好幼教中心大门，防止幼儿私自外出、中途离开。遇家长要来园或要提早接领幼儿的,问清缘由,然后联系班主任,视情况决定接送方式(家长刷门禁卡进班接幼儿或老师亲自把幼儿送到园门口交到家长手中)。

(7) 除做好门岗职责外,还要定时(每隔一小时)巡视校园,认真做好幼教中心保安巡逻记录,发现安全隐患应及时妥善处理,如不能处理要及时汇报给中心领导,情节严重的要报保卫处和拨打报警电话。

(8) 注意观察幼教中心外的可疑人员,如发现可疑人员或不安全事件须及时通知中心领导,情节严重的及时拨打110。

(9) 危难时,配合园方疏散幼儿并及时报警,发现案情及时与公安部门联系,争取破案;对影响幼教中心师生学习、工作、生活秩序的情况,要及时制止并与有关部门联系。

(10) 协助做好幼教中心交办的其他工作。

第三节 贯彻落实"三重一大"决策制度实施办法

一、总则

第一条 为全面贯彻落实中央关于"凡属重大事项决策、重要干部任免、重大项目安排和大额度资金的使用,必须经集体讨论作出决定"制度(以下简称"三重一大")的要求,进一步规范幼教中心领导班子的决策行为,严格决策程序,防范决策风险,提高"三重一大"事项决策的民主化、公开化、制度化和科学化水平,推进幼教中心党风廉政建设,根据《北京邮电大学贯彻落实"三重一大"决策制度实施办法》及有关规定,结合幼教中心工作实际,制定本实施办法。

二、"三重一大"事项的主要内容

第二条 "三重一大"事项指幼教中心重大决策事项、重要人事任免事项、重大项目安排事项、大额度资金使用事项。

第三条 幼教中心"三重一大"事项的主要内容。

（一）贯彻、落实党和国家的路线、方针、政策、法律法规和上级的重要决定、学校重要会议和重大工作部署。

（二）根据后勤处的总体规划、有关政策与决定，研究中心的改革、发展、稳定工作中的重大问题。

（三）幼教中心重要规章制度的制订、修订和废除。

（四）幼教中心年度工作计划与总结。

（五）幼教中心党风廉政建设、精神文明建设、思想政治工作的重大事项。

（六）幼教中心工作中涉及师生员工切身利益的重大问题。

（七）幼教中心党支部及行政领导班子自身建设的重大问题。

（八）幼教中心员工队伍建设的重大问题。

（九）幼教中心安全稳定工作，以及突发事件的处置。

（十）幼教中心人员的人事任免、考核、奖惩的决定。

（十一）幼教中心年度财务预算、决算情况的审定。

（十二）幼教中心大额度资金的调度使用等重要财务问题、重要项目的安排、重大数额设备的购置与报废事项。

（十三）其他应当集体研究决定的重大事项。

（十四）以上涉及贯彻落实党和国家路线、方针、政策、幼教改革、全体员工切身利益的重大事项以及其他按照规定应由上级主管单位决策的事项，必须提交上级主管单位做出最后决定。

三、"三重一大"事项的决策程序

第四条 "三重一大"事项的决策要认真贯彻民主集中制原则，确保决策的民主化、公开化、制度化和科学化。

第五条 幼教中心"三重一大"事项的决策由领导班子行政会或园务会讨论决定。

第六条 "三重一大"事项在提交领导班子行政会或园务会决策之前，要进行深入细致的研究论证，广泛听取并充分吸收各方面的意见。

第七条 与员工利益密切相关的事项,要通过中心职工代表大会或以其他形式听取广大员工的意见和建议。

第八条 研究"三重一大"事项,应当坚持一事一议,与会人员要充分讨论,对决策建议应当分别表示同意、不同意或缓议的意见,并说明理由。主持会议的主要领导应当最后发表结论性意见。对于意见分歧较大的议题,除紧急事项外,应当暂缓作出决定,待进一步调研或论证后再作决定。

第九条 "三重一大"决策时,如有涉及本人或者亲属利害关系,或其他可能影响公正决策的情形,参与决策或列席人员应当回避。

第十条 会议决定的事项,必须明确实施的负责人和相关部门。

第十一条 对尚未正式公布的会议决策和须保密的会议内容,与会人员不得外泄,如有发生将追究有关人员的责任。

第十二条 "三重一大"事项决策的情况,包括决策参与人、决策事项、决策过程、决策结论等,要以会议通知、议程、记录、纪要等形式留下文字性资料,并存档备查。

四、"三重一大"事项决策的实施

第十三条 幼教中心领导班子行政会和园务会决定的"三重一大"事项,由领导班子成员按照分工组织实施。如遇特殊情况需要对决策内容做重大调整,应当重新按规定履行决策程序。

第十四条 参与"三重一大"事项决策的个人对集体决策有不同意见,可以保留或向上级主管单位反映,但不得擅自改变或拒绝执行。

第十五条 重要设备、大宗物资采购和购买服务,重大基本建设和大额度基建修缮项目,按国家规定需要招标的,必须严格按照《北京邮电大学招标管理办法(试行)》《北京邮电大学后勤修缮工程及物资采购招标管理实施办法(试行)》《北京邮电大学合同管理办法(试行)》所规定的招标程序进行。

第十六条 监督检查

(一)幼教中心领导班子行政会和园务会决定的事项,根据工作内容和性质视情况向上级领导汇报。

（二）幼教中心按年度将贯彻落实"三重一大"决策制度的情况向上级主管单位报告。除涉密事项外，"三重一大"决策事项按照学校有关规定予以公开。

五、责任追究

第十七条　凡属下列情况给国家、学校、幼教中心造成重大经济损失和严重后果的，要依纪依法分别追究班子主要负责人、分管负责人和其他相关人员的责任：

（一）不履行或不正确履行"三重一大"制度决策程序，不执行或擅自改变集体决定的。

（二）未经集体讨论决定而个人决策的。

（三）未提供全面真实情况而直接造成决策失误的。

（四）执行决策后发现可能造成失误或损失而不及时采取措施纠正，造成重大经济损失和严重后果的。

（五）其他因违反本实施办法而造成重大经济损失和严重后果的。

第十八条　责任追究主要依据本人职责范围，明确集体责任、个人责任或直接领导、主要领导责任。

第十九条　对给幼教中心造成重大损失和严重政治影响的责任人，根据事实、性质、情节应承担的责任，依法依纪追究，不因领导干部工作岗位或者职务变动而免于追究。依据学校相关规定，受到责任追究的领导干部，取消当年年度考核评优和评选各类先进的资格。

第四节　园务委员会制度

第一条　为了加强民主管理和监督，建立和健全幼儿园内部管理机制，提高幼儿园的现代化管理水平，根据《中华人民共和国教育法》《幼儿园教育指导纲要》《幼儿园工作规程》，结合幼教中心实际情况，特制定本制度。

第二条　园务委员会的性质和职能。

幼儿园设立由中心主任主持和领导下的园务委员会。园务委员会是幼儿园的审议机构,主要是在中心主任主持下对幼儿园提出的重大决策进行审议,并制定实施方案,供中心主任在决策时参考,并对中心主任的日常工作提供有力支持。

第三条 园务委员会的宗旨。

提高幼儿园领导机构的科学决策能力,发扬民主和集体智慧,建立科学决策的保证机制和民主监督机制。

第四条 园务委员会的主要职责。

(1)审议幼儿园的办学宗旨、办学方针、幼儿园发展规划、年度工作计划和招生计划。

(2)讨论幼儿园教职工队伍建设和师资配置问题,并向中心主任提出建议。

(3)审定幼儿园重大改革和发展方案、管理机构设置、重要规章制度的制定、修改和废除。

(4)审议幼儿园财务预算和决算方案。

(5)审议幼儿园的人事调查及管理人员管理奖惩。

(6)审议幼儿园其他重大事项。

第五条 园务委员会的组成。

(1)园务委员会由行政办公会人员、家长代表组成。

(2)园务委员会中应有一定影响的教师参加,在比例上兼顾有丰富治园、治学经验的老师和在教育教学方面做出贡献的中青年代表。

(3)园务委员会委员由中心主任聘任,并备案。

第六条 园务委员会工作制度。

(1)园务委员会审议提出的意见须经中心主任批准方能生效;当多数委员与中心主任意见不一致时,其方案暂缓执行,以待复议。

(2)园务委员会审议的事项,由中心主任提交园务委员会。中心主任因故不能参加会议,可以委托其他人选提交。对拟审议的事项,有关部门必须做好准备,并将讨论文稿事先印发各委员。审议结果要记录在案,执行情况应通报各委员。

(3)园务委员会会议由中心主任召集和主持。中心主任因故不能主持,可委托中心副主任委员主持召开。

（4）园务委员会一般每学期召开1~2次。特殊情况下也可随时召开。

（5）园务委员会应有三分之二的委员参加方能召开，否则不能立会，决议结果超三分之二方可成效。

第七条　园务委员会的办事机构是办公室。每次开会前，办公室要做好会务和组织工作。

第八条　本制度的修改应经园务委员会集体讨论，并经中心主任批准。

第九条　本制度由园务委员会负责解释。

第五节　教职工代表大会制度

教职工代表大会是幼教中心教职工行使民主权利、参与幼教中心民主管理和民主监督的基本形式，是幼教中心管理体制中的重要组成部分。为了推进幼教中心民主建设，保障教职工参与幼教中心民主管理和民主监督，健全和完善校长负责制。根据《中华人民共和国工会法》《中华人民共和国教育法》《中华人民共和国教师法》等法律、法规以及其他有关规定，特制定本制度。

一、教职工代表大会的职权

教职工代表大会在党组织的领导下开展工作，按照规定程序行使职权，遵循民主集中制的原则，使各项工作达到规范、有序、优化的要求。

二、审议建议权

听取讨论中心主任工作报告，对中心主任的工作报告、幼教中心的章程、发展规划、重要改革措施、"三重一大"事项、财务工作报告等报告、教职工培训情况及与幼教中心其他有关改革发展的重大问题，提出意见和建议。

三、审议通过权

审议通过幼教中心提出的园内教职工聘任制度或方案、奖惩制度、教职工工资分配方案以及其他与教职工权益有关的重要的规章制度等。审议通过后，由中心主任颁布实施。

四、审议决定权

审议决定教职工困难补助申请等事项。

五、民主评议监督权

按照教育党委的安排，在党组织的领导下，每年进行民主评议党政领导干部。

六、教职工代表

（一）教职工代表大会人员的产生根据本园教职工人数，依据产生5%～20%的职工代表

（二）代表的条件

（1）坚持党的基本路线，拥护党的方针政策，贯彻国家的法律、法规。

（2）掌握一定的业务知识、管理知识和参政议政的能力，愿意参加幼教中心的民主管理活动。

（3）遵守社会公德、职业道德、教书育人、为人师表。

（4）热心为教工办事，作风正派，公正公道。

（5）密切联系群众，正确代表群众利益，如实反映群众的意见和要求。

（6）遵章守纪，胜任并做好本职工作。

（三）代表的权利和义务

1. 代表的权利

（1）在教职工代表大会上有选举权、被选举权和表决权。

（2）对大会的议程发表意见，按照规定的程序提出议案和提案。

（3）对幼教中心和教职工代表大会工作提出意见和建议。

（4）闭会期间有工会组织参加对幼教中心有关工作的检查活动。

2. 代表的义务

(1) 贯彻党的方针政策,遵守国家法律法规。

(2) 参加民主管理大会活动,执行大会的决议,完成大会交给的任务。

(3) 联系群众,听取和反映群众意见,协助做好群众的工作。

(4) 提升自身素质,遵守职业道德和幼教中心的规章制度,认真做好本职工作。

(四) 代表的培训

定期对教职工进行培训,培训的内容包括党的方针政策、法律法规,并侧重于民主管理的有关基础知识,不断提升教职工参政议政的素质。

七、组织制度

(1) 教职工代表大会的组织原则是民主集中制。

(2) 每学期至少召开一次,每次大会至少有三分之二的教职工参加。

(3) 教职工代表大会闭会期间遇有重大事项,经三分之二以上教职工的提议或经行政、工会共同研究决定,可临时召开会议。

(4) 教职工代表大会的选举和表决采用无记名投票或举手表决。其中,凡关系到教职工切身利益的制度或方案的表决均须采用无记名投票的方式。选举和表决必须获得应到人数半数以上同意,方为有效。

(5) 经教职工代表大会通过的决议、决定的方案,如需修改,必须提请大会按程序重新审议表决通过,方为有效。

第六节 会议制度

为规范会议召开程序和要求,"三重一大"和教职工代表大会的决议,促进沟通,统一思想,提高会议质量,特制定本制度。

(一) 会议总则

(1) 会议主持者一般提前三天发送会议通知给参会人员,通知包括会议主题、参会人员、时间、地点及需要提前准备的文件等。

(2) 与会人员须准时参加,不得缺席,因故不能参加者要提前向上级领导请假。

(3) 会议力求精干、高效。会前做好充分准备,工作部署应明确、具体、量化。会议提案充分讨论,积极发言,快速决策,对议而不决的事项提出解决的原则与方法。

(4) 会议期间,将手机置于关闭或振动状态,如必须接听电话,到会议室外接听。

(5) 会议主持者安排专人做好会议记录,内容包括时间、地点、参会人员、议题和会议结果等。

(6) 讲求实效。会议议定的事项、布置的工作任务及提出的办法措施,与会人员要按照职责分工传达、贯彻、落实。

(7) 不宜公开的有关内容、决定及其形成的过程,必须严格保密,与会人员不得以任何形式对外泄露。

(二) 会议内容及形式

1. 政治理论学习

主持人:中心主任或中心副主任。

参加人:全体教职工。

时间:每学期两次。

形式:集中学习或自学。

内容:时事政治、思想理论、法律法规等。

2. 全园会

主持人:中心主任或中心副主任。

参加人:全体教职工。

时间:每学期二次。

形式:集中线上或线下。

内容:交流计划,总结工作经验、师德师风、规章制度、安全教育等。

3. 园务委员会

主持人:中心主任。

参加人:中心主任、中心副主任、部门主任及家长代表。

时间:每学期召开两次,遇有重大问题随时召开。

形式:集中线上或线下。

内容:有关园所发展的"三重一大"的内容。

4. 教职工代表会

主持人:工会委员或工会小组长。

参加人:全体教职工或以教师为主体的教职工代表。

时间:每学期一次或遇教职工利益相关问题随时召开。

形式:集中线上或线下。

内容:讨论并通过园中各项重要决议,对全园工作提出建议和意见等。

5. 总务会议

主持人:中心副主任(主管后勤)。

参加人:后勤办公室人员参加,必要时请党团工会负责人参加。

时间:每学期四次。

形式:集中线上或线下。

内容:讨论招生工作,大型活动宣传,安全防范问题,玩具、教具、设备设施维修等。

6. 行政办公会

主持人:中心主任或中心副主任。

参会人:领导班子成员、业务及后勤部门主任;必要时,办公室人员参加。

时间:每周召开一次(周一上午8:30)。

形式:集中线上或线下。

内容:

(1) 各部门交流工作开展情况与进展情况,分析原因,解决问题;

(2) 总结前一周工作,汇报本周工作重点,制订下周工作计划;

(3) 对幼教中心的大事、难事、群众关心的热点问题集体商讨与决议。

7. 教学、教研组会

主持人:中心副主任(主管业务)或教学部主任或教研部主任。

参加人:教师。

时间:每学期八次。

形式:集中线上或线下。

内容:对日常教学中存在的共性问题进行研讨、学习、交流等。

8. 信息资料组会

主持人:中心副主任(主管业务)。

参加人:教学主任、教研主任、办公室主任、资料员。

时间:每学期四次。

形式:集中线上或线下。

内容:学前教育前沿动态信息、相关文件传达与宣传、多媒体使用技巧、新书推荐等。

9. 保育员会

主持人:中心副主任(主管后勤)或保健主任或保健班长。

参加人:保育员。

时间:每学期四次。

形式:集中线上或线下。

内容:研究保育工作。

10. 班务会

主持人:班长。

参加人:本班教师及保育员。

时间:每学期八次。

形式:集中线上或线下。

内容:传达上级会议精神、研究班级近期问题及改进措施、家园共育等。

11. 膳食委员会

主持人:中心副主任(主管后勤)或保健医。

参加人:保健医、会计、厨房工作人员、保教人员及部分家长代表。

时间:每学期四次。

形式:集中线上或线下。

内容:研究改进幼儿伙食质量。

12. 家长会

主持人:全园家长会由中心主任或中心副主任主持,各班家长会由各班班长主持。

参加人:幼儿家长。

时间:每学期1~2次。

形式:集中线上或线下。

内容:向家长汇报工作,征求家长意见,宣传科学育儿知识等。

13. 家长委员会

主持人:中心主任或中心副主任。

参加人:部分家长代表。

时间:每学期1~2次。

形式:集中线上或线下。

内容:商议园所教育教学质量、发展建设、家园共育等。

14. 班长会

主持人:中心主任。

参加人:各班班长。

时间:根据需要。

形式:集中线上或线下。

内容:传达上级文件精神、传达"三重一大"决策、安全教育、布置下一阶段工作等。

15. 安全小组会

主持人:中心主任或中心副主任(主管后勤)。

参加人:幼教中心安全员(部门主任、部门班长、保健医、后勤人员、保安人员等)。

时间:遇有重大安全问题随时召开。

形式:集中线上或线下。

内容:传达上级会议精神、研究安全防范工作、商讨安全预案流程等。

16. 卫生保健会

主持人:中心副主任(主管后勤)或保健主任。

参加人:保健医(必要时,中心副主任(主管业务)、教学班长、厨房班长参会)。

时间:每学期四次。

形式:集中线上或线下。

内容:研究卫生保健工作、传达上级文件精神、交流保教合一工作落实情况等。

第七节 领导带班制度

为了更好地完成幼教中心常规工作任务,及时发现和处理突发事件,确保幼教中心每日工作安全、有序进行,规范管理人员的行为,特制定本制度。

(1) 在幼儿早晨入园时,带班领导和后勤老师应 7:35 到岗,要求穿好园服,热情并主动地和小朋友打招呼;解答家长咨询的问题;注意观察幼儿入园时的安全。

(2) 在幼儿离园时,带班领导和后勤老师应 4:55 到岗,要求穿好园服,热情并主动地和小朋友再见;解答家长咨询的问题;注意观察幼儿离园时的安全。

(3) 午睡期间,由一名保健医巡视各班幼儿午睡情况,如遇特殊情况,上报带班领导(带班领导要求不得远离园区并保持手机畅通)。

(4) 周末及节假日由领导班子成员轮流带班,要求 24 小时开机,带班时不可离京,遇事不能带班者必须提前通知中心领导,报批后做好交接工作方可更换带班人。

第八节 管理者检查指导制度

检查是管理工作全过程的重要环节,是计划执行的保证措施。根据京教前〔2000〕005 号《北京市托幼园所分级分类验收标准及细则》中的要求,管理者要有计划、有目的地深入实际,检查、指导工作,为加强和完善幼教中心各项工作的管理,规范管理者的管理行为,进一步提高幼教中心办园整体水平,特制定本制度。

(1) 园领导及各部门负责人要主动深入所管辖的部门,特别是主动深入教育教学一线了解工作情况,解决实际问题。

(2) 中心主任每周深入班级时间不少于6~8小时,重视指导时效并有详尽的下班检查记录。

(3) 中心副主任(主管业务)及部门领导深入班级及管辖部门指导工作每周不少于16小时,并有详尽的下班检查记录。

(4) 管理者检查指导工作要有目的、有重点、有记录、有分析、有指导,并突出指导。

(5) 中心主任应定期听取各部门检查、指导工作情况汇报,园领导班子在认真分析的基础上,通过多种形式及时、科学、有效地组织集体研究问题和反馈相关信息等,达到总结有益经验、调整工作部署、提升工作水平的目的。

第九节 新员工入职管理制度

一、总则

第一条 为加强对新员工入职的管理,进一步规范入职手续办理程序,特制定本制度。

第二条 本规定适用于北京邮电大学幼儿教育中心全体新员工。

二、入职流程

第三条 入职前。

(1) 候选人通过面试审核后,要求求职者提供相关证明材料(与前一工作单位解除劳动关系证明、与前一工作单位开具的工作表现证明、当地派出所开具的无犯罪证明、相关学历证明、户口本等),在提供证明材料后招聘人员与候选人口头确定到岗时间,(到岗时间由招聘专员与候选人确定),将《北京邮电大学幼儿教育中心招聘人员评价表》《北京邮电大学幼儿教育中心合同工信息登记表》及相关材料签批完毕后交入职手续办理人。

(2) 办理入职手续后,录用人须接受半天的岗前培训,培训内容及要求由中心副主任(主管后勤)负责。

第四条 入职时手续办理。

(1) 新员工提交资料:

① 身份证原件、复印件(2份);

② 户口本原件、复印件(2份);

③ 学历证书原件、复印件(2份);

④ 职称证书、教师资格证书原件、复印件(2份);

⑤ 彩色1寸照片(3张);

⑥ 近期(一年内有效)健康证;

⑦ 与前一工作单位解除劳动关系证明原件;

⑧ 与前一工作单位开具的工作表现证明原件;

⑨ 当地派出所开具的无犯罪证明原件。

(2) 办公室人事手续办理人须办理事项:

① 对新员工提交资料进行审核;

② 岗前培训(介绍其岗位职责、行为规范、工作说明、规章制度、消防安全等,签订安全责任书);

③ 人事档案管理员准确、及时地将新入职员工的基本信息录入花名册,并建立员工个人档案;

④ 签署劳动合同;

⑤ 给新员工办理门禁卡、一卡通等;

⑥ 带新员工到所属部门报到。

第十节 教职工培训制度

为建设一支具有良好素质的教师队伍,稳步提高保教工作质量,并使教师培训工作进一步规范化,特制定本制度。

一、园内培训

(1) 园内培训包括常规培训(岗前培训、全园培训、管理干部培训)和专项培训(安全培训、卫生保健培训、厨艺培训等)两种。

(2) 各类培训应有培训实录(包括签到记录、培训计划、培训过程实录、培训照片、培训人文稿及PPT、培训后作业等)。

(3) 培训人(包括文稿、照片、视频及PPT)的知识产权属幼教中心,任何人不得外传。

(4) 外请专家给教师做内部培训,按照《北京邮电大学劳务费(酬金)管理办法》申请专家劳务费,待学校审批后,由财务直接汇到专家账户上。

(5) 凡连续两次不参加培训者(指无故缺勤或请假未获批准),取消培训资格。

二、外出培训

(1) 外出培训包括本市、外地等不同类型、级别的学习、观摩、参会交流等活动。

(2) 培训项目和培训人员应由幼教中心行政办公会讨论决定。

(3) 培训项目和培训人员确定后,由教学部登记备案。

(4) 外出培训的项目应由办公室统一报名、联络。

(5) 外出培训应根据规模选派1~2名领队或组长全权负责。培训结束后,由组长将培训影像资料、心得体会整理成文上交教学部留档备案。

(6) 选派外出培训人员应以幼教中心发展需要为前提,本着机会均等的原则。

(7) 若是集体外出培训,临行前由中心副主任(主管业务)召开动员会,强调有关事宜。

(8) 外出培训须遵守组织单位的有关纪律和要求,维护幼教中心形象。

(9) 凡外出培训所颁发的证书,由领队将证书上交办公室留存原件,自证书颁发之日起在园服务满五年,证书发还个人。

三、外出培训或参会经费管理

(1) 举办方(或会务组)统一规定的会务费和出差期间的住宿费,由幼教中心办公室人员或领队统一办理缴费事宜。

(2) 除举办方(或会务组)规定项目以外的因公务发生的交通费,先报上级部门审批,待同意后刷公务卡先行支付。

第十一节　法制副校长工作制度

为加强幼教中心法制教育和幼教中心周边治安综合治理工作,特制定本制度。

(1) 兼职法制副校长从法院、检察院、公安、司法行政等政法部门中选聘政治素质好、品德优秀、作风正派、热心青少年法制教育事业,具有较强责任心和组织协调能力,以及具备较好的语言表达能力。

(2) 幼教中心按照任职条件推荐兼职法制副校长人选,报上级领导进行审核、确定人选后,由幼教中心聘任。兼职法制副校长任期为三年,可连续聘任。兼职法制校长不占幼教中心领导职数和人员编制,但参与幼教中心关于法制、德育教育的论证和决策。

(3) 参与制定幼教中心法制教育规划,协助幼教中心开设法制教育课程。

(4) 协助幼教中心加强内部安全防范工作,健全、完善规章制度,落实各项防范措施,消除安全隐患。针对幼教中心出现的不良行为和现象,做好教育、转化工作,落实帮教措施。

(5) 配合政法部门妥善处理在幼教中心出现的违法犯罪案件,严肃查处侵害师生合法权益和侵扰校园的事件,对幼教中心内发生的严重违纪问题,督促和指导幼教中心根据园规园纪妥善处理,维护幼教中心正常教育秩序、生活秩序。

(6) 协助幼教中心沟通与社区、家庭及社会有关方面的联系,促进幼教中心、家庭、社会"三位一体"法制教育机制的完善。

(7) 参加有关部门组织兼职法制副校长的业务培训,帮助、指导其开展法制宣传教育工作,及时发现、培养典型,交流推广经验。

(8) 将法制副校长的工作情况作为评估幼教中心整体工作的一项内容;落实好普法规划,加强幼教中心法制教育的重要组成部分。

(9) 积极取得公安、检察院、法院等政法部门对本单位派出的兼职法制副校长工作,帮助他们解决工作中的困难,督促他们定期到幼教中心开展工作,同时将他们反馈的工作情况作为考核其工作、晋职、晋级和受奖的依据。

(10) 幼教中心要为兼职法制副校长工作创造必要的条件,涉及幼教中心法制教育的重要会议、活动、安排,应事先与兼职副校长协调并及时通知其参加。

第十二节　工作质量评价考核制度

为不断提高教职工自身素质和业务能力,促进工作质量的提高,特制定本制度。

(1) 本园员工必须按时接受工作质量的评价考核。

(2) 幼教中心成立工作质量考核小组,成员由园领导、部门负责人及各班班长组成。

(3) 考核领导小组的职责:拟定考核内容及评价标准、确定考核方法、确定考核时间、研究奖惩办法、填写考核报告、根据考核中的情况提出改进措施及下一步工作建议。

(4) 考核内容包括:出勤情况、工作态度、履行本岗位职责情况、工作效果等。由考核领导小组根据不同时期的要求及工作范围拟定详细考核提纲。

(5) 考核结果填入业务档案。考核结果作为全体员工晋级、职称评定、选先进及送外学习的重要参考资料。

第十三节 考勤制度

为了增强全体教职工的组织纪律性,切实履行工作职责,提高工作效率,特制定本制度。

(1) 一般疾病应在不带班的时间且班上有两名教师在岗的情况下经领导批准方可离岗,且快去快回。由班长累计看病时间为请假,需病休者应有医院病假证明及病历手册复印件或门诊收费单据复印件,请假须经领导批准,未请假者按旷工处理。

(2) 急诊病休应当天向领导请假以便安排工作,事后及时补交病休的相关证明材料。

(3) 病假期满需续休者应在续休前交医院开具的病假条,如需到医院继续治疗应提前请假,未提前请假按旷工处理。

(4) 病事假应提前写好请假申请单,经相关领导批准签字后方可休假,如有特殊情况(如急诊等)应及时向办公室请假。各类紧急情况应有关证明,未执行的按旷工处理。

(5) 职工上班应刷卡进园,没刷卡者视为迟到。上班时间:早班7:30,正常班7:50;值午睡的早连班7:30～15:00,7:50～15:30,10:00～17:30;下班时间为12:00,下午下班时间5:30以后以幼儿接走为准。

一、病假

(1) 职工因病请假为病假,须有相应的医院证明(病历本、挂号条、诊断证明等)。

(2) 病假的扣除方法按工资前两项总额(基本工资和岗位工资)除以21天然后乘以病假的天数计算,直至扣到北京市最低工资。整月病假的按《北京市工资支付规定》第21条执行,病假期间工资不低于北京市最低工资的80%。超过一个月病假的按《企业职工患病或非因工负伤医疗期规定》执行。全年累计病假5天的(含5天)取消评优资格。全年累计病假超过两周的,酌情扣除年终奖。

二、事假

(1) 职工因办理私事请假,经申请批准后视为事假。

(2) 事假的扣除办法按全月工资总额除以 21 天然后乘以事假的天数计算,直到扣到北京市最低工资(因工作性质,不批长时间事假,若本人特别需要可申请辞职,不履行正常请假手续的按旷工处理)。全年累计事假 3 天(含 3 天)者年终取消评优资格。全年累计事假超过 5 天,酌情扣除年终奖。

三、旷工

病假和事假均由相关领导批准后方视为病事假,未经批准擅自不到岗者视为旷工。旷工一日扣全月奖金,旷工三日视为自动解除劳动合同并按开除处理,园方有权追究旷工期间给园里带来的一切损失。

四、迟到、早退

(1) 职工迟到、早退 5 分钟以内扣 5 元;迟到、早退 5～10 分钟扣 10 元;迟到、早退 10～15 分钟扣 15 元;迟到、早退 15～20 分钟扣 20 元;迟到、早退超过 20 分钟的按事假半天处理。

(2) 每月迟到、早退三次按事假 1 天处理,每学期迟到、早退 4 次计事假 1 天,年终取消评优资格,年终奖金酌情处理。

(3) 未请假不到岗或请假未批准者按旷工处理。

五、婚丧假

(1) 职工本人持结婚证请假,批准后为婚假。

(2) 婚假为 7 天,休假期间每天扣 10 元效益工资,超过规定时间的按事假处理。

(3) 丧假指给配偶、父母(公婆)、子女办理丧事的 3 天假。休假期间每天扣 10 元效益工资,超过 3 天的按事假处理。

六、产假

(1) 女职工初生育产假为 98 天,晚育假奖励 30 天,产假期间按北京市最低工资标准金额发放。

(2) 申请延长产假的经领导批准最多可延长 3 个月,其间按北京市最低工资标准金额发放。

七、哺乳假

按实际到岗情况按月发放(公假、工伤假、节育假等按上级有关规定执行)。

八、奖励机动假

(1) 整个学期全勤的教职工奖励一天机动假。教职工一个学期请 5 天病假以上(不含 5 天)、事假 1 天以上(不含 1 天)的不奖励机动假。奖励机动假于下一学期享受。

(2) 请病事假一天以内的可用机动假冲抵(当学期有效)。

九、工伤

在工作中发生的意外伤害认定为工伤(上、下班路上发生的意外伤害按国家工伤处理办法执行)。工伤的报销范围除执行个人保险以外,所需的费用根据医院开具的收费凭证的剩余部分,公家承担 80%,个人承担 20%。

第十四节 奖惩制度

一、总则

为了更好地完成保教工作,创造和谐园所,树立正气,充分调动教职工的积极性,提高工作质量,奖勤罚懒,奖优罚劣,特制定本制度。

(1) 凡自觉遵守规章制度及职业道德规范,当月出全勤,无任何违纪行为,顺利完成本岗工作,效果好、工作效率高者给予绩效工资基数的奖励。凡受到家长、领导表扬者额外给予一定奖励。

(2) 在岗期间出现幼儿意外伤害或造成安全事故的,依据责任轻重,按事故大小,扣除部分绩效工资及岗位工资(主班占事故的70%责任,配班占事故的30%责任)。由于失职造成事故的,根据情节轻重,除经济处罚外,给予处分或解除劳动合同,直至追究其刑事责任。

(3) 全体工作人员须严格履行各自岗位职责。不履行、不胜任、不服从分配、不服从管理、制造事端、影响工作者,经教育仍不思悔改、不纠正行为则给予行政处分、经济处罚,直至解除劳动合同。

(4) 年终奖的分配原则:根据员工全年的工作表现发放相应的年终奖,成绩突出的给予奖励,出现事故或违反劳动纪律的酌情扣除。

二、各项细则

(一) 安全奖惩细则

1. 意外伤

(1) 伤口不用缝针的扣除绩效工资50元。

(2) 伤口缝1针的扣除绩效工资50元及岗位工资3%。

(3) 伤口缝2针的扣除绩效工资100元及岗位工资3%。

(4) 伤口缝3针的扣除绩效工资150元及岗位工资6%。

（5）伤口缝 4 针的扣除绩效工资 200 元及岗位工资 6%。

（6）伤口缝 5 针的扣除绩效工资 250 元及岗位工资的 10%。

（7）伤口缝 6 针的扣除绩效工资基数的 300 元及岗位工资的 10%；缝 6 针以上的根据伤情酌情处理。

（8）造成骨折的扣除绩效工资基数 300 元及岗位工资的 10%（骨裂参照第五条执行）。

说明：除上述事故外，发生其他任何事故，办公室将根据情况酌情处理。

全园户外活动时，要求主配班两名老师在场，未尽职责，无特殊情况未请假，擅自离岗的加倍处罚。由于班长安排不当造成人员不在岗引发事故的，班长负全责。责任事故所产生的医疗费用由责任人全权承担。

2. 鼻异物、吞食异物

（1）因教师管理不当导致幼儿发生鼻异物、吞食异物，经医院处理未造成后果的扣除 30 元，如当班老师没发现，一经家长举报，或造成后果的按事故大小酌情加重处罚。

（2）幼儿走失事故根据情节过程，追究当事人责任。及时发现找回的视情节轻重给予经济处罚，造成不良影响的扣除当事人全月奖金。走失造成后果的另做处理（经济处罚、给予书面处分、解除劳动合同、追究其刑事责任）。

（3）违反安全制度的，每发现一项扣除 20 元，造成后果视情节轻重给予相应处罚。

（4）全体教职工做好日常安全防范工作，发现隐患未及时排除、出现事故未及时上报或隐瞒不报的给予相应处罚，造成不良后果的根据事故大小加倍处罚。

（二）食堂奖惩细则

（1）食堂人员须严格按照食堂管理制度、食堂卫生制度、厨房工作细化内容及标准、餐饮单位卫生监督量化分级评价表执行，若违反其中任何一项，视情节轻重酌情扣除责任人 10~100 元。经检查发现问题而未在规定时间内改正的加倍处罚。由于工作失误造成安全事故的视情节轻重酌情扣除当月绩效工资并给予行政处罚，解除其劳动合同。

（2）未征得保健医的同意，擅自更改食谱的，一次扣除食堂班长 20～100 元。

（3）在卫生检查中出现问题的，扣除责任人 10 元。

（4）要求主副食库物品摆放整齐，无过期食品，无尘土。米、面无遗洒，食品标签填写完整，出入账记录清楚，违反其中任何一项扣除责任人 10～100 元。

（5）遵守带班制度，遵循"谁主班谁负责"的原则，出现问题根据情节大小酌情处理，并实行一定的经济处罚（处罚按主班负 70% 的责任，配班负 30% 的责任执行）。

（6）库房由班长管理，钥匙须随身携带；班长不在时，由班长转交负责人，并有交接记录。库房大门离人后务必上锁。违反其中任何一项扣除责任人 50～100 元。

（7）炊事员工作服应干净整洁，无油污，每周清洗消毒一次，随脏随换。不留长头发（男士）、胡子，不留长指甲，不染指甲油，不配戴饰物，违反其中一项一次扣除 10 元。

（8）工作前、便后要洗手，如厕前要脱掉工作服，违反一次扣除 10 元。

（9）食堂中各种记录要详尽、及时，违反任何一项一次扣除 10 元。

（10）炊事员制作食品时须严格按照带量食谱操作，不得偷工减量，违反者一次扣除 10 元。

（11）食堂工作人员主动申报更新食谱的，一经采用一次奖励 20 元。

（12）在幼儿食物中发现异物，扣除当班人员 10～100 元；因此造成不良后果的加倍处罚。情节严重的解除劳动合同，追究刑事责任。

（13）食品制作符合幼儿口味，制作的任何成品出现质量问题一经核实扣除 10～100 元。

（14）严格按照带量食谱进行采购、出入库、烹饪、分发，避免浪费，如有剩余饭菜统一由带班人负责清理（倒掉）并做相关记录，不可私自处理（如吃、分装、拿走等）。有以上不良行为者按情节轻重给予相应处罚，情节严重的解除劳动合同，有违法行为的追求其刑事责任。

（三）卫生保健奖惩细则

（1）全年班上幼儿生长发育合格率达到90%以上的一次性奖励本班班长20元，班员10元。生长发育合格率在90%以下的一次性扣除班长20元，班员10元。

（2）全年未发生传染病的班级每学期每人奖励20元。一周之内，传染病发病2例以上的酌情处理。

（3）全年新龋率在25%以下的（含25%），班级中每人一次性奖励50元，每降低一个百分点增加10元；每超过一个百分点扣除10元。

（4）龋齿矫治率达到75%的（含75%），班级中每人一次性奖励20元，每增加一个百分点增加10元，每降低一个百分点扣除10元。

（5）每月卫生检查累计扣5分的每人扣除10元。

（6）没及时记录考勤表或不按时记录交接班记录本的扣除当班教师10元。

（7）开饭时，当班老师未穿围裙、未戴三角巾，一次扣除10元。

（8）未按卫生消毒常规执行的，视情节轻重扣除10~100元，情节严重的加重处罚。

（9）未按要求接收幼儿药品、未按要求给幼儿服药的视情节轻重扣除10~50元，造成严重后果者追究其责任并加重处罚。

备注：以上数据统计根据当年体检统计表核算，七月执行奖惩。

（四）教学奖惩细则

（1）凡参加市、区、片各类比赛、演讲、观摩教学等获奖者，可获得奖励。

市奖：一等奖500元、二等奖300元、三等奖200元。

区奖：一等奖300元、二等奖200元、三等奖100元。

片奖：一等奖200元、二等奖100元、三等奖50元。

（2）在各类教育刊物投稿被采用者可获得奖励。国家级刊物奖励300元，市级刊物奖励200元，区级刊物奖励100元，园级刊物奖励50元。

（3）不带班教师不得在班上聊天、串班、睡觉，发现一次扣除50元。

（4）未执行幼儿一日常规任何环节的，无正当理由的一次扣除50~100元。

（5）不按时交各种计划、教育笔记、观察分析记录等的一项扣除10元。

(6) 发现教师有体罚、变相体罚幼儿行为的视情节轻重扣除 100～500 元奖金基数。情节严重者加重处罚,直至解除劳动合同,并追究其刑事责任。

(7) 无故缺席或迟到园内组织的园本培训或教研等活动者扣除 10～50 元。

(8) 未按规定组织游戏、教学活动,材料、教具未准备或不充分的,酌情扣除 10～50 元,重复违反者加重处罚。

(9) 未及时公布本班周计划,未按教学计划组织活动,备课不充分,教具未准备,酌情扣除 10～50 元。

(10) 未按规定准时组织幼儿进行户外活动,未带齐必要的体育用品,未保证幼儿活动时间的,酌情扣除 20～50 元。

(11) 工作时间擅自离岗(聊天、会客、处理私事、打瞌睡、因私事带幼儿出园等)者扣除 50～300 元。

(五) 幼儿出勤及超额奖惩细则

超额奖:员工绩效工资发放办法(绩效工资分为两部分:超收幼儿定额及幼儿出勤率奖罚。)

(1) 根据北京市相关文件规定,结合本园实际情况,各班定额为:托班 23 人;小班 25 人;中班 30 人;大班 35 人。

(2) 为提升幼教中心的服务质量,幼教中心根据各班出勤率(中大班 85%,小托班 80%)实施奖惩:每增加一个百分点奖励该班教师 20 元/人;减少一个百分点扣除该班教师 10 元/人。

(3) 定额超收幼儿的奖励办法参照园内超收幼儿发放办法。

(六) 加班奖励

(1) 因工作岗位需要加班(节日值班、培训开会除外),每加班一天奖励 90 元。

(2) 因故造成班上缺员,每天支付班上其他人员 90 元加班费(班员酌情分配,值午睡老师按每天 40 元计算)。

(3) 厨房工作人员每上一个早班奖励 30 元。

(七) 其他奖惩细则

(1) 因工作岗位需要,或因考核结果不能胜任原岗位,或因班上人员出现不和谐隐患等问题造成工作重新分配的,员工应主动服从安排。沟通后未能及时到岗造成后果的或员工无正当理由拒不服从分配的,酌情给予一定的经济处罚。经教育后仍不到岗视其自动解除劳动合同。连续两次考核仍不合格者,不再重新分配岗位并解除劳动合同。

(2) 请病假须提供真实有效的证明材料,如提供的材料为虚假证明,按恶意旷工处理,情节严重的提前解除劳动(劳务)合同。请事假须提前提交书面申请。病事假均由相关领导批准后方视为病事假,未经批准擅自不到岗者视为旷工。旷工一日扣全月奖金,旷工三日视其为自动解除劳动合同并按开除处理,园方有权追究旷工期间给园里带来的一切损失。

(3) 仪容仪表符合岗位职业规范要求,违反规定不能及时改正者,酌情扣除10～100元(如染指甲、留长指甲、佩戴装饰戒指、佩戴夸张耳环、穿吊带背心、高跟鞋、拖鞋、低腰裤、超短裙、超短裤,着浓妆、长发披肩等)。

(4) 工作期间有吵架、说脏话、传闲话、拨弄是非、影响团结等不良行为者,视情节轻重给予批评、处分,并扣除50～100元;情节严重的加重处罚,直至解除劳动合同。

(5) 不用不拿幼教中心的物品、不坐幼儿桌子、不睡幼儿的床、不在幼儿床上堆放教师的衣物、不乱用幼儿的餐具、不吃不拿幼儿食品等,违反以上规定者一次扣除20～100元,并全园通报批评。情节严重的解除劳动合同,有违法行为的追求其刑事责任。

(6) 虚报、漏报幼儿考勤者,发现一次扣除当事人10～50元。

(7) 接到家长投诉,经调查属实,视情节扣除当事人10～50元。情节严重者通报批评,视情节后果加重处罚直至解除劳动合同。

(8) 各部门做好上传下达工作,因未及时传达会议精神造成工作滞后或出现问题的,视情节扣除当事人50～100元。

(9) 由于主管领导监管不当、措施不利连带造成的问题;或问题出现后,主管领导解决不当,包庇隐瞒等,根据行为视情节轻重给予相应处罚。

(10) 损坏或丢失幼教中心物品需照价赔偿。

(11) 工作期间不许拿出手机做与教学无关的事情(上网、聊天、发短信等),

发现一次扣除 50 元,由此带来的不良后果,根据行为视情节轻重给予相应处罚。

(12) 幼教中心为安全重地,任何人不得在园内吸烟、饮酒,一经发现,扣除其全月工资并做开除处理。

第四章 保教工作管理

第一节 教育教学管理制度

为了加强幼教中心教育教学管理,完成幼教中心课程内容,保证幼教中心教育教学质量,提高幼教中心教师教育教学水平,特制定本制度。

一、区域活动管理

(1) 区域活动目标制定符合本班幼儿年龄特点和现阶段发展水平。

(2) 区域游戏时间不少于半小时,幼儿能自主选择游戏区域、伙伴和材料。

(3) 教师应有目的地投放活动区材料,区域材料应具有可操作性、层次性和丰富性,并随幼儿发展和兴趣及时调整。

(4) 教师应关注全体幼儿的游戏情况,师幼互动、巧妙介入、适宜指导。

(5) 区域活动时间,教师及保育员应按主、配班职责进区指导幼儿游戏。

(6) 教师应在幼儿区域游戏结束后进行区域评价,评价应科学、适宜。

(7) 区域活动要有必要的规则,幼儿游戏时能遵守游戏规则。

(8) 活动区应有材料标识,标识要与幼儿年龄、区域特性匹配。

二、教学活动管理

(1) 教师按照教学计划和教案组织活动,保证备教一致,不得擅自更换教学内容。

(2) 任课教师认真书写教学计划、教学反思、观察分析和教育笔记,并按时上交。

(3) 教师应严格按照幼儿一日生活的各环节组织活动,不随意调整幼儿作息时间。

(4) 业务干部对教师组织的各环节活动提出的建议,教师应积极回应并解决。

(5) 教具准备适宜、充分,能起到为教学服务的作用。

(6) 教师教态亲切,语言规范,尊重幼儿,发挥教师的支持者、合作者、引导者作用。

(7) 将动与静、室内与室外、教师组织与幼儿自主活动等有机结合,交替进行,合理利用教室空间。

(8) 教师制定教学活动目标要符合本班幼儿年龄特点和现阶段发展水平。

(9) 各项教学材料按时上交。每学期初上交班级学期计划,每月最后一周上交下月月计划,每周四上交周计划、日计划,每周写一篇教育笔记或观察分析或学习故事,每学期末上交班级学期总结、幼儿发展评价报告、专题总结。

(10) 每周一早上要将本周计划贴在家园栏内,并按计划实施教学内容。

三、户外活动管理

(1) 教师带操应动作规范、熟练,精神饱满。

(2) 教师应严格遵守户外活动时间,不得随意调整。

(3) 教师制定的户外活动目标应符合本班幼儿年龄特点和现阶段发展水平,运动材料丰富,有挑战性。

(4) 教师应根据季节调整幼儿户外活动的运动强度、密度和运动形式。

四、教育环境管理

(1) 区域分布合理、内容符合本班幼儿年龄特点。

(2) 主题墙饰随主题活动开展进程而调整,创设符合本班幼儿年龄特点,体现幼儿参与性。

（3）区域墙饰的布置体现近期教育目标和幼儿发展水平,有一定美感。

（4）幼儿活动室不得放置教师用品,学具妥善保管,用后及时收存。

第二节　教研制度

以教科研为先导,促保教工作质量,不断提高教科研的时效性,特制定本制度。

（1）根据全园工作部署,结合日常保教工作中的研究课题和存在的主要问题,制订教研工作计划,期末做好教研总结和专题总结。

（2）中心副主任（主管业务）指导教研部主任制订、执行并落实教研计划、开展教研活动,确保教研活动达到提高教育质量和促进教师专业发展的目的。

（3）中心副主任（主管业务）指导教研部主任围绕本园教研专题收集和选择丰富、有效的资料,指导教师进行理论联系实际的学习。

（4）教师应准时参加教研活动,不得无故缺席;因故不能参加活动,须向中心副主任（主管业务）或教研部主任请假。

（5）教研活动应营造民主、平等、合作、创新的研究氛围,使教师在保教工作中的困惑和问题能及时得到解决。

（6）教研部主任要充分发挥教师的主体性,也要在学习、研讨、观摩等多种形式的教研活动中发挥教研骨干的引领作用。

（7）设计好每次教研活动,做好教研活动记录,收集、整理、保存好有关档案和教案等资料。

（8）注重教研过程中教师的参与、反思和实践行动,指导教师写好个人专题总结。

第三节　业务活动制度

为及时反馈和解决日常教育教学中普遍问题,帮助教师不断更新教育观念,促进教师业务能力稳步提升,特制定本制度。

(1)业务、教科研活动由中心副主任(主管业务)或教学、教研部主任主持。

(2)园本培训由教学部主任负责组织,教研活动由教研部主任负责组织,组员应积极参与研讨,不得随意请假。

(3)园本培训及教研活动应有计划、有记录、有分析、有总结,注意及时收集、整理教科研及业务活动资料。

(4)业务、教科研活动的形式应灵活多样,可根据具体专题和内容灵活采用实践观摩、反思研讨、专题讲座、交流汇报、学习参观等形式。

(5)主管教学及教科研的业务干部应做到率先垂范;在业务培训、教科研活动前,应熟悉了解研究内容、确定培训内容、研究主题,保证培训、教研活动的有效性。

第四节　听课、备课制度

为保证幼教中心教育教学质量,规范教育教学管理,特制定本制度。

(1)教师必须认真学习《幼儿园工作规程》《幼儿园教育指导纲要》以及《3—6岁儿童学习与发展指南》,并以此作为备课的依据。

(2)认真学习教育理论知识,不断吸收新信息,按时将下周计划和教育笔记交给业务干部审阅,教师结合审阅建议及时调整教学内容。

(3)坚持集体备课与个人备课相结合。备课时,根据班级幼儿年龄特点、发展水平、兴趣和需要,并考虑季节、节庆等内容,制定适宜的教育教学内容。

(4)备课时,要做到备幼儿、备教材、备教法、备教具、备教案。

(5)每学期组织教师相互听课,互相学习,取长补短,并认真做好听课记录和反馈记录。

（6）中心主任、中心副主任（主管业务）、教学部主任、教研部主任每学期必须有针对性地进班听课,做好听课记录,及时评议,肯定成绩,找出差距,提出希望和建议。

第五节 教学资料管理制度

为了加强教学资料的管理,保证教学资料的安全、完整、有效使用,特制定本制度。

（1）做好图书、资料、磁带、光盘等管理,严格履行借阅制度,每学期结束前要求归还,进行整理、清点。

（2）管理好服装,各班借出的服装用完后及时归还,由管理员统一登记入册,收放有条理。

（3）每日精心准备教具及教师用品,根据教学内容制作相关材料以充实教育活动,制作的玩具、教具用后需存放资料室共享。

第六节 幼儿发展情况报告制度

依据《幼儿园教育指导纲要（试行）》和《3—6岁儿童学习与发展指南》精神,不断提高教育质量,促进幼儿在原有水平上发展,特制定本制度。

（1）教师要重视对本班幼儿发展情况的了解与评价,做到根据幼儿发展水平制定教育目标、改进教育教学。

（2）教师要综合采用观察、谈话、作品分析、家园联系等多种方法,深入、客观、全面地了解和评价幼儿的发展状况。

（3）幼儿发展情况报告是对全体幼儿的分析评价,关于幼儿的个案情况,根据报告的需要附加在其后。

（4）学期班级工作总结和计划中要体现教师对幼儿发展情况的分析,针对幼儿发展的优势和不足提出下阶段教育措施,并重视在实践教学中的落实。

（5）教师须在学期结束时,向中心副主任（主管业务）提交本班幼儿发展情况报告。

(6)教师撰写的幼儿发展情况报告由中心副主任(主管业务)审阅,提出指导意见,归档待查。

第七节　教育评价制度

为提高幼教中心保教工作质量,促进幼儿身心和谐发展,特制定本制度。

(1)为提高教育质量,促进幼儿身心和谐发展,幼教中心每学期开展2~3次教育评价工作。

(2)成立教育质量评价小组,由中心副主任(主管业务)担任组长,教研及教学部门主任、教师和保育员代表参加。

(3)教育质量评价小组在全面教育质量评价的基础上参考本园每学期教育工作重点,研究确定评价的内容,制定评价标准,确定评价的方法和时间,并将评价后的材料进行分析,做出评价总结报告,提出本园改进教育工作的意见及建议。

(4)每学期末开展评价活动。

(5)教育质量评定结果与教师培养、评优挂钩。

(6)每学期教育质量评价总结应作为下阶段制定教育工作计划的重要参考资料。

第八节　批阅计划制度

为不断提高教育教学质量,促进教师专业水平发展,特制定本制度。

(1)中心副主任(主管业务)、部门主任于每周四对教师的计划进行批阅。

(2)批阅计划应本着认真、公正、负责的态度。

(3)批注应字迹工整,表述规范。

(4)应及时对计划中的问题和优势进行简短批注,对问题给出建议,如有需要可与教师当面沟通。

(5) 批阅计划应重点把握目标的制定是否符合幼儿年龄特点,目标定位是否准确,重点、难点是否突出,活动内容有无体现目标的落实。

(6) 根据教师现有水平重点批阅计划的目标、过程实施、活动后反思及案例分析。

(7) 对于计划中反映的共性问题,中心副主任(主管业务)和部门主任要随时沟通,通过商讨制定可行性措施,并在日常教学中落实。

第九节　交接班制度

为保证教师全面掌握班级幼儿情况,保障幼儿一日生活安全、有序,特制定本制度。

(1) 各岗按时按要求做好交接班工作,交接班记录要认真准确。

(2) 上下午班教师交接幼儿出勤人数、健康情况、服药次数、剂量及时间、家长嘱托、中途接走的幼儿姓名及原因等内容,教师根据交接班记录及口头介绍做好交接工作。

(3) 晚班教师要做好离园前的安全检查工作,并在交接班记录本上填写安全检查记录后方可离开。

(4) 主管领导要定期或不定期审阅交接班记录,及时反馈发现的问题,并做好复查。

第十节　业务档案管理制度

为了使日常保教工作的档案资料得到妥善保管,特制定本制度。

(1) 由业务部门负责为全园教师建立个人业务档案。

(2) 业务档案应包含反映教师业务水平的材料,具体内容如下:

① 教师业务档案表;

② 个人年终总结及考评结果;

③ 专题研究总结;

④ 在期刊杂志上发表或获奖的文章；

⑤ 承担园、区、市级组织的教学观摩、半日评优活动等材料；

⑥ 其他。

(3) 教师业务档案由个人负责收集材料、填写业务档案表，并交由资料室保管。

(4) 教师业务档案于学期末自行调整、补充，其他材料随时收集存档。

(5) 借阅教师业务档案材料时，须由中心副主任（主管业务）批准，书写借阅手续后方可借阅。

第十一节　幼儿作息制度

根据3～6岁幼儿生理特点及生长发育规律，保证科学合理地安排幼儿一日生活，特制定本制度。

(1) 全园工作人员必须严格遵守幼儿作息时间，按幼儿一日生活常规要求准时开展各项活动。

(2) 两餐之间的间隔不能少于3.5小时，除特殊情况外，不得提前或推迟开饭，幼儿进餐时间不得少于30分钟。

(3) 严格按幼教中心规定的午睡时间安排幼儿按时上床、起床，不得提前上床、过时起床。

(4) 保证幼儿每天2小时户外活动，要求动静交替、活动量适中，充分利用活动时间合理安排游戏内容，满足幼儿健康发展的需要。

(5) 各项活动过渡自然，减少不必要的排队及等待。

(6) 满足幼儿生理需要，提醒幼儿根据需要喝水和排便。

第十二节　家长联系制度

为加强家园密切合作，保证家园沟通顺畅，共同促进幼儿健康成长，特制定本制度。

（1）接收新生的班级，在幼儿入园前，教师要通过家访等形式了解幼儿情况。对于缺勤一天以上的幼儿，教师须联系家长，询问缺勤原因，了解幼儿身体状况，必要时需前去探望。

（2）教师与保健人员共同填写幼儿发展情况报告单，向家长汇报幼儿在园各方面情况。平时通过家长联系册、微信等方式与家长沟通，做好家园共育工作。

（3）在家长接送幼儿时，与家长沟通，介绍和了解幼儿在园和在家情况，赢得家长的支持与配合。

（4）每学期召开全园家长会或各班家长会。

（5）每学期安排家长半日开放活动，使家长了解幼教中心工作及幼儿在园期间的各种表现。

（6）开办家长课堂，向家长介绍科学育儿知识。

（7）建立家长园地，向家长宣传有关教育和卫生保健知识。

（8）邀请家长代表参加园务委员会、伙委会等。

（9）设中心主任接待家长日和家长意见箱，广泛听取家长意见。

（10）幼儿接送时间坚持园领导带班制，以便与家长面对面交流。

第十三节　家长开放活动制度

为了进一步落实《幼儿园工作规程》《幼儿园教育指导纲要（试行）》以及《3—6岁儿童学习与发展指南》的要求，增进幼教中心与家长的沟通与合作，使家园开放活动做到制度化、规范化，特制定本制度。

（一）适用范围

此制度适用于园所家长开放活动的组织与实施。

（二）类型

（1）园级家长开放活动：以园所为单位组织的全园家长（或家长代表）共同参与的开放活动。

（2）年级家长开放活动：以年级为单位组织的大、中、小各年龄班家长（或家长代表)共同参与的开放活动。

(3) 班级家长开放活动:以班级为单位组织的班级家长(或家长代表)共同参与的开放活动。

(三) 职责分工

(1) 中心主任职责:负责各类型家长开放活动的统筹、协调和管理。

(2) 中心副主任(主管业务)职责:负责根据园所统一部署策划、组织或指导组织家长开放活动。

(3) 中心副主任(主管后勤)职责:负责园所家长开放活动过程中的后勤保障、安全管理等。

(4) 教师职责:负责家长开放活动的具体实施、资料搜集、本班家长和幼儿的安全管理等。

(5) 办公室主任职责:负责搜集、整理家长开放活动的相关资料,撰写活动报道。

(四) 总体要求

(1) 园所应积极策划和组织家长开放活动(每学期不少于 2 次)。

(2) 家长开放活动的形式可包括半日开放活动、亲子活动、家长进课堂等。

(3) 园所应成立家园开放活动安全领导小组,负责园所各类型家长开放活动的安全保障工作。

(五) 组织与实施

1. *活动前的准备*

(1) 园所应于家长开放活动前制定具体、明确的活动方案,方案应包括活动目标、活动内容、活动准备、人员分工、活动推进计划、活动流程和安全预案等。

(2) 园所应做好家长开放活动的通知、宣传。

(3) 园所应做好家长开放活动的准备工作,包括活动设备、设施的准备、活动前的安全检查、方案演练、方案调整、人员组织与调配等。

2. *活动的组织和实施*

(1) 园所应按照计划进行活动的组织和实施,并根据实际情况进行灵活调整。

(2) 园所应做好过程性资料的搜集和整理。

(3) 开放活动中如遇紧急突发事件,须按照相关预案妥善处理。

3. 活动后的总结

(1) 园所可通过多种途径和方式积极与家长沟通,聆听家长对于活动的意见和想法,对于合理需求和建议要积极采纳。

(2) 园所应及时完成家长开放活动相关资料的整理和归档工作。

第十四节　重大事项向家长通报及意见征询制度

为了帮助家长了解幼教中心工作计划和要求,支持家长对幼教中心重要决策和事关幼儿切身利益的事项提出意见、建议和监督,特制定本制度。

(一) 通报及意见征询渠道

根据内容的不同,重大事项分别向园级家委会、班级家长会等不同群体进行通报及征询意见,以家园会议、通知书、家长微信群等形式沟通。

(二) 通报及征询内容

(1) 幼教中心规划、计划和总结,征询家长意见与建议,并将合理化建议补充到计划中,使计划得以完善。

(2) 相关制度和各岗位人员工作职责,修改完善后征询家长的意见和建议。

(3) 观摩活动、亲子活动、开放日等园所重大活动,须提前向家长通报说明,最大限度地使幼儿和家长参与到活动中。

(4) 幼教中心在装修、改建、扩建等施工前应及时召开家委会进行说明,并征询意见,待方案完善后向全园家长说明情况,并将幼教中心施工项目、范围、日期等具体内容以及在施工中如何开展保育教育工作的具体安排通报家长,赢得家长理解和支持。

(5) 升班、合班、更换教师等与幼儿相关的事宜,可以告知家委会成员,由家委会成员向家长公布或召开家长会向家长说明情况。

(6) 幼儿在园发生意外事故时,须以最快方式将幼儿送至附近医院,并及时与幼儿家长取得联系,说明事情发生的经过,并进行后续的家园沟通。

（7）如发生突发事件，应在2分钟内启动相关应急预案，并在事件明确后，以家委会方式及时向家长详细通报事件进展情况。

（8）当遇到幼儿保教费和伙食费调整、食品采购供应商遴选结果，可以书面或家长会等形式向家长进行通报。

第十五节　家长委员会工作制度

为更好地整合多种教育资源，加强幼教中心与家长的沟通与合作，形成园所教育、家庭教育、社会教育"三教"结合的教育网络，构建开放型的幼教中心工作体系，共同促进幼儿的全面发展，把幼教中心办成高质量、高水平、有特色的一流幼儿园，特设立幼教中心家长委员会并制定本制度。

（一）组织机构

（1）家长委员会是由本园幼儿家长代表组成，代表全体家长参与幼教中心民主管理，支持和监督幼教中心做好教育工作的群众性自治组织，是发挥社会、家庭和园所三教结合的教育功能的组织。

（2）幼教中心家长委员会由各班推荐1～2名家长组成。成立家长委员会领导小组，设主任1名，副主任2名，委员30名左右。

（3）家长委员会的成员可以由家长推选产生，也可以由班级教师推荐或自荐产生。

（二）成员条件

（1）有一定的思想修养和文化素质。

（2）有支配时间的能力。

（3）有热心参与幼教中心各项活动、协助幼教中心做好家园共育工作、随时代表家长向幼教中心提出意见、建议和要求的愿望。

（三）工作职能

（1）参与功能：积极参与幼教中心的教育教学等各项活动。

（2）配合功能：主动配合幼教中心和班级各项工作。

（3）沟通功能：搭建园所与家庭、幼儿、老师和家长之间沟通的桥梁。

(四）工作制度

家长委员会的工作以党和国家的教育方针、政策为依据,以家园互动、合作共育为宗旨,全体成员必须遵守家长委员会的具体工作制度,认真履行自己的职责,努力工作,架起幼教中心和家长之间的桥梁,做好家长们的代表,团结在幼教中心的周围,以促进幼儿的健康成长为己任,创造性地开展工作。

（1）听取幼教中心工作报告,研究园所规划及教育理念,协助园所改进各项工作,向园所传达各种信息,为园所发展提出合理化建议。

（2）参与园所管理。

① 定期公示家长关心的问题,例如幼儿餐食、作息时间等。

② 大型活动策划征求家长意见,例如六一会演活动、亲子运动会活动等。

③ 向园所提出管理、教育、教学等建议和意见,监督并帮助落实。

（3）家长学校培训。

① 邀请教育专家。向家长介绍育儿知识、家庭教育案例等,联系实际传授正确的教育观点,普及科学教育子女的知识。

② 育儿经验分享沙龙。幼教中心邀请有丰富育儿经验的家长来园,与家长交流家庭教育心得,使家长明确自己的职责,重视家庭教育。

③ 开展咨询服务。对家长提出在家庭教育中遇到的疑难问题给予较好的解答,提高家庭教育质量。

（4）积极参加班级、园所组织的各项家园互动活动。

（5）密切与园所、班级联系,积极配合园所和班级开展相关工作。

（6）积极整合各种教育资源,协助园所扩大与社会各方面的联系,积极创新园所活动。

（7）家委会成员每年为一届,可连任,幼儿毕业后自动卸任。

（8）期末,对家长委员会的工作进行总结,表彰优秀的家长委员及家长代表。

第十六节　资料借阅制度

为保障教育教学的公用资源得到有效利用,规范资料借阅管理,特制定本制度。

(一) 图书、资料借阅数量和期限

(1) 常用的教材、教参资料、教师所需的各类专业的工具书,教师做好登记后可以长期借阅,离开幼教中心须全部归还。

(2) 各年龄段的教材、教参资料及音像制品,教师可借用一学期,不在该年级组或调任别的部门、岗位时须全部归还,可重新借阅其他需用书籍。

(3) 其他教育理论、百科知识、美工、语言、科学及政治法律类图书,借期不超过两个星期,如还需继续使用的,带着图书到资料室办理续借手续。

(4) 字典、词典及珍贵图书,教学及主题活动资料,一般不外借,只能在资料室阅读。因特殊情况借出的,需业务干部同意后办理借阅手续,借期为一周。

(5) 教学图片、与主题活动有关实物,借期为两周;期刊借期为两周。

说明:以上所述各类图书,每位老师人手只限五本流动,不包括图片、音像制品、教学资料和杂志。

(二) 图书、资料借阅规则

(1) 教职工每次借阅不得超过三本,做到勤借勤还,不得长期使用,以免影响他人借阅。

(2) 必须在规定期限内还清所借的图书、资料后才允许再借,否则不借。

(三) 赔偿制度

(1) 借阅人员要爱护图书、资料,不慎将图书、资料遗失者,须购买原版本归还,确实无法购回原版本者,按双倍书价赔偿。

(2) 调离人员必须还清所借的图书、资料方能办理离职手续,如有丢失、破损的按制度赔偿。

(四) 注意事项

(1) 阅览图书、资料者后请将其放回原处。

(2) 对图书、资料逾期不还者,给予停止借书的处罚。

第十七节　资料管理制度

为保障幼教中心公共财产安全及教育教学共用资源的有效使用,特制定本制度。

(1) 对于资料室内各种设备,每周进行一次除尘工作;加强防盗、防火、防潮、防蛀等安全工作。

（2）新购入的图书、资料要及时登账、入册、编目、上架、借阅，未登记的新书不得外借。及时向老师推荐和宣传新书，加快图书流通，提高图书利用率。

（3）图书、资料排列摆放要整齐，按标识、分类、索引摆放，前后有序，账物相符。

（4）加强图书、资料的管理，严禁在图书、资料上涂抹乱画；对损坏的图书、资料要及时修补；对丢失和破损严重的图书、资料要查明原因并上报主管领导，根据情况注销或申请购置新书。

（5）每学期末，收回外借的图书、资料，并进行盘点，做好相关记录，严格执行借阅制度和赔偿制度。

第十八节　信息管理制度

为了加强幼教中心信息管理力度，保证信息安全，特制定本制度。

（1）教职工不得擅自在幼教中心网站、公众号、班级微信群等自媒体平台上公开发布任何信息，需要发布的消息或通知必须经园领导审核通过后方可发布。

（2）平台管理负责人定期对幼教中心网站或公众号进行维护，做到及时更新各版块内容，所有更新内容须提前报备园领导，经审核通过后方可上传。

（3）中心信息管理负责人每月召开信息组会议，会议内容要涉及学前教育前言动态信息、相关文件传达与宣传、多媒体使用技巧、新书推荐等内容，并做好会议记录。

（4）幼教中心拍摄的课件、课程资料、培训教研视频、图书等资料要妥善保管，未经允许不得私自外借。

（5）信息组成员未经批准不得泄露幼教中心任何信息资料或私自将资料据为己有。

（6）根据上级部门要求必要时关闭所有对外交流平台，任何人不得开启或使用。

第五章 后勤工作管理

第一节 财务管理制度

为加强幼教中心财务管理,根据国家法律法规及北京邮电大学财务制度,结合幼教中心情况,在上级财务部门领导下,统一处理各项财务工作,特制定本制度。

(1) 严格执行学校财务制度。

(2) 幼教中心一切经济行为须经过幼教中心行政会讨论通过,五千元以上资金须报后勤处批准后方可使用。每年预算由幼教中心各部门报预算计划,行政会讨论预算内容,请后勤处主管财务人员协助制定每年财务预算,待后勤处审核通过后方可执行。

(3) 贯彻勤俭方针,坚持"量入为出、收支平衡"原则,合理分配,提高资金使用效率。

(4) 严格实行收支两条线,幼教中心所有的收费项目均按照幼儿园收费相关规定在幼教中心宣传栏中公示。

(5) 严格执行学校审批报销手续,各部门提交项目申请,经主管主任批准,行政会讨论通过,中心主任签字后方可使用资金。办公室人员严格履行报销手续,报销使用的每张单据应有经办人、验收人、保管人、主管主任、中心主任签字,经财务人员严格审核后报销、建账。

(6) 各部门负责人定期和不定期清点分管资产,对所管理的资产,负有监管责任。

(7) 市级及地方性财政补助款项应依据款项使用要求做到专款专用。资金使用完毕后,须经教委认可审计,单位进行资金审计。

(8) 财务人员要为中心主任提供真实、翔实的财务统计情况,各部门负责人及时向中心主任提出合理建议,当好中心领导参谋,发挥财务监督作用。

(9) 自觉接受上级主管财务部门的检查指导,按照要求不断完善财务工作。

第二节　财产管理制度

为加强幼教中心公共财产管理,保证固定资产安全、完整、有效的使用及顺利交接,特制定本制度。

(1) 资料员协助园领导对全园财产进行管理。

(2) 建立幼教中心固定资产总账及财产分类账,总账由会计负责,分类账由资料员负责。

(3) 凡调入的固定资产凭调拨单记账;凡购入的固定资产根据领导批示,待购物发票、手续完备后,会计和资料员分别入账。

(4) 每学期,资料员与会计核对账目一次,与各使用财产部门的负责人核对财产一次;核对后,双方在清单上签名,如有损坏丢失情况,由资料员上报主管领导,根据情况批评教育或赔偿。

(5) 中心副主任(主管后勤)带领安全小组成员定期检查、维修大型玩具、家具、设备等,以确保安全。

(6) 教职工对固定资产只享有保管权和使用权,没有处置权和外借权。

(7) 幼教中心的低值易耗品设有购入领物明细账,资料员每月底制订下月购物计划,并由主管领导批准后购入,然后按规定手续入账,每月清点结算,做到账物相符。

(8) 固定资产出中心,由主管领导开证明条后,门卫才准予放行。

第三节　专项资金使用制度

为了规范幼教中心财务行为，加强幼教中心专项资金规范管理，保障幼教中心专项资金的合法、合理使用，提高资金使用效益，根据国家有关法律法规和北京邮电大学财务规章制度，按照市、区教委对专项资金使用的规定以及相关原则，结合幼教中心发展规划、办学目标和实际情况，特制定本制度。

（1）严格执行市财政、市教委京财教育〔2017〕2566号和《海淀区促进学前教育发展资金支持办法》文件精神。

（2）资金的拨付本着专款专用的原则，严格执行项目资金的使用计划和内容，不得擅自调项、扩项、缩项，更不准拆借、挪用、挤占和随意扣压；按专项资金要求执行，不得任意改变。

（3）做好专项资金项目执行计划，资金要切实改善办园条件、提高聘用教师待遇、体现办学特点、提升办学质量。

（4）严格执行上级财务部门管理内控制度，确保专项资金的使用能发挥最大的效益。

（5）专项资金的报销要附真实凭证及附件。每笔开支须经项目负责人、经办人或验收人签字，符合财务规定方可办理报销手续。办公室人员到上级财务部门报账时，须明确指出报销内容和注明"从专项经费中列支"。

（6）对大额的专项资金使用必须经过"三重一大"程序，报中心行政会审议通过；关系到全体幼儿和教职工利益的资金使用须经园务会审议通过，报后勤处批准后方可执行。

（7）对专项经费的使用和管理进行定期监督检查和跟踪了解。建立项目追踪反馈机制，及时了解项目合同执行情况和专项经费使用情况，以保证专项经费按核定的预算合理使用。

第四节　收、退费制度

为保障幼教中心及幼儿家长的合法权益,加强幼教中心收、退费管理工作,根据《幼儿园收费管理暂行办法》和《北京市幼儿园收费管理实施细则(试行)》等文件,结合幼教中心实际情况,特制定本制度。

(1) 幼教中心的收费项目和标准由市教委会同财政和市物价部门制定,并实行统收统支。不得巧立名目,擅自收费。

(2) 所有项目收费都必须纳入幼教中心的财务管理。

(3) 幼教中心不得预收费用,当月收当月费用。不得私设小金库,不做假账、不设账外账。所收取的各项款项应全部进账并存入银行,违者将严肃处理。

(4) 每学期开学前,幼教中心必须将有关部门收费的政策依据、收费项目、收费标准等进行公示,接受物价部门的检查和人民群众的监督。

(5) 所有项目收费按月收取,并开具上级主管部门规定的发票。

(6) 幼教中心每月的第一个工作日收取当月保育费和伙食费,家长应在规定时间内如数缴清。对于未按时缴费的,班级老师应通知家长,家长在接到催缴通知后五个工作日内缴清费用,若仍未缴纳费用,视为自动退园,不再保留入托名额。

(7) 幼儿患病住院(有三甲医院开具的证明材料),造成幼儿缺勤天数超过法定工作日一半时,退还当月保育费的百分之五十;当月全部缺勤时,退还当月保育费。

(8) 幼儿在园期间的伙食费按实际天数退还。办公室人员月末收齐班级出勤表,依据出勤记录计算退费金额,伙食费按出勤情况每三个月退费一次。

第五节　幼儿园收费公示制度

为规范教育收费行为,完善监督管理措施,增加透明度,特制定本制度。

(1) 收费公示栏设在幼教中心大门处,向社会、家长公布收费项目、收费标准等相关内容,便于大家监督幼教中心是否严格执行国家教育收费政策,是否保护幼儿及其家长合法权益。

(2) 公示栏应位置明显、字体端正、遇有损坏或字迹不清时要及时更换、维修或刷新。

(3) 根据国家计委、财政部、教育部关于印发《教育收费公示制度》的通知内容的要求,幼教中心公示的主要内容包括收费项目、收费标准、收费依据、收费范围及收费对象、政府补助标准、监督举报电话等。

(4) 收费公示的内容必须经过教育行政部门的审核。公示收费的内容要严格执行规定的收费项目、标准及范围等,禁止将越权收费、超标准收费、自立项目收费等乱收费行为通过公示"合法化"。

(5) 遇有政策调整或其他情况变化时,幼教中心要及时更新公示的有关内容,要主动及时向财政主管部门和教育行政部门做好教育收费政策信息的沟通工作。

(6) 幼教中心要加强对教育收费公示制度的监督检查;开学前,对公示内容进行自查,并根据上级要求撰写教育收费自查报告。

第六节　办公室工作人员保密制度

为了确保幼教中心各项工作能顺利进行,特制定本制度。

(1) 不准向家属亲友和无关人员泄露自己工作中涉及的秘密及员工个人信息;不准在公共场所谈论会议和文件资料的秘密;不准将保密文件、资料带回家;私人通信不得涉及秘密事项;不得摘抄带密级的文件、资料,确因工作需要,应经主管领导批准,并应妥善保管。

(2) 起草文件、材料和编印信息等,均须执行有关保密规定。

(3) 办公室负责人签批文件和内部资料应注意保密,人离开办公室必须将文件资料锁进抽屉或文件柜,不得随便堆放在桌面上。

(4) 传阅和传递文件材料必须严格遵守其传阅及发放范围,不得随意扩大。

(5) 办公室人员参加会议,凡需在一定期间内保密的内容,均不得随意向外泄密。各类会议的记录须遵守保密规定,妥善保管并及时归档。

(6)办公室负责人要定期进行保密教育并检查本室保密制度执行情况,一旦发现泄密事件,须及时报告,并积极采取补救措施。

第七节 节能减排制度

为保障幼教中心积极全面地做好节能减排工作,坚持从自己做起、从身边做起,养成珍惜能源、爱护环境的习惯,特制定本制度。

一、用电管理

(1)严格执行空调运行规定,夏季环境温度低于28 ℃、冬季环境温度高于16 ℃时停止使用空调;办公场所夏季空调温度设置不低于26 ℃,冬季不高于20 ℃;无人时,不开空调;开空调时,关闭门窗。

(2)减少照明设备电耗,按需求开启照明灯,做到人走灯灭,杜绝长明灯、白昼灯。降低楼梯、走廊、卫生间等公共场所照明灯的瓦数。

(3)计算机、打印机、复印机等办公设备设施为不使用时自动进入低能耗休眠状态,长时间不使用时要及时关闭,以减少待机消耗。下班前关闭电源开关(包括饮水机)。

(4)优先采用环保型、节能型电器和设备,逐步淘汰高能耗、低能效设备,使用高效节能型新产品、新技术。

二、用水管理

(1)加强用水设备日常维护管理,发现破损及时上报,严禁跑冒滴漏,杜绝长流水现象,做到随手关闭水龙头。

(2)教育幼儿根据需要接水饮用,避免浪费。

(3)禁止用桶装矿泉水洗茶具洗手、浇灌花木。

三、办公用品管理

（1）发放文书材料要严格核定印发的份数，尽量避免多印，要求双面打印。

（2）要求一次性签字笔尽量做到换芯不换壳。

（3）尽量减少办公电话的通话时间，长话短说，禁止电话聊天。

（4）笔记本要双面记录，禁止单面记录。

（5）日常生活中，应注意节约使用各种生活用品，如肥皂、卫生纸、餐巾纸等，杜绝浪费。

（6）日常活动中，应引导幼儿保护好幼教中心的各种设施设备，延长设施设备的使用寿命。

（7）办公室负责对打印室用纸进行管理，制订用纸计划，根据工作需要，合理采购和供给。

（8）办公室人员上下班应按时开启和关闭复印机电源，定期检查碳粉使用情况；若连续复印时间过长，应保证复印机必要的休息时间。

（9）各部门在打印文件或资料前要做好打印预览，认真核对内容、格式、落款等，以减少错误，避免浪费纸张。

（10）对于未完全利用的废弃纸张，若不含单位保密或重要信息的应重复使用，或者装订成册，当便签使用。

（11）班内环境布置材料由办公室统一购置，各班级根据需要登记领取，督促各班级合理利用装饰材料，避免浪费；各班级剩余的边角料统一回收放置资料室，经整理后可再次登记领取使用。

四、基建、物品维修管理

（1）定期请专人检查户外大型活动器具。

（2）定期整理和检修体育用品房器材，保证体育器械的安全性。

（3）定期对食堂煤气用具、煤气管、电器设备进行全面检查修理。

（4）定期检查各班级、走廊、大厅及办公场所的家具、门、窗、室内照明线路、电器设备等,发现问题立即维修。

(5) 弱电系统及其他设施,发现问题及时记载、维修和保养,以延长设备的使用寿命。

(6) 食堂必须使用合格的压力容器、锅炉,定时检查检测;锅炉工要持证上岗,严格按操作规范操作,液化气罐与灶头应保持 1.5 米的安全距离,严防事故发生。

(7) 接受卫生、防疫、质监、教育局工作人员对食堂的检查,凡有不合要求之处应立即整改、及时上报、做好记录,并实行责任追究。

第八节　纸张管理制度

为保证教师正常工作,合理使用办公纸张,提高能源利用率,保护环境,特制定本制度。

一、推行无纸化办公

(1) 尽量使用电子文件,能够用计算机网络传递的文件尽量用网络传递,比如电子邮件、内部 QQ 群、电话等,减少纸张用量。

(2) 内部非正式文件或文件草稿、初稿等还需修改和讨论的资料应通过电子版传阅,减少纸质文件的印制数量。

二、办公用纸的领用与管理

(1) 办公室负责对文印室用纸的使用和节省、控制和管理,制订用纸计划,节约用纸,依据工作需要,合理采购和供给。

(2) 办公室人员上下班应按时开启和关闭复印机电源,定期检查碳粉使用情况,连续复印时间过长,应保证复印机必要的休息时间。

(3) 办公室设置文印登记簿,各部门打印文件材料一律实行先登记后打印的方法,需登记复印内容,并按纸张大小规格分类登记复印份数,紧急情况灵活处理,但应后补登记手续,不登记的一律不予打印。

(4) 各部门在打印文件、资料前要做好打印预览,认真核对内容、格式、落款等,以减少错误避免浪费纸张。

(5) 办公用纸提倡正、反面使用,杜绝浪费,大力提倡节约用纸;领用纸张和复印文件、资料须登记,每个工作人员要自觉做到不浪费纸张。

(6) 加强对文字的校对和审核,避免因校对失误造成的纸张浪费。

(7) 每学期末统计复印数量,数字上看效益,做到有据可查。

(8) 未完全利用的废弃纸张,不含有单位保密或重要信息的应重复使用,或者装订成册,当便签使用。

(9) 含有单位保密或重要信息的废纸要粉碎后处置。

三、环境材料用纸的领用与管理

(1) 班内环境布置材料由办公室统一购置,各班根据需要登记领取,督促各班级注意装饰材料的节约使用,合理设计,各班剩余的边角料统一回收放置资料室,经整理后再次登记领取使用。

(2) 每学期末根据班级环境评比情况、材料使用情况和教学质量等进行综合评比打分,评选出节约资源标兵个人和班级,并与年终奖挂钩。

第九节　采购管理办法

根据财政部发布的《政府采购品目分类目录》和《北京邮电大学采购管理办法(试行)》(校发〔2020〕13号)规定,北京邮电大学的采购类别分为货物、服务、工程三大类。幼教中心结合实际情况,特制定本办法。

一、采购组织形式

凡符合《北京邮电大学采购管理办法(试行)》中的招标项目需遵照该办法实施,具体条款如下。

1. 政府集中采购

根据《中央预算单位政府集中采购目录及标准》的规定，严格按照中央国家机关政府采购中心公布的批量集中采购、定点采购、电子卖场和单独项目委托等程序和规定，通过中央政府采购网执行。

2. 学校统一采购

指政府集中采购目录之外、学校统一采购限额标准以上的采购活动，具体方式包括公开招标、邀请招标、竞争性磋商、竞争性谈判、单一来源采购、询价、遴选等，由上一级采购部门与招标办公室执行。适用情况具体包括：

（1）政府集中采购目录之外且单项或批量预算金额达到人民币 30 万元及以上的非科研用途货物采购项目。

（2）单项或批量预算金额达到人民币 100 万元及以上的科研仪器设备采购项目。

（3）政府集中采购目录之外且单项或批量预算金额达到人民币 30 万元及以上的服务、工程采购项目（不区分用途）。

3. 校内分散采购

指政府集中采购目录之外且低于学校统一采购限额标准的采购活动，由本单位自行组织采购，采购过程中应引入竞争机制。具体为：采购预算金额在 10 万元（含）至 30 万元（不含）之间（科研仪器设备在 10 万元（含）至 100 万元（不含）之间）的货物、服务、工程采购项目，由用户单位采用比价的方式进行采购。其中，党团行政部门采购预算在 10 万元（含）至 30 万元（不含）之间的货物、服务、工程项目须执行线上比价程序。

二、采购前准备工作

（1）园内应进行充分的市场调研，根据项目性质开展项目论证，提出采购需求并落实预算。

（2）采购预算在 100 万元及以上的货物和服务项目、120 万元及以上的工程项目，应在采购活动开始至少 30 日前按相关规定向上一级采购与招标办公室公开采购意向，填写政府采购意向申请表等待审批。

三、日常采购项目管理

依据《北京邮电大学采购管理办法（试行）》（校发〔2020〕13 号）规定政府集中采购目录外的且采购预算金额在 10 万元以下的采购项目，由各单位自行采购并管理，幼教中心结合实际情况特制定日常采购项目管理办法。

（1）中心副主任（主管业务）和中心副主任（主管后勤）负责上报本学期采购预算，坚持无预算不采购原则。

（2）所有金额在 5000 以上、10 万以下的采购，由中心副主任（主管业务）和中心副主任（主管后勤）提出采购申请，经行政办公会审议通过后需提供 3 家供货单位报价，对供货商提供的资质、货品来源、质量、价格等进行审批，评议小组进行举手表决，执行一票否定原则，选定合格的供货商；然后由中心副主任（主管后勤）负责编制本中心合格供方名单，经中心副主任（主管业务）审核，中心主任批准后，以签报的形式上报审批，通过后（1 万以上进行合同审批）采购人方可到名单所列的供货商处采购物品。

（3）所有采购金额在 5000 元以内的，由各部门提交计划采购单，计划采购单由申请人填写，然后由分管主任签字、复核人签字、执行采购人签字、最后报中心主任签字批准后即可购买。

四、食品采购

（1）食堂班长根据幼儿带量食谱负责幼儿食品的订购，并对食品进行审核及验收，做好食品的出入库及台账的记录，每周整理库房货品，保证食品在保质期内使用。

（2）保健医根据《中国居民膳食指南》和幼儿每日膳食中营养素推荐摄入量标准及幼儿需求制定幼儿带量食谱，定期或不定期对食堂所采购食品进行验收和质量抽查，对库房货品的保质期及食品出入库和台账的记录情况进行定期检查。

五、药品的采购

（1）每学期初由保健医根据上学期用药的基本情况和库存量，制定本学期的药品采购预算。

（2）需临时采购的药品（如疾病流行季节或药品库存用完），由保健医根据医嘱填写药品采购计划，并审查药品采购单上药品的名称、规格、产地、数量、单价，经中心副主任（主管后勤）审核后提交中心主任批准，由保健医负责采购。

六、合同申报与审批

（1）金额超过 5000 元以上的经济业务，须签署合同（特殊情况除外）。

（2）凡符合《北京邮电大学采购管理办法（试行）》的合同，经上一级领导小组批准后实施。

（3）单笔金额在 50 万元（含）以上、100 万元（不含）以下的，由分管财务的校领导签字审批，如分管财务校领导与经费项目所属二级预算单位的分管校领导为同一人，则还需校长、书记签字审批。

第十节 购置物资验收办法

为确保购置物资的质量安全，维护师生利益，加强物资验收管理，特制定本制度。

一、办公用品

（1）办公用品采购需坚持实用、节约和公正、廉洁的原则。

（2）办公用品购置回单位后进行登记验收，主管领导负责验收。

（3）主管领导验收办公用品时，须严格依据预购单的有关要求进行验收，核对品种、规格、数量与质量，如有质量问题，一律作退货处理，对数量或单价有疑问的亦可拒收。

(4)主管领导确认办公用品合格后,由申请计划采购单的人员负责发放。

(5)所有办公用品必须凭正规发票,由经办人与主管领导在凭证上签字后,方能办理凭证报销手续。

二、图书、音像制品、玩具、教具

(1)每学期开学期前按上报预算金额采购图书、音像制品、玩具、教具,主管领导负责验收工作。

(2)图书到货后,采购人须认真验收三联单,书名、单价、数量、验收日期等,主管领导在验收时要验收种类、册数、金额等,保证采购的图书音像制品均为国家正式出版图书,与第三方无版权纠纷;如有印刷、装订错误的,要与供货商及时交涉、退书,在确属无误后,验收人、采购人应在验收单上签字。

(3)主管领导在验收玩具、教具时要查看材料是否符合国家质量标准,保证安全无毒无害,严格核对玩教具的数量、规格、性能、种类,是否与预订单上的信息一致,确认无误后由经办人和主管领导签字后,办理发放登记手续。

(4)所有图书、音像制品、玩具、教具必须凭正规发票,由经办人与主管领导在凭证上签字后,方能办理凭证报销手续。

第十一节　印章使用制度

为加强幼教中心印章使用管理,杜绝印章管理和使用中的不规范行为,特制定本制度。

(1)使用本单位印章必须贯彻执行《北京邮电大学后勤处印章使用管理规定》。

(2)在使用本单位印章时必须填写北京邮电大学幼儿教育中心用章登记表,由主管负责人签字后方可办理使用。

(3)必须携带印章外出使用时应填写北京邮电大学幼儿教育中心用章审批表,经幼教中心主管领导审批同意签字后方可借用。

第十二节　员工招聘管理制度

为使幼教中心员工招聘管理规范化、程序化、制度化,保证幼教中心合理的人才结构和人才储备,实现人力资源的优化配置,特制定本制度。

(1)根据幼教中心的实际工作情况,幼教中心领导班子成员制订招聘工作策划,经后勤处领导批准后按计划组织实施。

(2)幼教中心员工的聘用须经中心招聘小组面试通过后报后勤处批准方可录用。

(3)幼教中心必须严格按照"执证上岗"的工作要求认真审核各类上岗证及健康证,并认真审核应聘人员的身份信息和个人档案的证明材料。

(4)对于劳动合同即将届满的员工,必须提前30日书面通知其本人,并将其签名的回执存档。劳动合同期满,通过招聘程序后,拟继续聘用的员工,幼教中心必须与该员工续签合同,续签的合同期限为2年。

(5)从幼教中心长远发展的角度考虑,要有计划、有步骤地优化员工年龄结构,以有利于本单位的各项工作开展,有利于本单位的劳动用工管理。

第十三节　辞职与辞退制度

为加强幼教中心的人事管理,规范幼教中心和员工的劳动用工行为,维护双方合法权益,特制定本制度。

一、辞职制度

(1)若员工主动提出辞职,应提前30天向幼教中心提出申请,填写辞职申请书,经幼教中心主任签署意见后,送交北京邮电大学后勤处审核批准。

(2)员工辞职申请批准后,应及时办理辞职手续。

(3)根据与该员工所签订劳动合同的约定,履行约定内容。

二、辞退制度

以下情节行为的存在严重威胁幼教中心人身财产安全，为避免隐患的发生可对当事人做出立即辞退的处理。

(1) 对同事暴力威胁、恐吓，影响集体秩序者。

(2) 殴打同事，或相互斗殴造成不良影响者。

(3) 偷窃单位或同事财物经查属实者。

(4) 无故损毁本单位财物，损失重大，或毁、涂改本单位重要文件者。

(5) 在本单位任职期间，受刑事处分者。

(6) 无法胜任本职工作，经调整岗位仍无法胜任者。

(7) 伪造或盗用本单位印章者。

(8) 徇私舞弊、挪用公款、收受贿赂者。

(9) 利用本单位名义在外招摇行骗，使本单位名誉受损者。

(10) 参加非法组织者。

(11) 体罚或变相体罚幼儿者。

(12) 有不良行为、道德败坏，严重影响本单位声誉或在本单位内造成严重不良影响者。

(13) 违反法令、法规或严重违反幼教中心规章制度者。

第十四节　招生工作制度

为规范幼教中心招生工作，确保招生工作有序顺利进行，特制定本制度。

(1) 中心主任负责统筹安排并启动招生工作，由中心副主任（主管后勤）撰写新学年招生计划和招生工作方案。

(2) 成立招生工作领导小组。

组长：北京邮电大学主管幼教中心的校领导；

副组长：幼儿园园长兼党支部书记；

组员：人事处、校工会、离退休工作处、后勤处负责人、幼教中心党支部委员。

招生领导工作小组职责:审议工作方案,对招生工作进行统筹和指导。

(3) 中心主任为招生工作第一责任人,要组织并研究制定好接收适龄幼儿入园工作方案及紧急情况应对预案,做好工作部署,明确工作职责与任务,责任到人,落实到位,确保招生工作顺利进行。

(4) 根据海淀教委的招生工作要求,于每年5~8月开展招生工作,指定专人负责招生咨询工作,为家长做好政策宣传及问题解答,及时化解矛盾。

(5) 根据海淀教委的招生工作要求,做好北京邮电大学事业编制二代子女、事业编制三代且海淀户籍幼儿、优秀合同制人才且海淀户籍适龄子女、周边社区等海淀户籍适龄幼儿入园需求摸底工作。招生过程中严格审查本校职工的工作证或退休证、户口本、出生证明、房产证等资格证明材料。

(6) 做好招生档案资料的保管工作,且至少保存五年。

(7) 严格招生工作纪律。招生工作相关信息应严格保密,杜绝招生工作中发生任何腐败现象。

第六章　卫生保健管理

第一节　卫生保健制度

为规范幼教中心卫生保健管理,不断提高保健人员专业能力,促进幼儿身心健康和谐发展,特制定本制度。

(1)卫生保健人员严格按照幼儿园卫生保健工作常规,对全园幼儿的健康负责,定期体检,并做好晨、午检。

(2)加强幼儿体质锻炼,增强幼儿机体免疫力,每年为幼儿做一次体能测试。

(3)按时制定幼儿食谱,按时做好营养计算及幼儿食谱营养分析,掌握幼儿的进食量,充分利用应季蔬菜,做好花样食谱。

(4)做好卫生保健知识的宣传工作,随时更新网络平台上的内容,每学期举行一次家长宣传讲座,每月至少出一篇宣传文章。

(5)做好卫生保健所需的各种资料分析、检查记录、资料。记录要及时、详细、真实、有效,并做好分析总结,研究改进措施。

(6)每天进行巡班,及时纠正问题,每周对各班进行一次卫生检查,指导保教人员做好防病和消毒工作。

(7)密切与当地卫生保健机构联系,及时做好计划免疫工作,预防传染病的发生。

(8)每月召开一次伙委会,及时将老师和家长对伙食的反馈意见、建议整理并上报,针对问题及时调整幼儿伙食质量。

(9) 补充和健全保健制度,对突发传染病及意外事故有详尽可行预案,并通过不同的形式让全体老师熟知。

第二节 一日生活制度

为科学合理的安排幼儿一日生活,使幼儿身心健康和谐发展,培养幼儿良好的生活、学习习惯,促使幼儿在体、智、德、美方面得到提高,特制定本制度。

（一）目的

合理安排幼儿一日生活,有利于幼儿神经系统、消化系统及其他各器官系统的正常发育,培养幼儿良好的生活习惯。因此,依据3~6岁幼儿生理特点,合理安排幼儿一日生活内容,制定一日生活制度。本生活制度应用于幼教中心全体幼儿。

（二）制定原则

符合不同年龄幼儿的心理、生理特点,结合季节变换,制定本园一日生活制度。

（三）制定要求

保健人员参与制定幼教中心幼儿作息时间安排,并参与制定一日生活中各个生活环节。同时,保健人员应对各班幼儿执行的一日生活制度的情况进行有目的的检查,并及时发现问题予以纠正。

(1) 幼儿午睡:全园幼儿保证每日2小时睡眠时间。

(2) 每日户外活动时间2小时,其中体育锻炼不少于1小时;进行有组织的活动,让每名幼儿都能有机会参加;遇到雾霾雨雪大风等恶劣天气时,根据园内通知要求安排户外活动。

(3) 进餐前安静活动10~15分钟,两餐间隔3.5小时,进餐时间20~30分钟,饭后散步。

(4) 饮水:幼儿每天上午和下午各集体饮水一次,中大班幼儿建议单次饮水量为150 ml,小班幼儿建议单次饮水量为100~150 ml;集体喝水时,保育老师提前用毛巾擦拭桌面,准备好每桌一壶的温度适宜的饮用水,幼儿自己倒完水坐在座位上喝水,中大班幼儿对自己洒在桌面的水要会自己擦拭。其他时间根据幼儿需要随渴随喝。

(5) 三岁以上的幼儿每日早中餐后要刷牙,时间不少于 3 分钟/次。新生入园日—10 月 1 日前进行餐后漱口,10 月 1 日过后空刷,下半学期使用牙膏;中大班幼儿早、中餐后使用牙膏刷牙。

(6) 如厕:小班幼儿及刚入园的幼儿保证随时如厕,中大班幼儿逐渐培养幼儿按时如厕的卫生习惯。

(7) 集体教育活动:小班 15 分钟,中班 20 分钟,大班集体游戏 25 分钟。小、中、大班一日作息表如表 6-1、表 6-2 和表 6-3 所示。

表 6-1 小班一日作息表

时间	内容
7:30	入园
7:50～8:20	早餐
8:20～8:30	晨间活动
8:30～8:45	集体教学活动
8:45～9:55	区域游戏活动(喝奶)
9:55～10:15	过渡环节(集体喝水)
10:15～11:20	户外活动
11:20～11:30	安静游戏(餐前准备)
11:30～12:10	午餐、散步
12:10～14:10	午睡
14:10～14:45	起床、午点、集体喝水
14:45～15:00	集体教学活动
15:00～16:05	户外活动
16:05～16:20	餐前准备
16:20～16:50	晚餐
16:50～17:30	准备离园

表 6-2 中班一日作息表

时间	内容
7:30	入园
7:50～8:20	早餐
8:20～8:30	晨间活动
8:30～8:50	集体教学活动
8:50～9:10	过渡环节(集体喝水)
9:10～10:15	户外活动
10:15～11:20	区域游戏活动(喝奶)
11:20～11:30	安静游戏(餐前准备)
11:30～12:10	午餐、散步
12:10～14:10	午睡
14:10～14:45	起床、午点、集体喝水
14:45～15:05	集体教学活动
15:05～16:15	户外活动
16:15～16:30	餐前准备(自主活动)
16:30～16:55	晚餐
16:55～17:30	准备离园

表 6-3 大班一日作息表

时间	内容
7:30	入园
7:50～8:20	早餐
8:20～8:30	晨间活动
8:30～8:55	集体教学活动
8:55～9:10	过渡环节(集体喝水)
9:10～10:15	户外活动
10:15～11:20	区域游戏活动(喝奶)
11:20～11:30	安静游戏(餐前准备)
11:30～12:10	午餐、散步
12:10～14:10	午睡

续 表

时间	内容
14:10~14:45	起床、午点、集体喝水
14:45~15:10	集体教学活动
15:10~16:15	户外活动
16:15~16:30	餐前准备(自主活动)
16:30~16:55	晚餐
16:55~17:30	准备离园

第三节　健康检查制度

为了解幼儿、教师健康状况,以便采取相应的措施,更好地促进幼儿健康成长。同时,对疾病也可做到早发现、早隔离和早治疗,特制定本制度。

(一)幼儿入园体检

(1) 新生入园,必须到指定的海淀区妇幼保健院体检中心进行体检,并填写健康检查表。

(2) 经检查单位体检合格后,持其盖有检查单位印章的由北京市卫生局统一印制的儿童入托儿所、幼教中心健康检查表及化验单(体检须是近期的,不超过3个月)、北京市儿童接种本(及复印件)、北京市儿童保健记录,幼儿及母亲户口本页复印件,方可入园。

(3) 家长将幼儿基本情况、既往病史、结核病接触史、过敏史等如实填写在幼儿入园健康检查表上并确认签字。

(4) 转园幼儿,持原幼儿园开具的北京市妇幼系统打印的幼儿转园健康证明(不超过3个月),除此以外,还需持北京市儿童保健记录、预防接种本(原件及复印件)、幼儿及母亲户口本页复印件。

(5) 离园超过3个月以上,返园时须到海淀区妇幼保健院重新做入园体检,检查合格后方可返园;短期赴外埠、出境的幼儿签订健康承诺书方可返园;遇突发公共卫生事件,根据上级相关要求进行管理。

(6) 对入园体检中发现有过敏史、惊厥史、脱臼史等的幼儿,要予以登记管理,并在日后的保健工作中予以酌情处理。

(二) 幼儿定期体检

(1) 全体在园幼儿:3 岁以下幼儿每年检查两次;3 岁以上幼儿每年检查一次,每半年测量一次身高、体重。

(2) 每年 3～6 月,由海淀区妇幼保健院对全园幼儿进行一次体检,除幼儿身高、体重由幼教中心保健医测量外,内科、血常规、听力、视力及口腔检查(每年一次)、涂氟(每年两次)等项目均由海淀区妇幼保健院完成。

(3) 每年 6 月底完成体检结果录入系统工作,准确计算出幼儿实足年龄,并以卫计委规定的体格发育评价标准,对幼儿身高、体重进行评价;将体检结果填写在北京市儿童保健记录本上,不得有空项。

(4) 对体检中发现异常情况的处理:一般性疾病应及时治疗;营养不良、贫血、肥胖儿转入特殊儿管理,按体弱儿管理常规进行登记或建立专案管理;沙眼、龋齿、视力异常等情况应进行登记,并及时通知家长进行矫治。

(三) 晨检及全日健康观察

为了解来园幼儿健康状况,做到早期发现异常,针对具体情况及时采取措施以保证在园幼儿的健康,特制定本制度。

(1) 教师、保健医负责做好幼儿晨、午检及全日健康观察。晨检:由保健医在园大门口对幼儿进行逐一检查,班级教师逐个复检(上午班教师及时在交接班本上记录);检查程序要求:一摸、二看、三问、四查,对幼儿出现的发烧、出疹、咽部疱疹等问题及时与家长沟通,要求家长带幼儿就诊,并将诊断结果告知幼教中心。午检(14:15～14:30):下午带班教师对幼儿逐一进行午检,检查项目包括幼儿有无发烧、出疹、情绪异常等,认真记录在交接班本上;保健医对全园幼儿进行口腔检查,查看咽部情况,发现异常应及时隔离幼儿并联系家长。

(2) 保健医及时将晨检、午检情况登记在晨、午、晚检及全日健康观察登记册;对口腔疱疹、眼睛发红、皮肤出疹子等的幼儿进行隔离,并及时与家长交流转诊,然后将诊断结果交至保健室存档(粘贴在全日健康观察登记册)。

(3) 保健医每日至少两次深入班级巡视,发现患病幼儿应与家长联系,疑似传染病幼儿应立即隔离并及时到医院就诊,追访诊治结果。保健医将处理结果登记在晨、午、晚检及全日健康观察登记册,班级教师记录在交接班登记册上。

(四) 工作人员的体检

(1) 工作人员必须持有北京市托儿所、幼儿园工作人员健康证上岗,并每年到海淀区妇幼保健院进行体检,健康检查合格方可上岗,体检率应达100%。凡患有下列症状或疾病者须离岗,治愈后须持卫生行政部门指定的医疗卫生机构出具的诊断证明,并取得托儿所、幼儿园工作人员健康证明后,方可回园(所)继续工作。

① 发热、腹泻等症状;

② 流感、活动性肺结核等呼吸道传染病;

③ 痢疾、伤寒、甲型病毒性肝炎、戊型病毒性肝炎等消化道传染性疾病;

④ 淋病、梅毒、滴虫性阴道炎、化脓性或者渗出性皮肤病毒等。

(2) 炊事员须持北京市公共卫生从业人员健康检查证明和卫生法规知识培训合格证上岗,每年组织在岗人员进行一次健康检查。一旦检出患有传染性疾病或疑似传染性疾病须离岗。

(3) 临时人员体检:如有短期来园进修学习的人员,也必须去海淀区妇幼保健院进行全面体检,合格后持体检合格证明方能上岗。

(4) 实习人员体检:对于来园实习的学生,必须去海淀区妇幼保健院进行全面体检,合格后持体检合格证明方能入园实习。

(5) 对每年定期体检中发现的不合格人员的管理:对体检不合格的人员进行登记并立即调离岗位,保健医督促其按妇幼保健院要求进行复查,复查合格后持海淀区妇幼保健院的合格证明方可返岗。

(6) 患有精神病或有精神病史的人员不得从事保教工作。

(7) 检查项目:

① 一般体格检查:血压、心肺、肝脾、皮肤、五官、其他。

② 化验检查:丙氨酸氨基转移酶、淋球菌、梅毒螺旋体、滴虫、外阴阴道假丝酵母菌,炊事员还应做便常规检查。

③ 辅助检查:胸部X光透视等。

第四节 预防接种制度

为提高入园和在园幼儿预防接种管理,保障在园幼儿身体健康,有效控制传染病的发生和流行,特制定本制度。

(1) 保健医负责对新入园或学期中新转入幼儿的预防接种本及时进行查验,查验率应达100%。查验内容包括:卡介苗、脊灰、百白破、白破、麻疹/麻风、麻风腮、乙脑、A群流脑、A+C群流脑、乙肝、甲肝、水痘疫苗。

(2) 查验中发现未按要求接种北京市免疫规划程序规定疫苗的幼儿,由保健医填写疫苗补种通知单并发放给幼儿监护人,监督监护人带幼儿至北邮校医院补种,并将补种回执单交保健室登记。

(3) 幼儿预防接种本由家长自行管理,复印件由幼教中心统一管理。保健室每月发放疫苗接种通知单,家长带幼儿进行接种,接种时间由北邮校医院大夫填写完成,保健医回收疫苗通知单并登记在计免接种登记册上。

(4) 因病及其他原因漏种者督促家长及时带幼儿补种,做到持证率100%,接种率100%。每年5月、11月进行查漏。

(5) 遇水痘等有免疫针的传染病发生,及时进行应急查验及补种;或接到预防接种单位应急接种通知时,向幼儿家长发放应急接种通知单,积极配合完成工作。

第五节 传染病管理制度

为加强幼教中心传染病的管理,防止传染病在幼教中心爆发和流行,特制定本制度。

(1) 坚持预防为主的方针,根据季节和疾病流行情况,采取相应的预防措施,把好三关(晨午检关,入园检查关,消毒、隔离、检疫关),抓好三个环节(控制传染源、切断传播途径、保护易感人群)。

(2) 教师及时做好缺勤追访工作,及时了解未来园幼儿情况。

（3）做好晨、午检和全日健康观察，做到及时了解疫情，若班级出现传染病确诊患儿须按《中华人民共和国传染病防治法》中相关要求进行隔离，隔离期间不得回幼教中心上课。

（4）及时报告园领导、北邮校医院儿保科及海妇幼保健科，对有传染病的班级进行严格的终末消毒并采取检疫隔离措施。

（5）患者隔离期满后，经诊断医院检查开具痊愈证明，持痊愈证明到北邮校医院开具复课证明方可来园。保健医及时将患传染病幼儿情况按要求填写在传染病登记册上，将复课证明粘贴在登记册的相应位置，并录入妇幼系统。

（6）对患国家法定传染病的幼儿所在班级和与病儿密切接触过的幼儿进行检疫、隔离观察，检疫期不接收新幼儿，不转出幼儿，做到不混班、不串班；检疫期满后，无续发者，解除隔离。

（7）若有保教人员或幼儿家长有患传染病时，应立即报告幼教中心保健室，以便采取措施，及时预防。

（8）传染病流行期间，指导家长不带幼儿去人员密集的公共场所；传染病高发季节做好预防工作，并向全体家长做好传染病的宣传教育工作。

第六节　疫情报告制度

依据《中华人民共和国传染病防治法》和教育部《学校和托幼机构传染病疫情报告工作规范》精神，根据幼教中心实际情况，特制定制度。

（1）班级疫情报告人由幼教中心各班级班长担任。

（2）幼教中心疫情报告人由保健主任和主管领导担任。

（3）建立幼教中心疫情报告网。每学年更新一次疫情报告员名单，并及时进行培训。

（4）班级疫情报告人（班长）负责收集本班疫情及晨午检情况，并向幼教中心疫情报告人报告；幼教中心疫情报告人负责及时组织排查并记录。

（5）幼教中心发生传染病、群体不明原因发热及其他突发公共卫生事件时，幼教中心疫情报告人保健主任应立即以最快捷方式向幼教中心主管领导、北邮校医院、海妇幼保健科报告,主管领导向教委报告。

(6) 幼教中心必须接受并配合卫生防病部门的入园调查和指导。

(7) 报告时限:甲类传染病及乙类传染病中禽流感、炭疽在2小时内上报,其他乙类和丙类传染病24小时内上报,遇突发公共卫生事件根据上级上报要求进行报告。

(8) 疫情报告员职责:

① 幼教中心疫情报告人负责全园传染病疫情和疑似传染病疫情及突发公共卫生事件的上报工作,并做好发病情况记录。报告应逐级进行,不得瞒报、缓报、漏报、谎报。

② 幼教中心发生疫情时,幼教中心疫情报告人负责配合疾病控制部门进行流行病学调查。

③ 幼教中心疫情报告人(保健主任)负责指导发生传染病班级的消毒处理工作。

④ 班级疫情报告人负责向幼教中心疫情报告人(保健主任)报告本班晨午检、因病缺勤排查、传染病发病情况、班级幼儿健康状况等,保健主任汇总上报信息报告主管领导。

⑤ 班级疫情报告人负责督促本班按时通风,发生疫情时协助做好终末消毒工作。

第七节 保健室设备及药品、消毒用品管理制度

为规范幼教中心保健室设备及药品、消毒用品的储存、领取管理,确保使用安全,杜绝事故发生,特制定本制度。

(1) 若在使用血压计或称量器时发现有误,应立即停止使用,并更换量值准确的器械。

(2) 移动性紫外线灯使用前必须核对灯管的使用时间,紫外线灯管使用不得超过1000小时,发现累计时间超时应停止使用,并立即更换灯管。

(3) 保健室的器械及用具只能保健室专用,不能外借,以防损坏和污染。

(4) 药品、消毒用品由专人管理(保健班长),并应规范进货渠道,按上级规定在指定医疗单位进货。

(5) 采购消毒液时应索要购买批次的检验合格报告,并索要供货方的卫生许可证批件,产品标签牌上要有标识生产企业卫生许可证号(消证字)。

(6) 设备及药品、消毒用品由专人验收后分类存放,验收内容包括:类别、数量、包装、生产日期、有效期。

(7) 领用消毒用品时要登记,建立台账;领取药品、消毒用品时,发放人和领取人核对物品、数量后进行登记。使用消毒用品时注意有效期,保证药品在有效期内使用。

(8) 严格掌握配比要求,使用时做好安全防护,戴好手套,做到安全使用。

(9) 消毒用品存放在幼儿接触不到的专柜保存,避免阳光直射,配比过程中注意保护自己及幼儿安全。

(10) 药品、消毒用品每学期由专人和一名保健医进行清点、核查,并进行登记。

第八节　日常卫生消毒制度

为了保证幼教中心幼儿身体健康,遵循以预防为主原则,根据北京市《托儿所幼儿园卫生保健工作规范》要求,特制定本制度。

(一) 个人卫生与消毒

(1) 保证幼儿做到饭前便后用香皂和流动水洗手,平时随脏随洗,经常保持手的清洁。

(2) 幼儿每人一巾,每天使用后首先用 250 mg/L 含氯消毒液浸泡 20 分钟,然后用洗衣液洗涤,最后用流动水清洗干净放置阳光下通风处晾晒,毛巾挂放间距以互相不重叠为标准。

(3) 幼儿每人一杯,水杯放于幼儿对应的杯格内,不得混用,每天清洗后送至食堂消毒。

(4) 牙杯与牙刷个人专用,幼儿刷牙后由保育员负责整理,将不干净的牙刷及时清洗干净,牙刷头朝上自然风干,牙杯保持干净;牙刷每 3 个月更换一次(损坏及时更换)。

(5) 女童每人一把梳子,专人专用,有明显标识,并于每周三对梳子进行清洗消毒。

(6) 每周督促家长为幼儿剪指甲,周一检查,发现幼儿指甲较长时,教师随时帮幼儿修剪。

(7) 幼儿拖鞋个人专用,要有标识;摆放时,将拖鞋底相对放在鞋柜中,每周五由家长将拖鞋带回家清洗。

(8) 被褥个人专用,标识全部贴在被褥的一角,被褥保持清洁、干燥,每月由家长拿回清洗晾晒一次,有污物时要及时更换拆洗。

(9) 保教人员应保持仪表整洁,勤洗头、洗澡,勤剪指甲,上班时着工作服、穿运动鞋。

(10) 饭前便后、护理幼儿及接触幼儿食物前要用香皂和流动水洗手。

(二) 室内卫生与消毒

(1) 室内环境干净整洁,物品摆放符合要求;室内空气清新,冬季和夏季空调房间至少每日通风三次,睡眠室与活动室交替通风,早晨入园前和上下午各一次,每次不少于 15 分钟(可根据房屋大小、室内外温差决定通风时间),遇雾霾天气关闭窗户。

(2) 每月对玻璃、桌椅、墙面等进行无死角擦拭,日常保持干净;及时消灭蚊、蝇、鼠、蚂蚁等病媒昆虫动物。班级垃圾一天倾倒两次(上午 10 点、晚上 5 点),其他时间随满随倒,垃圾不在班中隔夜。

(3) 每周三清洗塑料玩具,首先用 250 mg/L 含氯消毒液浸泡 20 分钟,然后用流动水清洗干净后晾晒。每周一将图书和不能浸泡的玩具拿到户外晾晒,晾晒时间不少于 6 小时。

(4) 幼儿毛巾格、水杯、牙杯格、玩具柜、门把手、水龙头、床围栏等,每日用 250 mg/L 含氯消毒液擦拭消毒,并保持清洁。

(5) 各班清洁用具(扫帚、抹布、墩布等)要专用,抹布、墩布每次用后及时清洁干净,并用 500 mg/L 含氯消毒液浸泡,卫生区墩布每天 8:40 拿到户外的墩布晾晒区吊挂通风晾晒,班内挂于墩布池挂钩上,互不接触。

(6)厕所应幼儿专用,幼儿用后及时冲厕,做到清洁、无异味;幼儿入园前、午起前,全面洗刷厕所,并用 500 mg/L 含氯消毒液消毒。班级活动室和卧室的地面于幼儿离园后清洁,并用 500 mg/L 含氯消毒液擦拭。

(三)室外卫生与消毒

(1)室外玩具、备课室、多功能厅、公共厕所及楼内的公共卫生由勤杂员负责清洁和消毒。

(2)室外大型玩具由保洁员每天清洁消毒,用 250 mg/L 含氯消毒液擦拭一次;垃圾每天倾倒两次(上午 9 点、下午 3 点),每次清洁干净后用 500 mg/L 含氯消毒液消毒一次。楼道公共卫生(楼梯、扶手、门、门把手)于每天幼儿入园前用 250 mg/L 含氯消毒液擦拭一次。公共厕所随时保持清洁,厕所垃圾每天上、下午各倾倒一次,厕所上、下午各用 500 mg/L 含氯消毒液消毒一次,厕所墩布用 1 000 mg/L 含氯消毒液浸泡消毒。

(四)饮食卫生

(1)三餐及两点前要清洁餐桌并消毒,先用清水擦拭一遍,然后用 250 mg/L 含氯消毒液擦拭一遍,让消毒液停留 10 分钟,接着用干净清水毛巾擦拭第三遍,第三遍擦拭后将毛巾用清水洗涤放至餐桌上,餐后要将桌面擦拭干净。

(2)水果每天由厨房统一清洗分发到班级,班级值午睡老师在 13:50 准备午点,削皮去核,果盘、水果刀、削水果器使用后清洗干净,送回食堂消毒。

(3)非食堂工作人员禁止进入厨房,食品卫生详见第九章"食堂工作管理"。

(4)接触幼儿饮食的所有保教人员工作前要用香皂和流动水洗手,开饭时负责开餐教师要穿开饭服、带三角巾。

第九节 体弱儿管理制度

为了解幼教中心体弱儿患病的情况,重点加强体弱儿的治疗及特别护理,促进幼儿健康成长,特制定本制度。

(一) 体弱儿范围及管理方法

体弱儿包括:营养性缺铁性贫血幼儿、维生素 D 缺乏性佝偻病幼儿、蛋白质-热能营养不良幼儿、反复感染(呼吸道、肠道感染)幼儿、先天性心脏病幼儿、癫痫病幼儿、神经精神发育迟缓幼儿、畸形儿、单纯性肥胖症幼儿、超重儿等。

(1) 保健医对在每年新生入园体检时发现的体弱儿进行检查或复查,复查后仍为体弱范围的幼儿,按要求进行专案管理,并及时与家长联系。

(2) 建立体弱儿登记制度。对所发现的体弱儿进行登记;对患中度及中度以上贫血、活动期佝偻病、反复感染、营养不良及肥胖的幼儿均应建立体弱儿管理卡,进行专案管理。

(3) 及时与体弱儿家长联系,告知其幼儿的健康状况,分析病因,针对不同病因给以家长相应的指导。

(4) 将体弱儿的健康评价及时告知班级老师,指导班级在一日生活中给予照顾,在各个环节进行密切观察(幼儿精神、面色、饮食、汗量与患病次数)和护理。

(5) 对需要进行临床治疗及半年内体检连续 3 次体重不增或连续 2 次身高不增者,可转诊至医疗或保健机构,遵医嘱服药治疗并定期复查,直至治愈后结案。

(6) 痊愈后结案:体弱儿治愈后结案,转入健康幼儿常规管理。

(二) 体弱儿的管理要求

(1) 对患有维生素 D 缺乏性佝偻病的幼儿:加强户外活动,多晒太阳(每天晒太阳不得少于 2 小时),合理喂养。

(2) 对蛋白质-热能营养不良幼儿:包括低体重(年龄别体重"下")、生长迟缓(年龄别身高"下")、消瘦(身高别体重"下"),在护理时应认真查找病因,然后有针对性地进行营养指导,对食欲低下的营养不良的幼儿应让其先洗手,先进餐,做到少盛多添不催饭,鼓励多吃。保健医对低体重、生长迟缓、消瘦与严重营养不良的幼儿:每月测量一次身高、体重;并将情况及时通知家长,配合幼教中心管理,对管理无效者及时告知家长到医院进行矫治。

(3) 对营养性缺铁性贫血的幼儿(血色素(Hb)<110g/L 者)要进行登记,

并通知家长带其去医院就诊,一个月后复查血红蛋白,血红蛋白恢复正常后可结案。班级在护理幼儿进餐、培养良好饮食习惯等方面给予照顾。

(4) 对患先天性心脏病幼儿建立管理档案,结合幼儿自身情况适当参加户外活动,随天气变化增减衣服,减少呼吸道感染,按时进行预防接种,根治手术后可结案。

(5) 对于有癫痫病史的幼儿,建立管理档案,指导班级教师掌握其进食量,避免饮食过量、活动过量;避免过度紧张及兴奋,玩耍时不攀高;密切家园联系,掌握发病诱因,避免刺激幼儿;一视同仁,不歧视幼儿。

(三) 肥胖儿、超重儿管理

(1) 管理对象:在幼儿入托体检及定期体检中发现的超重及肥胖幼儿。

(2) 评价分类:

超重:M+2SD>体重/身高≥M+1SD,或 M+2SD>体质指数(BMI)/年龄≥M+1SD

肥胖:体重/身高≥M+2SD,或体质指数(BMI)/年龄≥M+2SD

体质指数(BMI)=体重/身高^2

注:体重单位为千克,身高单位为米。

(3) 管理方法及内容:

① 对新生和定期健康检查中发现的超重儿和肥胖儿均在体弱儿及肥胖儿登记册上登记。

② 建立专案:对单纯性肥胖的幼儿建立肥胖儿管理卡片,进行专案管理;超重儿进行登记管理。

③ 分析病因:了解每个肥胖幼儿的家庭情况,从饮食、运动、遗传等方面仔细分析病因。

④ 运动方面:选择有氧、移动身体重心的运动,如爬楼梯、跳绳、跑步等运动,运动形式要多样化,且富有趣味性。

⑤ 饮食调整:保证幼儿生长发育基本需要与膳食平衡,适当限制主食量,控制脂肪的摄入,减慢进食速度。

⑥ 家园配合:与家长联系,使患儿在园内、园外均能按上述原则调整饮食,

经常鼓励并树立家长和患儿的信心,持之以恒。

⑦ 定期监测,每月测量一次身高、体重;将测量结果绘制成体重变化曲线,并将结果告知班级教师和家长。让家长重视幼儿肥胖的危害性,能够积极配合患儿饮食起居上的调整及治疗。

⑧ 班级老师每学期初制订幼儿管理计划,并与保健医共同讨论班级管理事项,每月对幼儿饮食、运动、睡眠情况进行反馈评价。

⑨ 结案:幼儿的身高标准体重值正常后继续维持3个月方可结案;肥胖程度减轻并在半年内稳定,为管理有效。

(四)发育行为异常儿童的管理

每年3~6月,由班级教师对全园幼儿采用"儿童心理行为发育问题预警征象"进行发育筛查。

第十节　五官保健制度

为保证定期对幼儿进行视力和口腔检查,加强对已诊断的视力低常、口腔患龋幼儿进行重点管理,特制定本制度。

(一)眼保健

(1) 每年3~6月,由海淀妇幼眼科大夫对4岁以上幼儿进行视力测查,采用国际标准视力表,检测距离5 m,视力表1.0行高度为受检者眼睛高度;3岁幼儿由保健医进行视力测查,采用图形视力表,检测距离5米。对最初测查视力低下的幼儿,2周后由保健医复查一次,如仍视力低下则通知家长带幼儿到医院就诊;早发现早治疗;将医院确诊的幼儿全部记录在视力矫治登记册上。

(2) 了解弱视幼儿的矫治方法,班级教师督促协助在园的弱视幼儿坚持弱视训练;每3个月对视力低常的幼儿进行一次视力测查,并将结果记录在视力矫治登记册上。

(3) 保护幼儿视力,培养良好的用眼卫生习惯,幼儿不在光线过强或过暗的环境下看书、游戏。

(4) 培养幼儿良好的看书、写字习惯,以及正确的握笔方法,保持相对安全距离(一尺、一拳、一寸),保证光线合适。使用电子产品时,幼儿眼睛与电子产品屏幕的距离一般是屏面对角线距离的5~7倍,且连续观看电子产品时间不宜超过20分钟,每天累计时间不宜超过1小时。

(5) 预防眼传染病,教育幼儿不要用脏手揉眼睛,发现眼传染病应及时隔离患儿,随时对玩具、毛巾进行清洗和消毒,以预防眼传染病的发生和流行。

(6) 预防眼外伤,注意幼儿生活环境安全,教育幼儿不拿带尖的、锋利的或过细过小的玩具、物品,杜绝意外伤害的发生。

(二) 听力筛查常规

(1) 每年结合幼儿大体检对全园幼儿进一次听力筛查。

(2) 听力筛查结束后,将结果录入妇幼系统,并及时通知听力筛查未通过的幼儿家长,转到北京同仁医院、北京儿童医院、北京协和医院、北京大学第三医院、中国人民解放军总医院和中国聋儿康复研究中心诊治。

(3) 班级教师注意观察幼儿,如发现听力异常的幼儿,要及时与保健医联系,并督促家长带幼儿到医院就诊。

(4) 班级及园内广播音乐声音不宜过大,远离噪音。

(三) 口腔保健

(1) 每年上半年,由海淀区妇幼保健院口腔科大夫为全园幼儿进行免费口腔检查,以及为3岁以上幼儿涂氟防龋;每年下半年,为新生和全园3岁以上幼儿涂氟防龋,将检查结果填入口腔保健册并及时输机。

(2) 在检查中发现患有龋齿的幼儿,要及时通知家长,带其进行治疗。

(3) 培养幼儿良好的口腔卫生习惯,预防龋齿,减少龋齿发生率。

(4) 对4岁以上幼儿实行两餐后刷牙;小班幼儿第一学期两餐后清水刷牙,第二学期用牙膏刷牙;中大班早、午刷牙,刷牙时间保证三分钟/次;由班上教师负责,确保每名幼儿刷牙的效果。牙刷3个月更换一次,日常有牙刷滋毛的随时更换。

(5) 纠正吮指、吐舌、咬唇或咬物、口呼吸、偏侧咀嚼等可能引起各种牙颌面畸形的不良习惯。

(6) 注意膳食平衡,限制幼儿吃糖量和次数,以每天不超过30克为宜。

(7) 对家长进行口腔保健健康教育,让家长对幼儿进行刷牙方法(画圈法)的指导或帮助幼儿刷牙,教育幼儿早、晚家中刷牙。此外,家长还应每日帮助幼儿刷牙一次(最好是晚上),且保证刷牙效果。培养幼儿良好的口腔卫生习惯,预防龋齿,减少龋齿发生率。

第十一节　营养膳食管理制度

为提高幼教中心膳食管理的整体水平,进一步实现科学化、精细化,保证幼儿的合理的营养膳食,特制定本制度。

一、幼儿伙食管理常规

(1) 幼儿伙食由专人负责,民主管理,成立幼儿伙食管理委员会(园领导、炊管人员、财会人员、保健医、保教人员、家长);每月召开一次会议,研究有关伙食问题;每季度就营养计算在伙委会上进行讨论分析,并随时听取家长意见,总结经验,不断提高伙食质量。

(2) 伙食费专款专用,精打细算,计划开支,每月结算,定期公布账目;伙食盈亏不得超过2%;在蔬菜旺季可略有节余,以补冬季使用,全年达到平衡。

(3) 建立采购验收制度,建立出入库账目,做到手续完备,账目清楚。

(4) 每天各班统计出勤人数,早饭后报告厨房当天本班来园人数并登记,以便食堂按食谱、按量制作,做到少剩饭菜,不浪费。

(5) 保证不同季节的食物温度适宜,冬季不吃凉饭,夏季不吃烫饭。

(6) 盘库于每月最后一天最后一餐出库后进行,由分管营养的保健医、会计和食堂班长负责。

(7) 每周根据季节供应、幼儿年龄特点、身体情况变化制定带量食谱。每季度做一次营养分析,要求热量和蛋白质、维生素、钙、铁、锌平均摄入量应当达到中国居民膳食营养参考摄入量(DRIS)的80%以上。

(8) 成人伙食与幼儿伙食必须严格分开:食物分库存放,调料车分为幼儿调料车和成人调料车,并标识清楚醒目。出入库账目分开登记,采购票据标明幼儿与成人票,制作时先制作幼儿的食品,然后制作成人食品。

二、对食谱的要求

(1) 制定食谱前要了解市场供应情况,避免食谱流于形式;注意蛋白质的互补作用,充分利用豆制品。

(2) 注意干稀搭配、荤素搭配、粗细粮搭配、甜咸搭配,少吃甜食和油炸食物,食盐量要控制在平均每人每日 3 克左右。

(3) 午餐、晚餐都应有蔬菜,多选用各种季节性蔬菜。

(4) 加工制作幼儿饮食时,应根据幼儿年龄特点进行切配。

(5) 按食谱做饭,买不到所订食品时,由保健医临时选用同类食物代替,并在食谱上更改。遵守开饭时间,两餐间隔不少于 3.5 小时,早饭不推迟,午饭、晚饭不提前,保证 20~30 分钟进餐时间。

三、个人卫生要求

(1) 按要求进行岗前检查并做好记录。

(2) 要坚持四勤(勤洗手、剪指甲;勤洗澡、理发;勤换衣服;勤洗换工作服、帽)。

(3) 仪容仪表符合要求(按规定着装,上班不佩戴饰物,男士不留长发、胡须,女士发不披肩,头发不外露,不涂指甲油,从业人员的工作服应定期更换,保持清洁)。

(4) 从业人员请勿在食品处理区吸烟、饮食或从事其他可能污染食品的行为;咳嗽或打喷嚏时,要用纸巾掩住口鼻等。

(5) 每年必须进行健康检查,新员工和临时工必须进行体检,取得有效健康证和培训证后方可上岗。

(6) 凡患有痢疾、伤寒、病毒性肝炎等消化道传染病(包括病原携带者)、活动性肺结核、化脓性或者渗出性皮肤病及其他有碍食品卫生疾病的员工应立即脱离工作岗位,治疗后持医院痊愈证明且经保健医同意后方可上岗。

(7)保健医和食堂班长每日按要求进行晨检,工作人员凡手部有外伤不得直接接触食品,有化脓或渗出性皮肤病、腹泻、发热、呕吐等传染性疾病需立即脱离工作岗位;如发现自身患有不符合食品安全从业要求或有碍食品安全的病症时应主动上报并调离本岗位,不得隐瞒病情。

四、食品粗加工卫生要求

(1)分别设立洗菜池、洗肉池、洗鱼池,有明显标识并正确使用。

(2)加工菜类、肉类、水产类、禽类的刀、墩等工具及容器区分使用,做好标记,定位存放,并定期消毒,达到刀无锈、墩无霉、炊事机械无污物、无异味,菜筐、菜池无泥垢、无残渣,并要做到菜、肉、鱼分开加工,废弃物要及时处理,放在专用容器内,不积压、不暴露。

(3)所用禽蛋在使用前及时倒箱,对外壳进行清洗,沥净水后方可使用。

(4)各种蔬菜要择洗干净,无虫、无杂物、无泥沙,蔬菜要一择二洗三切。

(5)切配后的食材及时添加盖布,分类使用盖布,有标识面的为正面,须朝上覆盖。

(6)地沟清洁、无残渣、无堵塞,地面无积水。

(7)垃圾分类丢弃,及时清除。

五、食品加工卫生要求

(1)不加工腐败变质或感官性状异常的待加工食品。

(2)用于生品、半成品和成品加工的工具、用具和容器,定位存放并保持清洁,有明显的区分标识并正确使用。

(3)调料符合卫生要求,盛装调料容器保持清洁卫生、调料内无异物,用后加盖防尘,需冷藏的入冰箱。容器内外清洁,并在外侧用便签纸标注调料名称、生产日期或倒瓶的具体时间、保质期或使用时限。

(4)菜肴在加工过程中必须熟透,每道菜都要进行食品内部中心温度测量,保证食品内部中心温度达到70℃以上。

(5) 出锅时间记录填写完整,食品出锅到食用期间常温保存时间不得超出2小时。

(6) 面案、和面机、压面机等设备在未使用的情况下应苫盖。苫盖物有正反面标记并保持清洁。

(7) 地沟清洁、无残渣、无堵塞,地面无积水。

(8) 垃圾分类丢弃,及时清除。

六、食品储藏保管卫生要求

(1) 食品入库要验收、登记,验收时要检查食品的质量、卫生状况、数量、票据(要与食品批号相符),并应注意以下几点:

① 不收、不存有毒、有害物品及腐败变质、霉变、有臭味、生虫、污秽不洁食品。

② 验收食品的工具、容器应生熟分开。

(2) 原料、半成品分库存放。储藏的食品应隔墙离地10厘米,按入库的先后次序、生产日期、分类分架、生熟分开、摆列整齐、挂牌存放。豆制食品要冷藏,做到主、副食品分类分架,排列整齐防止交叉污染。库房内不得存放变质、有臭味、污秽不洁或超保质期的食品。

(3) 存放粮食、干杂食品库,要通风良好,低温低湿,门窗、地面、货架清洁整齐,无蝇、无鼠、无蟑螂和其他昆虫。在存放酱油、糖、盐等副食调料的容器,要做到物见本色、无油垢、无虫蛀。

(4) 冰箱标有生品、半成品、成品标识并正确使用。冰箱内散装食品使用容器盛放并加盖加膜,外侧用便签纸标注生产日期、入柜日期、保质期。

七、餐具洗刷消毒卫生要求

(1) 坚持洗消工序:去残渣、洗涤剂洗刷、流动水冲洗、热力消毒四道工序。消毒温度达到热力消毒温度120度以上,并持续20分钟以上。感官检查:光、洁、涩、干。

（2）消毒后的备用餐具有专柜存储，按标识将餐具整齐分类摆放，并倒扣。备用物品柜防尘、无杂物、无油垢，每天用消毒液进行擦拭消毒。

（3）洗碗池专用，用后洗刷干净，无残渣，台面、地面清洁无污物。废弃物专用容器盛放，做到不暴露、不积压、不外溢，及时清除。

八、食品留样要求

（1）每餐每个品种留样125克以上，用留样盒封闭，分别存放48小时，留样冰箱温度应保持0～8℃，并随时上锁。

（2）各餐食品留样要有标签，标签上要标明留样食品名称、制作时间、留样时间、加工人员，留样食品要和食谱相吻合并做好留样记录。

（3）留样容器由厨房工作人员进行消毒。

（4）留样食品存放和过期留样食品的处理由专人负责。

（5）食堂班长每日对留样情况进行复核并签字。

（6）中心主任、主管领导、保健医定期或不定期进行监督检查。

第十二节　体格锻炼制度

为保证教师能够科学开展幼儿体育活动，促进幼儿正常的生长发育，锻炼意志，增强体质，特制定本制度。

（1）根据园内幼儿年龄、生理特点及季节变化，每日有组织地开展各种形式的体育锻炼，保健人员参与制订园内幼儿体育锻炼的计划。体育锻炼要循序渐进，由简到繁，由易到难，时间从短到长，逐渐提高锻炼强度。

（2）根据幼儿的特点，保健人员负责对体育锻炼的内容、运动量、用具、场地等提出相应的卫生要求，进行医务监督，预防运动创伤。

（3）按一日生活常规的要求，幼儿每天户外活动时间不少于2小时，其中体育锻炼不少于1小时。遇雾霾天气或空气严重污染时可暂停户外活动，开展内容多样的室内体育锻炼活动。

（4）细心观察幼儿锻炼的变化，如出汗过多、运动量过强时要适当调整，对体弱儿进行特殊照顾,使其缓慢锻炼、时间稍短。

(5) 每年 5~6 月,根据要求对在园 3~6 岁幼儿进行体质测试。体质测试前,测试小组按要求做好场地、器材的准备工作,并对小组人员、各班班长进行培训,以确保测定数据的准确性。测试小组分组对六项进行测试并及时做好补测工作。

(6) 将测试结果及时反馈到班级,根据不同班级体质测试的弱项,保健人员与教学人员共同讨论,寻找提高此项体能的方法,指导班级在体育活动中有针对性地锻炼。

第十三节　儿童伤害制度

保护幼儿的安全是幼教中心的首要职责,作为托幼机构的保教人员,有义务为幼儿的人身安全负责。为确保幼儿发生意外事故时,保健人员能够及时、正确地处理,特制定本制度。

(一) 管理方法

(1) 有计划地对幼儿进行安全教育,并提高幼儿的自我保护能力。

(2) 在晨检中检查幼儿是否携带不安全的物品,如硬币、玻璃球、带尖角锐利的玩具等。

(3) 开展各类活动时,对幼儿提出安全要求。

(4) 定期对各类幼儿活动场所及幼儿使用物品进行安全检查。

(5) 当幼儿发生意外伤害时,及时登记分析,并填写幼儿伤害登记册。

(二) 预防幼儿伤害的具体安全要求

1. 活动场所

(1) 排除园内场地、房屋内外的一切不安全因素及隐患;室外大型玩具每月定期检查一次,如存在安全隐患应停止使用,并贴上明显的标识及做好防护警示。

(2) 幼儿玩滑梯等大型玩具时,教师要提前检查游戏场地的安全,并组织幼儿有序地玩儿,并教授幼儿正确的玩法;幼儿活动场地应平整、防滑。

（3）盥洗室地面保持干燥；使用的化学清洁剂应分类放在盥洗室上方吊柜里，避免幼儿接触。

（4）经常检查电器、电线是否漏电。室内电器插座应安装在1.8米以上，避免幼儿接触；幼儿不允许进入伙房、备课室、电梯间等。

（5）水果刀、剪刀应放到幼儿取不到的地方；为幼儿添饭用的热汤盆（桶）不应在幼儿的面方和头的上方传递；天热时，注意防止幼儿烫伤，夏季要为热粥、热饭降温，不让幼儿吃太热的饭、菜、汤，以保证安全。

（6）任何车辆，特别是机动车不得擅自驶入或停留在园内幼儿活动场所。

（7）安全领导小组应每周对全园班级环境安全、户外环境安全、用电安全、食品安全、消防安全等进行全面自查，并形成自查报告，发现问题及时整改，杜绝安全事故的发生。

（8）各班级每周召开班会，组织班员查找本班存在的安全隐患，发现问题及时上报并整改。

2. 药物的安全管理

（1）家长可为幼儿带药范围：带一日用量，有完整包装口服药品可在园服用，抗生素、中草药、保健药等不能在幼教中心喂服，幼儿带药应由家长亲自填写药品委托单，写清楚幼儿姓名、药品名称、剂量及服用时间，并签字。接药时，教师应仔细核对并签字，服药前再仔细核对并喂服，喂服后填写具体喂服时间并签字确认，服药单保留3天（疫情常态化管理下不接收药品）。

（2）幼儿带药必须妥善保管，放到固定的药盒里。应在交接本上写清楚服药幼儿信息并做好交接班记录。教师不得私自给幼儿服用任何药物。

（3）保健室无内服药，保健室可有的药品：消毒药品、跌打损伤药、烫伤药。

3. 食物的安全管理

（1）保教人员必须按食品卫生要求做好食品卫生工作，防止发生食物中毒。

（2）小班上半学期不吃干果（9～12月）。

（3）培养幼儿良好的饮食习惯，进餐时保持安静，细嚼慢咽，防止食物吸入。

（4）食堂应注意食物存储及加工，生熟分开，禁止吃隔夜食物；做好卫生消毒工作，预防传染病和食物中毒。

(5)加强安全教育,教育幼儿不能吃的东西不能往嘴里放,橡皮泥、玩具小零件等不往鼻孔、耳内塞放。外出游戏时,禁止幼儿把树叶、野草、小石头等往嘴里放;教师要经常检查幼儿是否携带不安全的物品,如小刀、铁片、玻璃球、玩具小零件等,一经发现,及时收回。

4. 防止幼儿走失

(1)接送幼儿按园内接送制度执行,确保幼儿安全。即入离园时,家长必须持接送卡,忘带时,家长须在门口登记。送幼儿来园家长要亲自把幼儿交给教师;离园时教师要亲自把幼儿交给家长;家长请他人代接幼儿时,事前必须和本班教师联系,未经家长同意,老师一律不得将幼儿交予他人。

(2)外出散步、参观、户外活动时做到两清点人数(出发时与返回时),教师要随时照顾到每名幼儿。

(3)教师交接班时要把幼儿的人数交接清楚。

第十四节 健康教育制度

为规范幼教中心卫生、健康教育工作,加强幼儿常见病和传染病的防治力度,提高幼儿健康水平,促进幼儿良好卫生习惯的养成,特制定本制度。

(一)健康教育的目的

通过有计划地对幼儿的监护人、保教人员、在园幼儿传播健康知识,从而达到更新健康观念、改善日常行为和周围环境、培养幼儿良好健康行为的目的,有针对性地进行健康安全教育。

(二)健康教育宣传管理内容及要求

(1)根据幼儿园教育的基本理念,结合幼教中心实际情况,明确健康教育目标,制订适合本园的健康教育计划,并按计划逐项落实。

(2)各班应有健康教育图书(情绪情感方面、健康方面),分类摆放。

(3)健康教育的内容多种多样:幼儿生活习惯、膳食营养、卫生防病、安全教育等方面。

(4)开展多种形式的健康教育宣传,每月开展一次健康教育工作,每季度对保教人员开展一次健康讲座,每学期至少组织一次家长课堂。

(5)根据疾病流行情况和季节,随时与家长联系,发放健康教育及育儿知识宣传资料。

(6)保健医根据幼儿年龄等特点选择不同内容和形式,每学期进班进行健康宣教。

(7)教师根据各班实际情况利用每学期家长会、家园交流园地等对幼儿和家长进行健康教育宣传。

(8)收集健康教育效果的反馈信息,定期对健康教育的结果进行评估。

(9)建立健康教育登记手册。对健康教育的主要内容和方式进行登记,保留健康教育评估的原始资料。

(三)健康教育方式

(1)可通过游戏、儿歌、角色表演等对幼儿进行健康教育。

(2)利用幼教中心的卫生保健宣传栏,每月进行一期健康教育宣传。

(3)根据需求,每学期组织一次家长课堂。

(4)在传染病流行季节、节假日,通过发放宣传册、致家长的一封信、温馨提示等方式进行宣传教育。

(5)对社区入园前的幼儿进行早教活动、发放宣传画等进行健康教育宣传。

第十五节 传染病防控健康教育宣传制度

为了普及传染病防控的相关知识,深入开展健康教育工作。通过对幼儿家长、教师进行健康知识的宣传从而更新健康观念,杜绝传染病的爆发。在疫情期间,掌握防控方法,提高师生的自我防范能力,帮助幼儿培养良好的卫生习惯、健康行为,特制定本制度。

(一)健康教育的目的

疫情期间,通过有计划地对幼儿的监护人、保教人员、在园幼儿传播新型冠状病毒的危害、传播途径、防护措施、洗手"七步法"、口罩的正确佩戴方法、健康保健知识,从而达到更新健康观念、做好传染病疫情防控工作、培养幼儿良好健康行为的目的。

(二) 健康教育宣传管理内容及要求

(1) 根据幼儿园教育的基本理念,结合幼教中心实际,明确健康教育目标,及时制订适合本园的健康教育计划,并按计划逐项落实。

(2) 健康教育的内容:疫情防控知识、幼儿生活行为习惯、膳食营养、卫生防病、季节保健、安全教育等。

(3) 积极宣传新型冠状病毒肺炎等传染病,使幼儿和家长增强防控意识,养成良好的生活卫生习惯。

(4) 保健医根据幼儿年龄等特点选择不同内容和形式,进行健康宣教。

(5) 建立传染病防控健康教育登记手册。对健康教育的主要内容和方式进行登记,保留健康教育评估的原始资料。

(三) 健康教育方式

(1) 每日通过手机 App 推送、自编儿歌、录制短视频等方式进行传染病防控健康教育宣传。

(2) 在传染病流行季节、节假日通过保健小常识、致家长的一封信、温馨提示等方式进行宣传教育。

(3) 对社区入园前的幼儿,利用微信社区早教群推出亲子居家抗疫情线上早教活动、防疫常识等健康教育宣传活动。

第十六节　登记统计制度

登记统计可反映卫生保健工作质量的具体数据,为不断发现问题,提升工作质量,特制定本制度。

(一) 管理方法

(1) 建立全园卫生保健登记统计制度。

(2) 幼教中心保健医负责此项工作,按工作要求及时做好登记统计工作。

(3) 运用统计结果分析园内的相关问题,总结每年的工作,从而指导实际工作。

（二）管理内容

（1）幼儿入园后,立即做全园幼儿过敏史、传染病及身体有特殊情况的登记工作。

（2）各班做好幼儿每日出勤登记工作,每月统计全园幼儿出勤率;保健医做好全园幼儿的出勤统计及分析工作。当月出勤率最低的班级由班级教师写出具体原因及分析。

（3）各班做好晨、午检和交接班记录,记录要求内容真实、完整、有针对性。保健医做好全日健康观察记录。

（4）发现传染病后立即登记,并上报社区医院保健科,每学期进行汇总。

（5）每年 5 月大体检后,认真做好评价、缺点和缺点矫治的记录,并做出体格评价、常见病（肺炎、肠炎、佝偻病、贫血）患病率、缺点矫治率、合格增长率的统计工作。

（6）每月对适龄幼儿疫苗接种进行登记,每月底发放下个月的计免接种通知单,使预防接种率达到 100％。每学期小结一次,及时查漏。

（7）认真做好各种登记统计（十本记录、两个评价、十三项统计）,保管好各类资料。

（8）做好每年 8 月的统计报表工作和 9 月的年度数据质量控制工作。

（9）对幼儿健康数据、出勤情况进行分析,根据分析结果指导保健工作的开展。

第十七节　空调使用制度

为确保教职工正确、安全使用空调,给幼儿创造一个空气清新、温度适宜的学习和生活环境,特制定本制度。

（1）夏季室内温度高于 26 ℃时,使用空调制冷;幼儿午睡前 1 小时,教师开空调制冷,且室温不低于 26 ℃;当幼儿睡觉时,空调不得直吹幼儿。冬季室内温度低于 18 ℃时,使用空调制热,但室温不能超过 20 ℃。

（2）冬季和夏季使用空调的房间至少每日通风 3 次,每次不低于 15 分钟。

放假期间不使用空调时,务必拔掉空调电源。

(3) 按照正确的操作程序使用遥控器,长期不用时取出电池。

(4) 每年夏季使用空调前(五一假期前)清洗滤网。

第十八节　新风系统使用制度

为了保证教职工能够正确使用新风系统,保持班级空气环境良好,从而保证幼儿身体健康,特制定本制度。

(1) 使用新风系统时要严格按照说明书规定和要求操作,不得违反规定和操作程序。

(2) 使用前须关闭室内门窗,保持室内封闭。

(3) 使用时切勿用湿手接触开关。

(4) 请勿自行清洁设备,否则可能造成设备的损坏或事故的发生。

(5) 定期请厂家进行新风系统清洁和保养。

(6) 根据空气指数,按以下要求开启新风系统:

① 空气轻度污染(污染指数:101～150)及中度污染(污染指数:151～200):全天开启新风系统,照常开窗通风,每次通风20分钟。

② 空气重度污染(污染指数:201～300)和严重污染(污染指数:300以上):全天开启新风系统,幼儿不进行户外活动(若班级出现闷热,可敞开班级门20分钟)。

(7) 遇特殊时期,上级相关部门有要求时,按上级相关部门要求执行,由保健室另行通知。

第十九节　缺勤追访制度

为保障在园幼儿的身体健康,有效防止传染病疫情在幼教中心发生,特制定本制度。

(1) 幼教中心各班班长应了解当日缺勤幼儿未来园的原因,若幼儿病假且病因疑似传染病,要及时报告幼教中心保健室,保健医接到报告后,应及时追查幼儿的患病情况和可能的病因,以做到对传染病幼儿的早发现。

(2)各班班长负责每天班级缺勤人数的统计,将病假和事假分开,病假记录在幼儿因病排查结果登记表上,事假记录在幼儿因事缺勤登记表上,要求填写内容完整。如有去往外地、疫区或出国的幼儿要记录清楚,要求其返京后在家隔离七天并无异常才能返园。

(3)各班班长做好因病、事假缺勤幼儿的联系工作,若疑似传染病要将联系情况上报保健室,作进一步追踪管理并做好追查记录。

(4)各班班长在新生入园时告知幼儿家长有事或患病要及时向本班班长请假,并说明原因,不得隐瞒。

(5)若发现幼儿有传染病早期症状时,应及时报告保健医,以便进一步排查,确保病人早发现、早治疗。

(6)幼儿因病缺勤在家治疗休息,要求家长将诊断结果告知本班班长;患有传染病的幼儿痊愈后,须持医院开具的痊愈证明和地段医院保健科开具的复课证明,方可来园。

第二十节　饮用水安全管理制度

为进一步加强幼儿饮用水管理,保障幼儿饮水安全卫生,特制定本制度。

(1)幼教中心教职员工发现疑似饮用水污染时,应立即停止使用(且阻止其他人使用),并报告幼教中心保健医,保健医立即报告中心主任并保留水样,并按水污染应急预案进行处理。

(2)每学期进行一次水质检测,若检测结果不达标,幼教中心应立即停止供水,并通知直饮水设备供应商及时采取适当措施予以排除,之后再次进行检测,检测合格后方可恢复供水。

(3)饮水机在每日使用前应进行卫生清洁,如遇传染病高发期或传染病导致关班等情况仍须消毒,具体消毒方法:将含有75%酒精的棉球塞进水嘴中消毒,消毒完毕后打开水嘴流水10秒。

(4)除清洁饮水机外表面外,每周五晚上5:30由保育员将饮水机内的水排空,下周一早晨7:15来园时,重新上水并检查进出管是否通畅。

(5) 饮水机内的滤芯每半年更换一次。

(6) 幼儿饮水杯做到一人一杯,每天清洗干净后,统一送到食堂消毒。

第二十一节　幼儿卫生保健信息安全管理制度

为保证幼儿卫生保健信息的安全,保证幼儿家庭的单项调查资料等不泄露,特制定本制度。

(1) 幼教中心严格依照信息安全的相关法律法规和规范性文件开展信息管理工作。

(2) 幼教中心保健室人员要树立信息安全管理意识,私人、家庭的单项调查资料,非经本人同意,不得泄露。

(3) 幼教中心保健医收集入园幼儿的各类卫生保健信息应遵循准确、完整、分类保存且便于查阅,按要求设立专用的档案柜保存。

(4) 幼教中心保健室发布幼儿信息资料时,应经过认真审核,并由幼教中心办公室盖章后发布,严格依照该流程对外提供数据。

(5) 使用北京市妇幼保健信息系统时,严格按照北京市卫生局文件要求操作,做好幼教中心信息系统用户名和密码的管理工作。

(6) 系统接入 Internet 公共信息网的 Web 联网服务器应安装防火墙或其他安全设备。

第二十二节　幼儿卫生保健信息培训制度

为加强幼教中心卫生保健信息培训管理,提高保健人员的专业能力,特制定本制度。

(1) 幼教中心保健医应积极参加各级机构组织的幼儿卫生信息培训,参加培训的人员要对其他保健医进行相应的培训。

(2) 幼教中心保健医按要求参加妇幼保健机构定期组织的幼儿卫生信息培训。

(3)幼教中心信息管理人员定期参加培训后,按要求及时做好其他保健医的二级培训。

第二十三节 幼儿卫生保健信息质控制度

为加强卫生保健信息质控管理,提高保健人员的卫生保健信息管理水平,特制定本制度。

(一) 具体要求

(1)幼教中心副主任(主管后勤)负责本园信息质控工作。

(2)幼教中心将信息质量监控纳入日常管理工作,定期对幼教中心所有幼儿卫生信息的登记、录入、上报的信息进行全面质控。

(3)幼教中心负责质量控制的人员除自觉做好本园幼儿卫生信息的核对和检查工作外,还应积极接受和配合上级主管部门定期或不定期的对本园上报的卫生信息的质控检查。

(4)在进行本园卫生信息质控工作时,主要对幼儿信息的原始登记、特殊个案及统计报表记录与上报信息的及时性、准确性、完整性进行认真检查和核实。

(5)在每次进行幼儿卫生信息检查后,应做好质控记录,及时汇总、分析、反馈质控结果,及时修改完善幼儿卫生信息资料。

(6)认真做好每年9月的年度质量控制工作。

(7)本园进行质控自查及上级主管部门对幼教中心卫生信息质控的反馈情况均应留档保存。

(二) 卫生保健登记

(1)各项登记统计要及时、准确、完整、清楚、规范、真实。

(2)十一项登记册如下:

① 晨、午、晚检及全日健康观察记录册;

② 交接班登记册;

③ 健康教育册;

④ 疾病与传染病防控工作登记册;

⑤ 儿童膳食管理委员会会议记录册；

⑥ 体弱儿童与肥胖儿童登记册；

⑦ 儿童伤害与事故登记册；

⑧ 传染病登记册；

⑨ 大型玩具检查登记册；

⑩ 视力矫治登记册；

⑪ 龋齿矫治登记册；

(3) 两张登记表为：

① 身高（身长）、体重登记表；

② 儿童出勤登记表；

第二十四节　幼儿用药委托交接制度

根据北京市卫生部门要求，为了使有需要的幼儿在幼教中心安全服药，特制定本制度。

(1) 凡需在园服药的幼儿，家长必须填写家长委托喂药单，并与药品一同交给班级老师。如未填写或未在家长签名栏内签名的，老师将不予喂药。接药教师须认真核查委托单及药品并确认签字，药品须妥善保管，按时喂服。

(2) 汤药、开封药、保健药、消炎药一律不接收。幼儿带来的药物，必须有完整的包装和标识，接药教师要认真检查签收；只接收一天的药量。未服用完的药物，须当日交还家长带回。

(3) 已服用完的药品包装及家长委托喂药单须保留三天。

(4) 给幼儿喂药前，一定要认真核对家长委托喂药单的内容，包括药品名称、服用剂量、服用时间和药品包装是否完整等。

(5) 本园教师一律不得以任何原因私自给幼儿服用任何未经家长允许的任何药物。

第二十五节　班级个人卫生制度

为规范幼教中心师生个人卫生管理,强化师生个人卫生要求,保持良好的卫生习惯,特制定本制度。

(1) 班级人员包括班级教师、实习老师和全体幼儿。

(2) 班级教师上岗时须穿园服,头发过肩一律扎起,不能散发。

(3) 班级人员在岗时,不能留长指甲,不能涂指甲油,不能佩戴戒指,耳钉只能戴一副等。

(4) 幼儿在园物品:被褥(标识一律缝在被褥一角)、枕巾、拖鞋(鞋底写姓名或学号)、梳子、用品柜(毛巾、水杯格等)均要有姓名标识,定期检查标识是否完整及被褥清洁度;家长每月拿回被褥;一周拿回拖鞋进行清洗;教师要做好被褥拿取记录。

(5) 教室内不得存放教师个人用品。

(6) 不得在班级盥洗室洗头及教师衣物,教师工作服一律在规定地点洗涤、晾晒。

(7) 教师物品不得和幼儿物品混放,不得随意使用幼儿物品;幼儿物品要标识清楚,专人专用,一物一用。

第二十六节　预防疾病与隔离制度

为向幼儿、家长、教师普及预防疾病的相关知识,使之掌握疾病防控方法,杜绝疾病的发生流行,特制定本制度。

(1) 坚持预防为主的方针,做好经常性的预防工作,根据季节和疾病流行情况,采用各种形式做防病宣传。

(2) 按《北京市儿童免疫程序表》的规定,按时准确完成各种预防接种。

① 对园内幼儿预防接种卡进行统一管理,专人负责,要求建卡率达100%。

② 按年龄、月份、完成计划免疫工作,对缺勤的幼儿要及时补种。

③ 对入园体检时发现的漏种疫苗幼儿进行及时补种。

④ 预防接种前向家长发放通知单,并注意及时回收回执。

(3) 做好晨、午检和全日观察,做到及时了解疫情,发现传染病及时报告园领导和上级防疫部门,并实行及时、正确的检疫措施。对所在班级进行严格的终末消毒,对接触过传染病的幼儿立即采取预防措施,并按各种传染病规定的检疫期进行检疫。

(4) 建立园内传染病管理制度,定期检查,记录备案。

(5) 保健医应能诊断及鉴别常见传染病。

(6) 严格执行传染病管理制度,降低传染病发病率,做到无传染病暴发,肝炎、痢疾无续发。

(7) 一旦发现传染病,要立即按传染病报告程序逐级报告,并进行登记管理。对传染病患儿要立即隔离,对接触者要进行卫生检疫,并对污染源立即做好消毒等处理。

(8) 做到早预防、早发现、早报告、早诊断、早隔离、早治疗,一经发现传染病患儿,不串班,不办入、退园手续。

(9) 凡体温在37.3 ℃以上的幼儿应及时隔离并与其家长取得联系,请家长带幼儿去医院确诊,该幼儿所在班级进行进一步消毒处理。

(10) 传染病人及接触者的检疫、隔离及消毒方法严格按传染病的有关规定执行。

(11) 在传染病流行期间,向家长宣传不带幼儿到公共场所及人员密集的地方活动。

(12) 加强体格锻炼,增强对疾病的抵抗力。

第二十七节　集中用餐陪餐制度

为切实做好幼教中心食品安全管理工作,保障在园幼儿用餐安全,了解幼儿用餐实际情况,严防食品安全事故发生,根据北京市教育委员会发布的京教勤(2019)8号文件《北京市教育委员会关于切实做好2019年学校食品安全管理工作的通知》,特制定本制度。

(1) 幼教中心成立食品安全监督小组,以中心主任为第一责任人,中心副主任(主管业务)、中心副主任(主管后勤)、保健医为直接负责人。

(2) 食品安全监督小组成员为幼教中心集中用餐陪餐人员,每餐一人陪同。

(3) 保健主任每月编排陪餐班次表(见附件一),以中心主任、中心副主任(主管业务)、中心副主任(主管后勤)为主,若不在园时,应委托小组其他人员陪餐。

(4) 陪餐餐具由幼教中心统一购买,区别于幼儿餐具,每餐陪餐定量为一名幼儿用量,陪餐伙食费由幼教中心行政支出,每月陪餐天数由保健主任统计后上报办公室。

(5) 陪餐责任人在园开餐前十分钟到厨房领取装好的餐盒和陪餐记录表(见附件二),前往相应班级进行陪餐;陪餐后,将餐具和记录表送回厨房,餐具由厨房统一消毒。

(6) 陪餐责任人根据幼儿评价及自身感受对儿童餐口味是否适合、外观是否良好、食材是否新鲜、搭配是否合理等内容进行认真评价,填好陪餐记录表,餐后将意见及时向保健主任或厨房班长反馈,照片留存。

(7) 厨房班长须了解每天陪餐记录情况,随时改进。保健主任每月对陪餐记录进行总结,在每学期伙委会上向家长代表汇报陪餐情况。

(8) 本制度自2019年4月1日起执行。

第二十八节 家园信息互通制度

为贯彻执行疫情防控工作要求,做好家园共育工作,积极开展家园共育活动,及时互通了解幼儿情况,特制定本制度。

(1) 成立家长委员会,并且定期组织家长委员会活动。家委会成员的主要任务是帮助家长了解幼教中心工作计划和要求,协助幼教中心工作,反映家长对幼教中心工作的意见和建议,协助幼教中心组织交流家庭教育的经验。

(2) 学期初定时召开家长会。家长会的主要内容是帮助家长转变教育观念,提高家长对幼儿教育的认识;同时,明确本学期的主要教育教学工作,多方式与家长互动,促进家园协作。

(3)每学期举行家长开放日活动。家长于家长开放日到幼教中心观摩教学,了解幼儿在园表现,了解幼教中心的工作。但特殊时期应停止组织大型集体活动。

(4)保健人员利用晨检时间随时向家长了解幼儿健康情况和宣传健康知识。

(5)通过微信定时推送健康宣传材料。

(6)定期更新卫生保健宣传栏的宣教内容,向家长做健康宣教。

(7)教师通过微信、电话形式进行家园沟通,向家长介绍幼儿在园情况,以及了解幼儿在家中的表现。

(8)教师充分利用家长接送时间与家长保持密切联系,让家长与教师互相了解幼儿在园的身心健康发展情况,以便共同引导幼儿。

(9)建立幼教中心、班级、教职工、幼儿家长四级防控工作联络网络,对缺勤的幼儿及时进行追踪,了解缺勤原因;对各种传染病做到早发现、早报告、早隔离、早治疗。

(10)发生疫情时,家长要如实向幼教中心提供幼儿及共同生活居住人员的健康情况信息,不瞒报,不漏报。出现发热等可疑症状要及时、如实报告,并送医就诊。

第二十九节　每日健康状况统计制度

为了预防、控制传染病的发生,保障全园师生的身体健康和生命安全,及时了解全园师生的身体状况,做到早发现、早报告、早隔离、早治疗,有效防止传染病疫情的扩散和蔓延。结合幼教中心实际情况,特制定本制度。

(1)疫情防控专班设立专项排查小组,中心副主任(业务主管)任组织,各班班长、保健班长、厨房班长任组员。要求根据上级部门(北京市教委、海淀区教委、北京邮电大学后勤处等)要求做好每日疫情防控信息报送工作。严格执行

"没有情况也要实施'零报告'"制度,特殊情况随时汇报。及时了解教职工、幼儿的出京情况及身体状况,在班级微信群中要参与班级管理,引导和指导家长做好疫情防控工作。

(2)保健医、各班教师密切关注师生健康状况。疫情期间,每日对师生员工(包括保安、保洁、厨师等员工)进行全面排查,特别是对有中高风险地区接触史的幼儿和教职员工进行健康监测,如发现发热、干咳等不适症状的,及时提醒并帮助其到指定医院发热门诊接受诊断治疗,并进行相应的跟踪观察,如发现感染新型冠状病毒的肺炎疫情应第一时间将诊断结果反馈给中心主任和主管副主任,园中要将疑似传染病例及时、准确、迅速、直接报告上级单位,做到早发现、早报告、早隔离、早治疗。

(3)各班班长坚持每日晚10:00前在幼教中心群上报各班教师、家长、幼儿出京及身体状况情况。疫情上报负责人于每日8:30前将本园前一日0:00~24:00的工作情况上报至教委,没有情况也要实施"零报告"制度,特殊情况随时汇报。

(4)全园教职工配合园所做好上报工作,每日将自己及同居家属的健康状况上报,确保信息报送及时、准确,不得瞒报、漏报、错报。

(5)建立教职工健康监测台账。对复工上岗的教师,每日进行晨、午、晚三次体温监测,对体温异常的教师按疫情处置流程处理。

(6)教职工确保与园领导联络畅通,主动汇报返京情况;班长做好缺勤追访工作,发现因病缺勤的班员应及时了解其患病情况和可能的原因,并汇报园领导。

第七章　安全工作管理

第一节　安全小组组织机构图

一、安全小组成员

幼教中心成立安全小组,组长由中心主任担任,副组长由中心主任(主管业务)和中心副主任(主管后勤)担任,小组成员包括教学部主任、教研部主任、教学班长、办公室主任、办公室人员、厨房班长、后勤人员、保安、保健班长和保健医。安全小组成员负责履行本中心日常安全工作职责,安全小组总机构图如图7-1 所示。

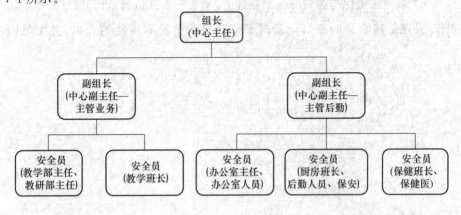

图 7-1　安全小组总机构图

二、重点防控部位

（1）大门。防控重点：防人员脱岗、擅离职守，防人员踩踏，安全通道的及时疏散处理和监控系统的安全运行等。大门防控安全小组结构图如图7-2所示。

（2）食堂。防控重点：防火、防水、防违章用电、防食物中毒、防燃气泄漏、防意外伤害、维护技防系统等。食堂防控安全小组结构图如图7-3所示。

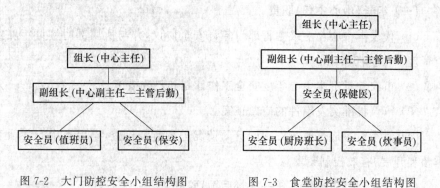

图7-2　大门防控安全小组结构图　　　图7-3　食堂防控安全小组结构图

第二节　安全责任制度

为加强校园安全管理，保障在园期间幼儿及教职工的人身、财产安全，维护正常的教育教学秩序，落实主体责任，特制定本制度。

一、安全小组职责

（1）安全小组全面负责本中心安全管理工作。

（2）负责对全中心幼儿和教职工进行安全防范意识、自我保护意识的教育。

（3）负责贯彻执行上级管理部门有关安全保卫工作的规定和要求，并制定相应的落实措施。

（4）负责编制、审定、批准本单位各种突发事件的应急预案，并定期组织演练。

(5) 负责安全检查,制定整改措施,做好相关记录。

(6) 负责组织各种形式的安全活动。

(7) 定期召开安全管理工作会议,分析本中心安全管理状况;审议年度安全宣传教育计划;研究制定整改措施;对违反安全管理规定的人员做出处理。

二、安全小组成员职责

(一) 组长(中心主任)职责

(1) 代表本中心与上级主管部门签订安全协议,并与所属部门签订年度安全管理工作责任书。

(2) 审议并批准本中心年度安全工作计划和整改措施。

(3) 审议批准突发事件的应急预案。

(4) 对小组各成员履行管理职责的情况进行监督检查,确保本中心各项工作顺利开展,有效控制突发意外。

(二) 副组长(中心副主任—主管后勤)职责

(1) 实施本中心的安全管理工作。做好相关记录,并负责对各种规章、责任书、合同等重要文件整理存档。

(2) 编制年度安全工作计划和各种突发事件的应急预案。

(3) 对本中心安全工作进行检查、整改,定期检查大型玩具及电器,确保幼儿安全。

(4) 遇主任不在园时,履行主任职责。

(三) 副组长(中心副主任—主管业务)职责

(1) 负责保教工作中的安全管理(特别是教育活动和户外活动)。

(2) 协助主任制定或完善本中心各项规章制度,监督、检查各项制度落实情况,做好相关记录。

(3) 遇主任、中心副主任(主管后勤)不在园时,履行主任职责。

(四) 安全员(教学部主任、教研部主任、办公室主任)职责

(1) 协助中心领导履行安全责任。

(2) 遇主任、副主任不在园时,组织各部门班长履行主任职责。

(五) 安全员(保健医)职责

(1) 负责药品和医疗器械的保管、使用和发放等工作。

(2) 密切配合上级防疫部门做好防疫工作,及时上报疫情,并采取严格的消毒隔离措施控制疫情发展。

(3) 传染病流行期间,严格落实防控工作,做好师生健康监测和病例报告,以及控制处理工作。

(4) 正确、及时处理幼儿意外伤害事件。

(5) 检查监督本中心各部门的卫生消毒情况,并定期公布检查结果,保证无卫生死角,园内定期开展灭蚊蝇,保证全园环境卫生安全。

(6) 做好幼儿晨午检并做好记录,配合保安员、值班员疏导家长接送幼儿。

(六) 安全员(教学班长)职责

(1) 组织幼儿活动时进行安全教育,注意控制幼儿活动量,确保幼儿一日在园安全。

(2) 各班班长全面落实幼教中心各项安全制度,监督安全制度落实情况,注意观察安全隐患,发现问题及时汇报,及时处理。负责对班员进行安全宣传教育,传达中心安全会议内容。

(3) 在传染病流行期间,严格做好晨午检记录和病因追查记录,密切关注幼儿身体情况,如有异常立即告知保健医。

(4) 完成中心领导布置的安全工作。

(七) 安全员(食堂班长)职责

(1) 食堂班长作为食堂第一安全责任人,全面负责食堂的安全卫生工作。

(2) 监督食堂工作人员执行其岗位职责情况,定期进行安全教育,每周召开班组会。

(3) 严格按餐饮单位卫生监督量化分级评价表对食堂工作进行监管。

(4) 对食堂中的各种设备机械实行定期检查,发现问题及时上报、检修。每日检查食堂用电、用火、用气安全,发现隐患及时上报,及时整改。

(八) 值班员(白班)职责

(1) 负责做好电话记录,做好上情下达、下情上报工作。

(2) 严格执行封闭式管理,做好出入人员的盘查工作,来客登记,禁止推销员入园推销产品。

(九) 值班员(夜班)职责

(1) 负责本中心各种机械设备、大型玩具的安全检查和简单维修。

(2) 检查和关好幼教中心办公室及各班的门窗;关闭不需要的电源;关好水龙头等,消除一切隐患,确保幼教中心的安全。

(十) 保安员职责

(1) 认真做好本中心的防火、防盗、安全保卫工作。

(2) 负责对出入人员进行管理、幼儿接送期间的人员疏散和安全保卫工作,严防幼儿走失。

(3) 认真做好安全巡逻工作,预防各种事故和事件的发生。

(4) 履行岗位职责,并配合主任进行园区人防、技防工作。

(十一) 其他各类人员的安全职责

(1) 班员职责:

① 协助班长做好本班安全工作,落实中心布置的各项安全工作。

② 做好药品登记和管理工作,根据药品登记单定时、定量、准确地给幼儿服用。

(2) 资料员职责:

① 办公室各项安全工作主要负责人负责对全中心固定资产及设备的管理。

② 完成中心主任布置的各项后勤安全工作。

(3) 办事员职责:

① 资料室各项安全工作主要负责人负责对资料室固定资产及设备的管理。

② 完成中心领导布置的各项安全工作。

(4) 采购员职责:

① 严格按食谱购买新鲜食品,禁止购买腐败、变质、三无食品。确保食品卫生,严防食物中毒。

② 协助厨房班长每日检查食堂用电、用火、用气安全,发现隐患及时上报,及时整改。

③下班前进行断水、断电、断气、关窗、锁门等安全检查。

(5)炊事员职责:

① 严格执行《中华人民共和国食品安全法》和饮食卫生"五四"制。严格按照操作规程操作,不加工腐烂变质的食物,做到生熟分开。

② 按操作规程使用炊事机械,做到机械保管精心,安全使用。

③ 协助厨房班长每周检查食堂用电、用火、用气安全,发现隐患及时上报,及时整改。

④ 履行食品留样工作时,严格遵守食品留样制度,做好食物48小时留样和记录。

第三节 安全管理制度

为切实做好幼儿园安全管理工作,防范和遏制涉校涉生的安全事件发生,确保师生的生命财产安全,特制定本制度。

(1)成立安全工作领导小组,制订安全工作计划,层层明确安全责任,经常进行安全教育,将安全教育渗透到教育活动中去。

(2)保证园(班)房屋、场地、家具、玩具、生活用品以及体育器械的使用安全,定期由专人检修,避免摔伤、烫伤、走失、触电、中毒等事故的发生。

(3)幼教中心组织的各项活动都应以幼儿安全为第一要素,进行认真细致的准备,考虑周详,确保幼儿活动安全。要增强保育意识,坚持正面教育,严禁态度粗暴、歧视侮辱、体罚或变相体罚幼儿。严禁带幼儿到危险的地方开展活动,坚持"谁组织谁负责"的原则。

(4)认真贯彻卫生防疫部门下达的有关食品卫生的规定,严把食品进园关和食品入口关,严防食品中毒事件的发生,确保幼儿饮食安全。定期进行水质检测,防止水源污染,保证幼儿饮用水安全。

(5)幼儿入园和离园严格实行安全接送制度,并由门卫加强管理。确保幼儿接送安全,严防幼儿走失。

(6)做好重点季节和部位的防汛、防火、防盗、防污染工作,为在园幼儿创造安全、健康、快乐成长的良好环境。

(7)建立隐患排查和整改台账,备有突发事件应急预案,安全档案齐全。

第四节　安全教育制度

为切实提高幼儿的安全意识及自我保护能力,将安全教育作为重要教育教学内容,根据不同幼儿年龄段的生理心理特点、接受能力和可能遇到的安全风险,进行有针对性、实效性的安全教育,特制定本制度。

(1)每学期组织全体教职工进行一次大型安全教育研讨会,组织学习《幼教中心安全手册》。

(2)每月组织一次全园安全应急演练,增强师生的安全意识和提高应急处置能力。

(3)凡新应聘的教职工,上岗前由中心领导向其进行安全工作培训,学习《幼教中心安全工作手册》《幼教中心员工手册》,为上岗开展各项工作奠定基础。

(4)教职工每学年不定期学习防火、防盗、防毒、防人身伤害、防工伤事故、防交通事故等基本方法和技能,提高判断、处理事故的能力。

(5)在日常工作中,教师要根据幼儿实际情况不定期对幼儿进行安全教育。

(6)坚持开展丰富多彩的"全国中小学生安全教育日"宣传教育活动,各班组织相关的安全教育主题活动。

第五节　安全检查制度

为抓好幼儿园安全工作,切实落实幼教中心的各项安全管理制度,加强各环节安全检查,特制定本制度。

(1)晨检时,教师严格把关,"一看,二摸,三问,四查,五记录",发现异常及时询问家长并做好记录,严禁幼儿将玻璃、硬币、钉子等呈尖角的危险品带进幼教中心。

(2) 用完电器后拔下插头,所有插座应放置在幼儿触摸不到的地方。节假日须切断电源,防止火灾发生。

(3) 每月检查一次房屋、场地、家具、用具、玩具、活动器械、电器设备的安全使用;每周检查一次大型体育器械、电器的状况,并做好检查记录,避免触电、砸伤和摔伤等事故发生。

(4) 行政值班人员一日三次巡视整个校园,检查校舍、消防设施、玩具设施、师生精神面貌等情况,发现异常及时处理。

(5) 每学期检查两次园内房屋结构、设备(如玻璃窗、天花板、电源等),防止损坏脱落而发生事故。每学期对桌椅进行修理,每周一次检查大型玩具、器具,如有损坏,立即停止使用,并尽快修理。每天对楼道、电器、玻璃窗等室内各项物品进行检查,避免触电、砸伤和摔伤等事故发生。

(6) 每周检查一次食品安全工作,监督水、电、液化气及各种机械厨具的安全使用,要求工作人员严格执行餐具清洗消毒制度、食品验收制度、操作常规制度等,确保幼儿食品卫生安全。

(7) 值班人员要对来访人员进行登记,并认真检查相关证件,把好大门,防止幼儿丢失,做好幼教中心安全工作。

(8) 重大活动和节日前的安全检查由中心主任统一部署,制定各部门的自查时间和统一检查时间。

(9) 各类安全责任人负责检查本职工作,若出现差错,后果由其承担。

第六节 幼儿接送制度

为保障幼儿在园安全,规范接送秩序,特制定本制度。

(1) 早晨 7:30～8:00 为幼儿入园时间,晚上 5:00～5:30 为幼儿离园时间。

(2) 幼教中心实行全封闭式管理,接送幼儿时须持门禁卡。家长带幼儿进出幼教中心大门时,请勿拥挤;按顺序进出幼教中心,以免发生危险。

(3) 当家长本人不能来园接送幼儿时,请将门禁卡转交给接送人并提前通知带班老师,带班老师必须核实其身份并与家长电话联系确认无误后,方可允许其接送幼儿。

(4) 当陌生人持门禁卡接送幼儿时,老师必须与家长联系证实并留下接送人有效证件的复印件后方可将幼儿送到接送人手中。

(5) 幼儿离园时,请家长听从保安、值班员的指挥,带领幼儿及时离园,无故勿在幼教中心停留,以确保幼儿、幼教中心的安全。

第七节　出入管理制度

为加强幼教中心安全管理,确保幼教中心教育教学正常有序进行,保证幼教中心生命财产安全,幼教中心早8:00～晚5:00园门落锁,实行封闭式管理。幼教中心制定出入管理制度,请全体教职工、家长及其他人员共同遵守执行。

一、幼儿、家长进出园

(1) 严格遵守入园、离园的时间规定。

入园:早上7:30～8:00,幼儿须在家长陪同下刷卡入园。

离园:下午5:00～5:30,小、中、大班幼儿按时间安排顺序离园。家长以班级为单位站在离园等候区与班级老师手递手接幼儿离园(特殊天气时,安排家长进班)。离园时间未被接走的幼儿将由本班教师组织回班等候。若家长不能按时接送幼儿,请提前告知本班教师以便妥善安排。

(2) 在幼教中心封闭管理期间,遇幼儿有特殊情况须入园、离园时,家长和老师在园门口手递手接送幼儿。

(3) 所有进出幼教中心人员须听从保安人员指挥,保安人员严格执行幼教中心出入管理制度。

二、来访人员进出园

接待来访人员时间:上午8:30～11:00,下午2:00～5:00。

（1）来访者一律在门口接受保安人员询问、排查，待身份核实后进行登记并上报园领导，经园领导批准后由保安亲自带领来访者入园，保安与被访者交接后方可离开。

（2）来访者应遵守幼教中心规章制度，不得进行与来访登记事由无关的活动，未经允许不得擅自进入班级，不得在园内闲逛、逗留。

（3）幼教中心谢绝推销商贩闲杂人员进入。

三、教职工进出园

（1）所有教职工凭门禁卡出入幼教中心。

（2）教职工中途离园，必须向主管领导报批，同意后刷门禁卡离园；回园须再次刷门禁卡，并向主管领导销假。

第八节　安全隐患排查制度

为贯彻国家"安全第一、预防为主"的方针，落实幼教中心安全工作责任制，及时消除各种事故隐患，防止事故发生，确保师生生命财产安全，特制定本制度。

（1）成立安全隐患排查小组，由中心主任任组长，中心副主任任副组长，部门主任、部门班长、后勤人员、办公室人员为组员。

（2）强化安全隐患排查机制。主管安全领导带领安全小组成员每周至少进行一次定期与不定期安全检查工作。

（3）排查内容：人员情况、房屋及设备设施、食品安全、班级环境、安保与技防、消防安全等。

（4）每周将检查内容进行台账登记，并撰写安全自查报告。

（5）主管安全领导负责隐患排除及销账工作。

第九节 防止幼儿意外伤害制度

为保障幼儿在园安全,防止意外事故的发生,特制定本制度。

(1) 教师带班时间不能擅自离岗,时刻将幼儿纳入教师视线,必须把幼儿的安全放在首位。

(2) 教师应随时随地对幼儿进行安全教育,如不猛跑、使用大型器械要相互谦让、不打闹等。

(3) 教师应指导幼儿使用大型体育活动器械,学习正确使用劳动工具。

(4) 教师注意培养幼儿良好的饮食习惯,认真观察幼儿用餐有无异常,防止幼儿将食物吸入气管。

(5) 禁止幼儿玩体积小、锐利、携带有毒物质的玩具及物品,以免误塞、误吞而造成伤害。

(6) 玩具、设备、材料不能有锯齿状、带尖、带刺的边角,不应有任何外露的钉子、插、栓、螺丝。

(7) 教师每星期要对班内物品进行安全检查,如有情况及时汇报。

(8) 严禁幼儿进入食堂、电梯间。

(9) 班级教师水杯、手机等私人物品放在班级储物间内,消毒和清洁用品一律专柜定位存放,妥善保管。

附幼儿上下楼疏导、指挥办法:

- 幼儿上下楼均由本班保教人员一前一后带领。
- 幼儿上下楼均靠右侧行走。
- 接送幼儿时,告知家长靠右侧依次上下楼。
- 教育幼儿安全上下楼,不挤、不推。

第十节　校舍安全年检制度

为全面贯彻上级主管部门关于进一步加强幼教中心安全工作会议精神,彻底消除幼教中心安全隐患,结合幼教中心工作实际,特制定本制度。

一、成立幼教中心校舍检查领导机构和职能部门

为使幼教中心安全检查、整治工作顺利开展,幼教中心成立校舍安全领导小组,中心主任为组长,中心副主任、各部门主任、各部门班长、办公室人员、后勤人员为组员。学校后勤处工程科为校舍安全检查的职能部门,具体负责对校舍安全检查的具体工作。

二、安全工作检查时间

安全工作检查的范围为幼教中心教学用房、办公用房、生活用房,其中包括场地、围墙、食堂、教室、睡眠室、盥洗室、办公室、备课室、会议室、多功能教室等各项建筑设施。

（1）自查阶段(9月和次年3月)：各班级师生要集中力量,突出重点,认真开展安全工作大检查。要重点对幼教中心的教学设施、教室、睡眠室、楼道、会议室、食堂、多功能教室等人员集中的场所进行逐一排查,消除安全工作的漏洞和事故隐患,确保万无一失。坚持边自查边整改,以自查促整改。同时,要针对查找出来的问题,指定专人负责,上报学校后勤处工程科,在最短时限内整改,并确保整改质量。

（2）联检阶段(7月和12月)：学校后勤处工程科携幼教中心安全工作领导小组成员对幼教中心各个部门进行联合检查。

（3）随机抽查阶段(长期)：安全小组成员每周进行检查,以便及时发现幼教中心存在的安全隐患。

（4）校舍安全检查要做到制度化、规范化、严格化,要做到定期检查和突击

检查相结合,全面检查和重点检查相结合。在正常情况下,幼教中心应每学期对校舍进行一次全面性的安全检查;风、汛、雨季要进行突击检查。校舍安全检查应邀请学校后勤工程科有经验的工程技术人员参与;每次安全检查均应做好书面文字记录,作为校舍档案保存备查。对发现的结构损坏、蛀虫、腐烂或其他重大险情的应及时书面报告上级有关部门,及时研究落实维修措施;凡发现校舍重大险情的均应及时上报。

三、具体处置措施

(1)定期对房舍建筑进行安全隐患排查,查看房舍外观、室内墙壁、楼顶是否异常,发现异常及时报告园领导。

(2)定期查看各场所电路及电器使用情况,发现异常及时整改。

(3)定期查看消防设备设施进行安全隐患排查,发现异常及时整改。

(4)每年末找专业部门对幼教中心的电、消设备设施进行年检、备案,存在异常及时维护整改。

第十一节 防治欺凌和暴力管理工作制度

为有效预防幼教中心欺凌和暴力事件,维护和确保幼教中心的稳定和发展,保障教育教学工作的正常运行,学习落实教育部教育督导委员会办公室《开展校园欺凌专项治理的通知》的要求,结合幼教中心实际情况,特制定本制度。

一、领导组成员

组长:中心主任。
副组长:中心副主任(主管业务)、中心副主任(主管后勤)。
组员:部门主任、部门班长。

二、防治欺凌和暴力管理工作要求

(1)相关岗位教职工要明确自己的职责,实行全体教职工一岗双责制,玩忽职守,对幼教中心安全造成不良后果的,追究其责任。

(2)加强幼教中心监控管理,遇到问题及时上报。

(3)教师要经常开展幼儿心理健康咨询和疏导,教育幼儿遇到欺凌大胆说"不",并告诉老师和家长;教师针对幼儿反映问题采取有效措施,避免欺凌事件发生。

(4)教师要认真负责,对班级幼儿情况进行排查,发现问题及时处理。问题严重的上报给园领导,必要时向上级主管部门汇报。

(5)利用主题活动、教学活动、国旗下讲话等形式对幼儿进行"防欺凌、创和谐"宣传教育;利用家园联系栏、视频、微信群等平台宣传防欺凌等相关知识,营造浓厚氛围,实现环境熏陶渗透教育效果。

(6)如发生校园欺凌或暴力事件,应及时向园领导汇报,并妥善处理实施与被实施欺凌或暴力的幼儿。

第十二节　安全工作档案制度

安全资料是安全管理的重要组成部分,是开展安全管理活动的真实记载和重要证明,是安全管理原始资料的具体积累和安全管理水平提高的基础,更是相关责任的明确备案和安全事故处理的重要证据。为确保安全资料的完整性,特制定本制度。

一、规范档案管理内容

(1)法规文件:有关幼儿园安全工作的法律、法规,以及上级党委、教育行政、安全管理等有关部门下发的各类安全工作文件。

(2)组织领导:安全工作领导小组名单、安全组织管理网络图、工作职责等。

(3)安全管理制度:最新修订的各项安全管理规章制度、各类安全应急预案等。

(4)安全管理:年度各类安全工作责任书,安全工作学期和年度计划、总结,各类有关安全工作的会议记录等。

（5）安全教育：开展各类安全教育，整理教职工和幼儿参加各种安全宣传教育活动的文字、图片、影像资料等。

（6）检查整改：各类安全工作检查记录，自查报告，安全重点部位日巡查记录，安全重点部位周检查记录，安全隐患排查情况记录，安全隐患整改、跟踪督查情况记载等。

（7）预案演练：防火灾、防地震、防食物中毒、防踩踏及大型集体活动等应急预案组织演练情况记载（文字、图片、影像资料）等。

（8）事故案例：相关安全事故及处理情况的记载，对各类事故的反思总结等。

（9）安全考核：各类安全考核的组织实施及结果等。

（10）安全资格审查：相关机构和人员资质等。

（11）经费投入：安全设施设备、宣传教育活动等经费投入情况记载。

二、严格档案管理

（1）中心副主任（主管后勤）、办公室主任负责收集和整理安全工作档案。

（2）高度重视安全管理档案登记建立工作，幼教中心有关部门和人员要及时提供相关资料。

（3）档案登记资料要求全面、完整、图文并茂，并按上述条目逐项分类整理归档。

第十三节　安全应急演练制度

为提高幼教中心应急反应能力，保证应急工作高效、有序地开展，确保意外事件发生后能够统一指挥、有条不紊地开展好相关工作，特制定本制度。

（1）安全应急演练应有组织、有计划地开展，园内要制定出各类详细的安全应急预案和演练方案，把应急演练工作落到实处。

（2）成立以中心主任为组长，中心副主任（主管后勤）、中心副主任（主管业务）、部门主任、部门班长为组员的应急工作领导小组。

（3）制订学期或年度安全计划，开展不同形式的培训及演练。

（4）定期开展应急预案演练，检验预案的实效性、可操作性，纠正演练及预案中存在的问题，不断提高全体人员的应急反应能力和救援能力。

（5）每学期至少组织一次各类安全培训和应急预案演练。结合园内实际情况，以多种形式组织由各相关部门参加的预案演练，使各岗人员熟知各类事件应急处理的程序及流程，明确自身职责，提高协同作战的能力，保证应急救援能协调、有效、迅速地开展。

第十四节　视频安防监控系统管理制度

为了加强幼教中心安全监控设施设备的管理，确保视频安防监控系统安全有效地运行，充分发挥视频安防监控系统的防范作用，提高预防和处置突发公共事件的能力，结合《北京市公共安全图像信息系统管理办法》及上级主管部门要求，特制定本制度。

一、成立校园安防监控系统领导小组

（1）为了及时有效开展相关工作，特成立了幼教中心安防监控系统领导小组。

中心主任是幼教中心安全工作的第一责任人，负责对全园安防系统实行宏观管理，督促有关部门做好相关工作。中心副主任（主管后勤）是幼教中心安防监控系统主要负责人，对各安防设施的人员在岗、设备运行、安全责任落实等情况进行监督检查。监控员是直接责任人，应坚守岗位，认真履行监控职责。各成员明确分工，责任到人，切实落实好幼教中心监控设施的管理。

（2）安全小组每月对幼教中心安防监控系统运行情况进行一次检查，以保证监控系统正常运行。

二、视频监控设备布控要求

（1）公共安全图像信息系统的建设应当符合国家和本市的技术规范和标

准。公共图像信息系统应当具有采集、录像、传输等功能。

（2）视频监控应做到无死角全覆盖（除卫生间、教师更衣室区域外）。以下区域必须配备视频监控设备：大门外一定区域（幼教中心大门外一定区域是指幼儿入园、离园时段，大门外人员密集集中的区域），大门口，园区内主干道，围墙周界，操场，幼儿室外集中活动区域，幼儿活动室、休息室、盥洗室，园内主要通道及出入口处，门卫室（传达室），财务室，贵重物品存放处，食堂操作间、储藏库（室），进出通道，水电气热等设备间，安防监控室，园内短期难以整改的重大安全隐患部位等。

（3）安装标准：所有安装的摄像头应为数字高清设备，有住宿幼儿的园所在幼儿活动室、休息室、主要通道及出入口处还应安装带有夜视功能的摄像头。大门外一定区域、大门口、园内主干道安装的摄像机，其监视及回放图像应能清楚辨识进出人员体貌特征和进出车辆的车型及车牌号码。幼儿活动室、盥洗室、休息室应与视频图像同步录音。

（4）在大门口及大门外一定区域设置的公共安全图像信息系统应当设置标识。

三、加强日常维护及管理

（1）监控设施和报警系统必须由专人负责。监控系统操作人员要严格按规定的操作步骤进行操作，每天要对监控设备的运行情况进行检查，若发现设备故障，应立即报告幼教中心领导小组，并请专业人员进行维修，以保证监控设备安全有序运行。

（2）监控设施操作人员要认真做好监控工作，摄像机方向要时刻监控重点部位，发现异常情况要仔细查看、跟踪，做好记录，并及时向幼教中心领导报告；若遇紧急情况可直接拨打学校保卫处电话 1100 报告。

（3）视频监控系统必须 24 小时开启，并保证记录保存时间不少于 30 天。

（4）视频监控回放图像应做到定期查看并做好记录，以便及时发现校园安全隐患和问题，及时处理。

四、保证公共安全图像信息系统安全运行

（1）对与公共安全图像信息系统密切接触的人员进行岗位技能和保密知识的培训。

（2）做好视频监控系统的安全检查、运行维护和应急处理等。

（3）保持图像信息画面清晰，保证系统正常运行。

（4）不得擅自改变公共安全图像信息系统的用途和摄像设备的位置。

五、建立健全图像信息安全管理

（1）专人值班监看，发现涉及公共安全的可疑信息应及时向领导小组和公安机关报告。

（2）建立图像信息使用登记册，对图像信息的录制人员、调取时间、调取用途等事项进行登记。

（3）按照规定期限留存图像信息，不得擅自删改、破坏留存期限内图像信息的原始数据。

六、配合突发公共事件调查

当发生社会治安、自然灾害、事故灾难、公共卫生等突发公共事件时，配合具有突发公共事件调查、处置权的政府有关主管部门查看、调取、复制图像信息。

第十五节　幼儿园安全事故责任追究制度

为了强化广大教职员工的安全意识，牢固树立安全第一的思想，将幼儿安全教育和管理纳入教学管理和一切教育活动中，特制定本制度。

一、成立园所安全工作领导小组

组长：中心主任。

副组长：中心副主任（主管业务）中心副主任（主管后勤）。

组员：部门主任、部门班长、保健医、办公室人员、后勤人员。

二、责任界定

(1) 幼教中心安全工作实行"分级管理、分级负责"的原则。按照中心各岗位考核要求执行，视其情节轻重，将配合区教委有关规定给予有关人员相应处分。

(2) 中心主任是幼教中心的法定负责人和代表，是第一责任人，负责园所的管理安全工作。

(3) 幼教中心园舍安全隐患未被发现，或发现后未及时上报，由主管人负全责。若上报后未及时采取措施，由分管领导负责。

(4) 因平时检查大型玩具、炊事机械、电器设备等不到位，检修不及时造成安全事故的，追究相关人员直接责任。

(5) 门卫要严格进出幼教中心管理，严格执行园门进出登记、盘查制度。若因履职不到位、不认真造成幼儿走失、陌生人闯入等安全事故，将追究相关人员责任。

(6) 班级幼儿在接送期间或日常各种活动中造成意外事故的，由班级教师负责。

(7) 幼儿在饮食中出现异常症状的，由食堂管理人员负全责。

(8) 若保健医对流行病没有有效的预防措施、监督、指导不到位，而造成传染病蔓延，追究其直接责任。

(9) 幼教中心在校内或幼教中心组织的活动中发生重大幼儿伤害事故，或虽发生幼儿轻微伤害事故，但影响较大的，班级教师、幼教中心负责人、安全领导小组分别负有责任。

三、各部门责任细则

(1) 若各班幼儿出现事故,要立刻报告中心安全领导小组副组长。各部门一旦发生安全事故,要在及时处理的同时,迅速将事故情况报告给中心安全领导小组组长。对瞒报、迟报、漏报现象,将追究相关人员责任。

(2) 不经幼教中心同意,各部门、班级不得组织幼儿外出活动或参加庆典活动,以及其他活动。擅自外出活动的,追究相关部门负责人和组织者责任。

(3) 教师在一日活动时要严格按照教学要求保证幼儿的安全,不得让幼儿离开教师视线范围;对幼儿的操作活动,应按安全规程严格要求,违反的追究教师的责任。

(4) 老师撤离岗位、未按规定到岗、未按幼教中心布置的要求认真履行职责所发生的安全事故,均视为本教师工作失职。

(5) 如发现幼儿伤害事故发生,应立即救治或立即送幼儿到医院救治。如未及时救治造成幼儿伤害加剧或出现严重后果的,第一发现人按"严重违反师德师风"处理。

(6) 后勤人员应做好幼教中心的安全保障工作,经常性地对幼教中心的校舍、围墙、设备设施、水电、树木等进行检查并做记录,发现问题及时报告中心主管领导,并及时修缮和处理。因疏于管理而发生意外的,追究管理人员的责任。

(7) 若保健部门对食堂食品卫生监管不力,发生师幼中毒事件的,追究相关工作人员及管理者的责任。

(8) 幼教中心采购或为教学提供的设备、仪器物资要符合相关规定和安全标准,若因质量问题造成事故,追究采购人员的责任。

(9) 在遭遇不可预见的洪灾、火灾、地震等灾害时,应由安全领导小组成员组织师生紧急疏散和撤离现场,并及时向有关部门报告,请求有关部门和社会的援助,全力保护师生安全。

(10) 园内各部门一旦发生事故,必须在五分钟之内逐级报告。

四、责任追究

（1）对因教师教育不力、管理不力，而造成幼儿轻微伤害事故，幼教中心按照制度给予惩处，年度取消评优资格。

（2）对因教师失职造成幼儿伤害事故，根据实际情况按规章制度进行处罚，情节严重的解除劳动合同，有违法行为的追究刑事责任。

（3）若幼儿在幼教中心因食用食堂饭菜后发生中毒症状，经检验由食堂饭菜引发的事故，上报教委及上级主管单位接受进一步处理。

（4）对造成重大安全责任事故的当事人，由教委及上级主管单位调查处理，直至追究刑事责任。

第十六节　幼儿园公共活动场所安全管理制度

为保障幼儿在园安全，充分确保园内活动场所及设备设施的安全性，特制定本制度。

（1）幼教中心活动室、多功能教室、会议室、教师备课室等均为公共活动场所，执行"谁主管谁负责""谁使用谁负责"安全工作的原则，并在公共场所醒目处张贴责任人标识。

（2）使用该场所时，应认真检查电器设备及场地安全，如有问题要及时上报维修，如暂时不能解决的又存在一定安全隐患的应立即停止使用该场地。

（3）幼儿活动室、睡眠室内禁止放任何与幼儿无关的物品，如教师衣服、水杯等。

（4）主管负责人要定期检查场所内设备设施、环境卫生、消防通道等情况，如有问题及时上报并解决。

（5）主管负责人要建立安全台账，认真填写各部门的安全检查记录表。

第十七节　体育活动、运动会安全管理制度

根据《3—6岁儿童学习与发展指南》和《幼儿园体育工作条例》，根据开展体育活动、运动会的实际情况和幼儿特点，为尽量避免幼儿在参与活动时发生意外伤害事故，特制定本制度。

（1）组织体育活动、运动会必须坚持幼儿为本、安全第一的原则。要充分考虑天气、场地、设备、器材等方面的安全因素，尽量避免意外伤害的发生。

（2）幼教中心每名教职工都有责任和义务保护幼儿健康和安全，发现幼儿有不安全行为，要立即制止和教育；如遇幼儿出现伤害事故，要及时给予救治。

（3）幼教中心组织的运动会或到园外参加体育比赛等活动，须根据活动内容写好活动方案、安全预案等文档，并上报行政办公会通过后方可开展；活动时，必须有园领导及相关人员带队，并事先对幼儿进行安全教育。

（4）体育活动前必须对场地、运动器械等进行安全检查，如有问题及时上报、更新和调整。

（5）根据幼儿年龄特点制定活动方案，注意活动内容的动静交替，不可因活动量及运动难度而伤害幼儿身体。

（6）活动时，教师要密切关注体弱儿及身体不适的幼儿，并有相应措施。

（7）活动时，教师要关注幼儿着装安全，要求幼儿穿着舒适的运动鞋和适宜的衣服。

第十八节　组织师生外出活动安全管理制度

为确保外出师生的生命财产安全，保证活动的顺利进行，特制定本制度。

（1）组织师生外出活动（春游、秋游、参加公益活动、义务劳动、参观访问、培训等）要制订周密的计划和采取安全措施，活动方案必须经园领导审阅签字同意后上报学校上级主管部门审批。

（2）每次活动应有具体的责任人，活动的路线、地点，事前应进行实地勘查。

(3) 活动前往的交通工具应向学校车队及相关部门租用,乘车时要遵守乘车安全要求。

(4) 活动前要制定安全、保卫、意外事故的应急预案,并上报行政会通过后组织外出人员学习。

(5) 活动时,注意防火、防食物中毒、防摔伤等。

(6) 凡外出参加各种活动,幼教中心领导及安全小组成员必须对活动全过程进行监控。

(7) 在活动中实行责任追究制,如遇安全事故,追究相关人员的责任。

第十九节　网络信息安全管理制度

幼教中心网络安全是幼教中心安全工作的重要组成部分,为全面贯彻海淀区教育委员会《2017年海淀区教育行业网络安全综合治理实施方案》,更好地保障幼教中心网络信息安全,明确网络安全管理责任,根据《中华人民共和国网络安全法》及北京市教委、海淀区教委的相关规定,结合本中心实际情况,特制定本制度。

(1) 本制度适用于北京邮电大学幼儿教育中心全体教职员工。本制度提及的网络信息安全范围包括幼教中心官网、幼教中心微信群、班级微信群、公共邮箱、幼儿及家长信息等。

(2) 幼教中心信息网络安全领导小组是本中心信息网络安全管理的领导机构,组长由中心主任担任,副组长由中心副主任担任,组员由办公室主任、教学部主任、教研部主任、网络管理员(外聘学校信息化技术中心网络管理员)组成,中心全体教职员工在信息网络安全方面服从领导小组管理。

(3) 幼教中心信息网络安全小组成员职责,幼教中心官网责任人为幼教中心主任,主要负责人为幼教中心副主任(主管后勤),幼教中心公共邮箱、微信群等责任人为幼教中心副主任(主管业务),主要负责人为办公室主任、教学主任、教研主任、各班班长。

(一) 信息发布制度

(1) 幼教中心公共邮箱、微信群等信息发布实行信息发布人提出申请,信息网络安全领导小组审核,副组长批准,各部门主管、班长具体实施的办法。幼教中心官网信息发布实行信息发布人提出申请,信息网络安全领导小组审核,组长批准,办公室主任具体实施的办法。

(2) 幼教中心微信群及各班级微信群发布的消息仅限与工作有关的通知内容。

(3) 信息发布者应确保发布的信息准确、真实,符合国家有关法律法规和幼教中心规章制度,不得有危害国家安全,泄露国家秘密,侵犯国家的、社会的、幼教中心的利益和公民的合法权益的内容出现。

(二) 信息监视、保存、清除、备份制度

(1) 网络管理员应当对幼教中心网络使用情况进行监督、检查,坚决杜绝访问境内外反动、黄色网站,不阅览、传播各类反动、黄色信息。

(2) 部门主任及各班班长应当保证本部门或本班计算机内日志文件及其他重要数据的完整性、真实性,并做好备份工作,配合各类安全检查。

(3) 若发现本中心计算机存有各类反动及不健康信息,各部门主任及各班班长应及时清除,情节较重的应及时上报信息网络安全小组。

(4) 全体教职员工应当增强信息网络安全意识,自觉遵守网络法规,积极配合网络管理员做好计算机网络信息安全工作。

(三) 账号使用登记和操作权限管理制度

(1) 幼教中心内各主要网络设备由信息网络安全管理小组统一管理,除网络安全管理小组成员外,其他任何人不得擅自操作网络设备或修改网络设置。

(2) 幼教中心内各主要网络设备应当正确分配权限,并设置密码予以保护;密码应定期修改,任何非网络管理员严禁使用、猜测各类管理员密码。

(3) 对于网络系统应做好备份工作,确保在系统发生故障时能及时恢复。

(4) 对于网络系统的设置、修改应做好登记、备案工作。

(四) 病毒检测和网络安全漏洞检测制度

(1) 计算机内应安装防病毒软件、防黑客软件及垃圾邮件清理软件,并定期

升级软件。

(2) 计算机内严禁安装病毒软件、黑客软件；严禁攻击其他联网主机；严禁散布黑客软件和病毒。

(3) 网络管理员定期对网络安全和病毒检测进行检查，发现问题及时处理。

(五) 违法案件报告和协助查处制度

(1) 全体教职员工应当自觉遵守网络法规，严禁利用计算机从事违法犯罪行为。

(2) 对于教职员工的计算机违法犯罪行为，各部门主任及各班班长应当及时制止并立即上报信息网络小组，同时做好系统保护工作。

(3) 如果计算机遭受攻击，教职员工应当立即上报网络管理员，同时做好系统保护工作。

(4) 全体教职工有义务接受网络管理中心和上级主管部门的监督、检查，并应积极配合做好违法犯罪事件的查处工作。

第二十节　安全保卫制度

为保障在园期间幼儿及教职工的人身、财产安全，维护正常的教育教学秩序，特制定本制度。

(1) 注意房屋、场地、家具、玩具、用具及运动器械的使用安全，安全员做到日巡查、周检查、月大查、节假日重点查，杜绝触电、砸伤碰伤、食物中毒、失火等意外事故的发生。

(2) 教职工下班后，应关好门窗、水电，静园后由值班员做一次检查，节日值班人员应加强责任心，不得擅自离岗。

(3) 教职工自行车及社会车辆一律不准进园。

(4) 园内教职工应管理好各自的钥匙，不得私自配制和转借。

(5) 药物应妥善保管，放在幼儿触摸不到的地方；服药时，由带班教师认真核对、专人专服；消毒用品由保健医生负责保管，建立台账，发放应有记录；保健医定期消毒医疗器械。

(6) 电源开关放置在幼儿触摸不到的地方,电器如发生问题,由保教人员及时上报,填写维修登记本并报告维修工。

(7) 每月进行安全检查,注意检查灭火器的保质期,发现过期及气压不足的灭火器要报校保卫处及时更换。

(8) 保教人员带班时间不得会客,更不能擅离岗位,如有发生,视情节轻重酌情处理。

(9) 保教人员不得带幼儿或让幼儿去厨房、电梯间,以免发生意外事故。

(10) 保教人员带班时间不得做与工作无关的事,不得与家长长时间交谈,以免发生事故。

(11) 厨房重地闲人免进,除工作人员外,其他无关人员不得进入。

(12) 厨房门窗必须上锁,保管好幼儿食品,库房一门双锁,食堂班长和主管保健医各持一把钥匙,严防事故发生。

(13) 夜班值班人员要加强巡视,防火防盗。

第二十一节 门卫值班制度

为维护幼儿园正常的教育教学制度,避免各种突发性公共安全事件的发生,保护师生的生命财产安全,特制定本制度。

(1) 门卫人员必须时刻提高警惕,严防不法分子混入园内。严禁闲杂人员进入幼教中心,对来访人员要礼貌接待并询问其来访目的,值班员与被访者电话沟通确认有必要接待的,核实其身份(检查有效证件),无误后到值班室进行登记方可入园(特殊时期被访者无须手拉手接来访者进园)。

(2) 负责园内安全保卫工作,定时开锁大门钥匙不能转交他人,坚守岗位,尽职尽责,维持园内正常工作秩序。

(3) 严格执行门禁卡制度,家长接送幼儿须刷门禁卡,遇忘带卡的家长要进行登记(特殊时期要电话通知老师,由老师亲自到园门口把幼儿接进或送出幼教中心)。

(4) 上下午各一次巡视检查园内和重点区域,夜间应提高警惕,防盗、防破坏;遇特殊天气查看全园各处,发现问题及时解决,不能及时解决的要报告领导,防止事故发生。

(5) 注意观察园里的各个角落,认真如实填写幼教中心值班记录表。如发现可疑人员或不安全事件须及时通知中心领导,事件严重的须拨打110(可先拨打校保卫处电话1100)。

(6) 园内大件物品出园门,必须履行检查,确保财产安全。

(7) 衣着整齐,礼貌待人;工作时间不聚众聊天,不擅离职守,严防幼儿走失。

第二十二节　保安巡逻制度

为保护幼儿园师生的生命财产安全,做好安全保卫工作,特制定本制度。

(1) 保安员7:20~19:20在岗值班轮流巡逻,其中7:20~8:30、17:00~18:00站在幼教中心大门口对进出人员进行严格检查,维护接送秩序,确保离园幼儿有家长陪同;注意观察大门周围是否存在安全隐患,提高警惕,严防死守。

(2) 保安员除接送高峰时维护大门秩序外,两人每隔一小时轮流对幼教中心的安全进行巡逻,观察幼教中心各个角落,如发现可疑人员或不安全事件须及时通知中心领导,事件严重的及时拨打110(可先拨打校保卫处电话1100)。

(3) 保安员应认真、如实填写幼教中心安全巡逻记录表。

(4) 晚上7:20保安员对幼教中心的安全巡逻检查后于19:20与夜间值班员进行交接。交接后,两名值班员要对幼教中心的安全负责,每隔两个小时巡逻一次。

第二十三节　夜间巡逻制度

为了保障幼教中心师生的人身安全,保障幼教中心正常的教育教学秩序,特制定本制度。

(1) 幼教中心实行夜间巡逻值班制度,值班人员要严格遵守值班纪律,坚守岗位,尽职尽责,不得擅自离岗或私自让他人替岗,严禁做与值班无关的事情。定时对自己责任区域进行巡逻,细致地检查每一个角落。

(2) 值班人员必须详细做好值班记录,整理好当日值班问题台账,并及时向主管领导汇报。

(3) 值班时,做好上级来电记录,如有重要消息及时通知相关领导。

(4) 保安人员对园区外进行不定时巡逻,门岗值班员要对园区内安全负责。若发生安全事故或安全隐患,应及时处理并上报幼教中心领导。必要时,中心领导先口头上报上级单位,在 2 小时内写出书面情况并积极处理问题,同时等待上级部门的指示。

第二十四节　水、电、气、电梯等设施设备安全制度

为了加强幼教中心安全用水、用电、用气及相关设施设备的管理,保障师幼生命和财产安全,确保幼教中心各项工作顺利开展,特制定本制度。

(1) 安全用电、用水、用气、用电梯等必须坚持定期和不定期检查,各部门负责组织自查,发现隐患及时上报及时整修。

(2) 幼教中心安全小组成员对用各类设备设施每周进行一次安全检查,发现问题及时整修,并做好相关记录。对老化电线的更换和水电设施进行的保养工作,须安排在周末或假期进行整修,确保安全使用。

(3) 各部门要定期对水、电、气等设施进行自查,发现问题及时上报及时维修。

(4) 个人不得擅自接电、不得私拉、私改用电线路。不得私自使用大功率电器,特殊情况需要使用的,须经中心主任批准。

(5) 爱护水电公共设施,积极配合幼教中心维修、维护,发现问题及时上报。

(6) 厨房工作人员要定期对天然气管道进行自查,发现隐患及时整改。在使用天然气过程中发现异常或有异味,应立即停止使用并上报天然气公司进行维修。每天工作结束后要关闭天然气总阀门。

(7) 各部门责任人下班前必须在确认照明灯已经关闭后才能离开,确实做到人走灯灭,所有电器,包括计算机、空调、电视等电器均应关闭并切断电源。

(8) 提倡节约用电、安全用电。幼儿离开教室,如做操、户外活动时应该把灯、空调全部关闭,做到人走电停。

(9) 节约用水。用水后要关闭拧紧水龙头,以免漏水;发现水龙头滴水,要主动拧紧。若发现水龙头损坏,要及时报修。

第二十五节 大型玩具的检查维护制度

为加强大型玩具的安全管理,延长其使用寿命,确保幼儿活动安全,特制定本制度。

(1) 幼教中心安全小组成员每周对户外大型玩具和器械房玩具进行安全检查,维修人员每日对大型玩具进行巡检,确保幼儿在活动中的安全。

(2) 建立检查、维修大型玩具档案,并做好相关记录。对损坏的玩具要及时维修,不能立即维修的做好警示标志,维修不了的请厂家进行处理。

(3) 做好大型玩具的每日消毒清洁工作,遇传染病多发季节加大消毒力度和次数。

(4) 定期做好大型玩具加固、补漆、换绳等维护工作。如遇玩具有老化现象,及时上报及时处理。

(5) 户外活动时,各班教师要教育幼儿爱护玩具,指导幼儿正确使用玩具的方法,活动后做好归纳工作。

(6) 在玩具使用中,教师如发现损坏应立即停止使用,并告知维修人员进行处理。

第二十六节 监控室管理制度

为了加强监控室管理,确保监控系统的安全、规范、高效运行,特制定本制度。

（1）监控人员必须具有高度的工作责任心，认真履行职责，及时掌握各种监控信息；发现事故、异常情况应立即通知保安员赶往现场，并即时通知当班园领导。

（2）爱护和管理好各项设备，严格按规定操作步骤进行操作，不准随意摆弄机器设备，不得利用监控设备做与工作无关的事情；密切注意监控设备运行状况，保证监控设备系统的正常运作。

（3）不得擅自离岗、脱岗，未经允许不得随意代班、调班。

（4）严禁在监控室干与工作无关的事情，如看书、聊天、接打私人电话等；不得在监控室内会客；按照相关规定详细、规范地做好监控记录。

（5）非监控室人员不得随意进入监控室。

（6）保持监控室干净整洁，定期对主机附近的环境卫生进行吸尘工作，禁止在监控室内大声喧哗，水杯应放置在远离电器设备的地方；严禁携带易燃、易爆、有毒的物品进入监控室；严禁使用有干扰仪器正常运行的电子设备和使用电水壶等电器。

（7）监控室录像必须保留30天，如出现突发事件，监控室值班人员必须录制下来，录制的资料应妥善保存，未经允许，不得随意更改、删除原有资料。

（8）必须保守秘密，不得未经相关领导审批签字就私自主张并帮助监控室以外的人员回看录像内容；不得在监控室以外的场所议论有关录像的内容。

第二十七节　幼儿安全制度

为保障幼儿在园安全，防止造成事故伤害，特制定本制度。

一、预防幼儿走失

（1）幼儿离园时，老师要把幼儿交到家长手里，未经幼儿父母允许，不得将幼儿交给其他亲属或友人。如需他人代接幼儿的，必须与家长取得联系，核实代接人身份，并留下有效证件，写清代接协议，双方签字后方可接走幼儿。

（2）教育幼儿不离开集体，特别是外出散步、参观、户外活动时，老师要随时照顾到每个幼儿,幼儿要在老师的视线之内,老师要随时清点人数,缺少幼儿及时报告找回。

(3) 交接班时,要把幼儿人数向接班人员交代清楚,并详细填写交接班人数。

二、预防安全事故

(1) 上班时间要精神集中,不能擅自离开幼儿,不准做私事,如外出、串班、聊天、接打电话等;如有急事,应找人替班,替班教师应切实负起责任。

(2) 户外活动时,教师要注意安全,要求幼儿在规定的范围内游戏。教师要集中精力照顾幼儿,不得扎堆聊天,幼儿玩大型玩具时,教师必须在旁边照看,组织幼儿有秩序地玩,并教幼儿正确玩法。

(3) 房屋要定期检查,发现问题应及时处理。

(4) 活动前应检查游戏场地的安全和幼儿的衣着。对于游戏场地的大型玩具,每周定期检查一次,如有钉子露出、螺丝脱落等要停止使用,并及时报修。游戏场地周围不准有危险设施。

(5) 班级用的水果刀、手工剪刀、针、消毒液、药品要放在幼儿触摸不到的柜子里,用完及时收拾好。幼儿使用幼儿剪刀时,教师应提前交代使用方法。

(6) 要经常对幼儿进行安全教育,教育幼儿不能随便将物品放入嘴中,不能让幼儿玩棍棒、玻璃球、扣子、硬币以及有尖角和刀刃的物品。外出游戏时,禁止把树叶、野草、小石头往嘴里放。教师要经常检查幼儿是否携带不安全的物品,如小刀、铁钉、玻璃球等,一经发现,及时收回。特别是在幼儿入园、午睡时,老师要检查幼儿口袋是否有异物,防止存在安全隐患。

三、防止烫伤、烧伤事故

(1) 给幼儿提供水温适宜的饮用水。暖瓶、开水壶放在幼儿触碰不到的地方。

(2) 食堂出餐时控制好饭菜温度,教师在端饭进班时要求背入式进门,以免碰撞到幼儿。汤桶放置在幼儿触碰不到的位置,天热注意应及时给饭菜降温,不让幼儿吃太热的饭、菜、汤,以保证幼儿安全。

(3) 严禁让幼儿到食堂、电梯间取送餐具、食物等。

四、预防误服药和食物中毒

(1) 给幼儿喂药前要注意查对幼儿姓名、药名、时间;交班时,要把幼儿服药情况与接班人交代清楚,外用药和内服药要分开存放。

(2) 儿童带药必须妥善保管。

① 家长一定要亲自填写服药幼儿姓名、药名、剂量、时间,服药单和药袋要保留三天。

② 老师给幼儿服药只收一天的药量,不收汤药、无包装药、保健药和消炎药。

③ 服药的幼儿信息在交接本上写清楚并观察做好交接班记录。

(3) 食堂应注意食物存放及加工,防止食品中有异物(如钉子、虫子、玻璃碴等)。要注意生熟分开,禁止加工腐烂变质的食物,做好卫生消毒工作,预防传染病及食物中毒。

(4) 避免幼儿接触化学清洁剂和试剂,要求做好标识后放到幼儿碰不到的地方。

(5) 切实加强食品卫生管理,防止发生食物中毒。

① 在幼儿臼齿未完全萌出前,不应让吃整粒的瓜子、花生、豆子以及带骨、带刺、带核的食品。

② 培养幼儿良好的饮食习惯,进餐时保持安静,细嚼慢咽,防止吸入食物。

③ 教师要为幼儿创造良好的进餐环境。

第二十八节　午睡管理制度

为保障幼儿充足的睡眠及良好睡眠习惯的养成,以促进幼儿身心健康成长,特制定本制度。

(1) 教师须严格按照幼儿作息时间照顾幼儿午睡事宜。

(2) 值班教师要在就寝前仔细检查幼儿是否藏带异物上床，以免发生安全隐患；起床后要认真对幼儿进行午检，尤其在传染病流行季节更要仔细检查身体情况（外露皮肤、幼儿精神状态等）。

(3) 值班教师在幼儿午睡期间不得离开睡眠室，不得做与午睡管理无关的事情。

(4) 睡眠室须保持安静，任何人不得因任何事在睡眠室喧哗。

(5) 值班教师值岗时要根据季节变化提前为睡眠室开关窗户，保持室内适宜温度。

(6) 值班教师要照顾好幼儿午睡，帮助幼儿养成良好的睡眠习惯，教会幼儿掌握正确的穿脱衣物的方法及顺序。

(7) 午睡时，值班教师每10分钟巡视一次，认真观察幼儿入睡情况，并做到"一摸（幼儿体温是否正常）、二看（幼儿睡姿呼吸是否正常）、三盖被"等，特别关注体弱和带药幼儿，发现紧急情况要及时有效处理，严重时迅速报保健医和办公室。

第二十九节　宿舍卫生安全管理制度

为了加强教师宿舍安全管理，确保个人财产的安全，给教师创造安静、整洁、卫生、舒适的生活环境，特制定本制度。

(1) 爱护室内公共设施，如有损坏及时报修，故意破坏要做相应的赔偿。

(2) 执行轮流打扫卫生制度，值日生及时打扫卫生，勤通风，保持室内整洁；禁止在书桌床上堆放杂物，床上用品每天整理整齐。

(3) 自觉维护走廊及洗漱间等公共区域的卫生，禁止将方便面残渣、茶叶等废弃物倒入水池，以免堵塞管道。使用厕所后及时冲净，在宿舍内做到垃圾分类丢弃，日产日清。

(4) 禁止在室内非指定位置张贴、刻画、涂写；布置宿舍时禁止使用铁钉、油漆、刀具，禁止破坏房屋结构、墙面、门窗原貌，影响宿舍大楼整体形象。

(5) 节约用水电,禁止在楼内私拉电线,禁止使用大功率用电器(电热器、电饭煲等)及其他危及用电安全的电器。

(6) 每天晚上 10 点前必须回宿舍,如有事情不能回宿舍要提前和室友打好招呼。11 点之前必须入寝,在午休、自修时间及熄灯后,宿舍内不得大声喧哗、放音乐、弹奏乐器、打牌、下棋等影响他人学习和休息的活动。

(7) 不得带异性朋友进入宿舍,不得私自留宿他人。

(8) 外出锁好门窗,做好防火,防盗工作严防火警,火灾事故的发生。

第三十节　安全风险评估制度

为规范、完善幼教中心安全风险评估工作,提升安全风险综合预控能力,对重大事件实施可能出现的稳定风险先预测、先期评估、先期化解,充分尊重和运用预测评估结果,确保幼教中心各项工作的稳定,特制定本制度。

一、成立安全风险评估领导小组

组长:中心主任。

副组长:中心副主任(主管业务)、中心副主任(主管后勤)。

组员:教学部主任、教研部主任、办公室主任。

二、主要内容

(1) 在幼教中心发展中,事关教职工及幼儿切身利益的重大决策、重大政策、重大项目以及重大改革等都要进行稳定风险评估。

(2) 每个重大事项实施或出台前,由幼教中心安全风险评估领导小组成员按照客观、准备、公正、实效的原则进行预测和评估。

(3) 预测和评估:一是重大事项实施或出台的合法性,主要评估重大事项抉择和制定是否符合党的路线、方针、政策等法律、法规;二是合理性,是否存在引发教职工或幼儿家长集体上访或群体性事件的风险。

三、工作程序

(1) 确定评估对象，全面掌握情况，对拟定的每个重大事项都要通过深入细致的调查研究。

(2) 缜密分析预测，准确评估风险。

四、工作要求

安全风险评估领导小组成员要高度重视安全风险评估工作，充分认识建立幼教中心安全稳定风险评估机制的重要性和必要性。

第三十一节　假期干部值班制度

为了维护幼教中心正常秩序，保障幼教中心假期期间园所安全。根据上级关于落实领导干部主体责任及干部在岗带班的相关要求，特制定本制度。

(1) 假期期间，加强值班值守，严格落实24小时值班及干部在岗带班，选派政治素养高、责任心强、业务熟练的党员干部承担值班任务，充分发挥党员的模范带头作用。

(2) 值班人员严格落实疫情防控个人责任，上岗前做好自身健康监测，如出现发热、咳嗽等症状或有特殊情况不能到岗时，须提前上报园领导待批准后自行调换值班人员。

(3) 值班人员准时到岗，做好值班值守工作，不迟到，不早退，认真履行职责。

(4) 值班人员严格落实园所封闭式管理，园内闭环管理要求，园外无关人员不得进入园所；确需进入园所的，须上报中心主任，经批准后查验健康宝、行程绿码、体温测量、来访登记、手部消毒后方可入园。

(5) 值班人员手机保持24小时开机状态，确保信息渠道畅通。

(6) 值岗期间值班人员要提高警惕，上、下午各一次巡视检查园内及重点部位,对门卫保安人员值守情况进行检查指导,在检查过程中发现情况或遇紧急情况、突发事件时要根据应急处置流程处理并及时向园领导及有关部门上报,妥善应对,不得出现迟报、漏报、瞒报。

(7)值班人员要加强日常安全巡查力度,根据要求准备好相关材料,随时迎接"四不两直"专项检查。

(8)值班人员必须详细做好值班记录,如有突发事件及时向上级领导汇报。必要时中心领导先口头上报上级单位,在2小时内写出书面情况并积极处理问题的同时等待上级部门的指示。

(9)春节假期期间,值班人员要对园区周边加强巡视,尤其对违反《北京市烟花爆竹安全管理规定》者,必须制止并拨打保卫处电话报警。

(10)值班期间如遇特殊天气时要与值班安全员一同查看全园各处,发现问题及时上报解决,防止事故的发生。

(11)值班人员离岗前做好室内的安全检查,关好水、电、门窗后方可离园。

第三十二节 交通安全管理制度

为创建平安校园,加强幼教中心机动车管理,保障良好的教育教学和幼教中心环境秩序,确保师幼安全,防止交通事故的发生,特制定本制度。

(1)幼教中心交通安全管理坚持教育优先、管教结合、遵章守纪的原则。主要任务:通过多种形式教育师生认真学习、熟悉掌握交通安全基本常识,牢固树立交通安全意识,养成自觉遵守交通规则的良好习惯,做遵纪守法的模范。

(2)定期进行交通安全宣传教育。利用线下、线上及幼儿园宣传栏等多种平台,开展交通安全讲座、交通安全知识问答、发放家长一封信等,多角度多渠道开展交通安全宣传教育。

(3)每学期幼教中心与全体教职工签订交通安全责任协议书,严格落实主体责任,强化安全意识,园方依据《中华人民共和国道路交通安全法》对教职工提出相关要求。

① 步行时,务必走人行道;通过路口时,须按照路口指示灯提示走人行横

道、过街天桥及地下通道。

②骑行时,须注意在非机动车道上行驶;骑行时,不猛拐、猛停,不飙车、不追逐、不并排、不带人、不逆行。

③搭乘机动车时,有序上下车,遵守车厢规定,不将身体的头、手等部位伸出车外。

④教职员工开私家车上下班,须严格执行北京市交通安全管理条例中的相关要求,坚决杜绝酒驾及无证驾驶。

(4) 完善园门口道路交通安全设施。设置防冲撞隔离设施、安全警示牌、交通标志标牌标线、人行设施和减速带等交通安全设施,提醒机动车辆注意减速慢行。

(5) 根据相关要求,教职员工须在上、下学时段协助维护校园门口秩序,园内安排好值班人员,实行无缝隙管理,并做好值班记录。

(6) 机动车未经允许不得进入校园。允许进入校园的机动车辆,必须按规定线路慢行和规定地点停放,避免在园内发生交通事故。

(7) 距离幼儿园大门、路口、消防水栓15米内禁止停放各种车辆,确保消防通道的畅通。

(8) 加强幼儿交通安全教育,充分利用班级安全墙及每月的安全教育活动让幼儿了解基本的交通规则,认识常见的交通标志,养成自觉遵守交通规则的意识,提高自我安全防护能力。

第三十三节　消防安全管理制度

为创建平安校园,加强幼儿园安全管理,保障良好的教育教学和幼教中心环境秩序,确保师幼安全,防止消防安全事故的发生,特制定本制度。

(1) 每周由园领导带领安全领导小组成员对园内消防安全及设备设施等各项安全工作进行安全自查并形成自查报告,发现问题及时解决。

(2) 定期组织全园教职工进行消防安全技能培训及消防疏散演习,加强"一警六员"实操实训,提升全体教职员工应急处置能力。

(3)重视消防安全,增强消防安全意识。一旦有火情,人人都要自觉参与扑火。全园教职工执行"一岗双责",严格落实安全责任,管理好各自使用的场所、电器,谁使用谁负责,责任落实到人。

(4)每学期开学前检查水、电设施,请燃气公司人员对食堂的燃气管道,燃气探头、报警器等进行检查,定期保养维护。

(5)食堂人员在进行点火操作时,必须严格按照食堂操作规范进行操作,不得离开灶台。若发现煤气泄漏应及时关闭气源并报修。

(6)教职员工上班期间要做到人走断电,下班前必须拔掉电源插头,关闭电扇、空调、录音机、一体机等电器设备,做好离园检查,填写安全检查记录。

(7)定期检查电线线路、开关、插座等用电安全,严禁使用不合格的用电装置,禁止超负荷用电;灯泡和胶枪等不得靠近易燃物。园内严禁电动车充电,教师手机充电时必须要有人在场,避免长时间充电引发火灾。

(8)安全员负责定期检查和更新消防器材设备,保证设备设施的正常使用。

(9)在风干物燥、火情易发的春、秋、冬季节,保洁要每天随时清理可燃物、易燃物、堆积物、垃圾等,要始终保持园内环境卫生,坚决预防和遏制火灾事故的发生。

(10)门卫每晚须对全园进行安全巡视,检查门窗、电源、电器情况。并做好相关记录。

(11)园内及周边区域按有关规定不得燃放烟花爆竹,幼儿园内严禁吸烟,防止发生火灾事故。

(12)教师宿舍严禁使用电炉、电热褥、电热棒、电取暖器等具有危险性的用电器及大功率的用电设备。

(13)严禁私接电源和插座,严禁改动电气线路等。

(14)加强幼儿消防安全教育,充分利用班级安全墙及每月的安全教育课让幼儿了解基本的消防安全知识,增强自我保护意识,学习火灾自救的方法,提高自我安全防护能力。

第八章 食堂工作管理

第一节 食品安全组织机构和职责

为了有效控制食品安全事故的发生,进一步明确食品安全管理责任,成立以下食品安全管理组织机构。

一、食品安全领导小组成员

组长:中心主任。

副组长:中心副主任(主管后勤)、中心副主任(主管业务)。

成员:保健主任、食堂班长、保健医、食堂食品安全管理员。

二、食堂安全领导小组职责

组长:食品安全管理总责任人,负责全面食品安全管理工作。

副组长:负责落实具体各项食品安全管理工作。

组员:严格按餐饮单位卫生监督量化分级评价表对食堂工作进行监管,发现问题立即纠正。

三、食品安全领导小组要求

(1)严格监督执行《中华人民共和国食品安全法》,加强食堂安全管理,认真做好检查记录。

(2) 加强每天对食品验收、加工、制作等环节及各类相关记录的监督和检查,对违反食品安全操作的人员予以严肃处理,保证各类食品加工各环节的卫生与安全。

(3) 加强对食品从业人员的培训,掌握专业知识,增强法律意识。

第二节　食品安全自查和检查制度

为避免食品安全事故的发生,加强检查各项管理的落实情况,保证师生员工的人身安全,特制定本制度。

(1) 依照法律、法规和食品安全标准从事生产经营活动,对社会和公众负责,采取有效管理措施,保证食品安全,接受社会监督,承担社会责任。按照许可范围依法经营,并在就餐场所醒目位置悬挂或者公示餐饮服务许可证、从业人员健康证、供货商资质等相关内容。

(2) 建立健全食品安全管理制度,并装裱上墙张贴在相应功能区;建立食品安全管理组织机构,配备专职或者兼职经过培训合格的食品安全管理员,对餐饮服务经营全过程实施内部检查管理并记录,落实责任到人和员工奖罚制度管理,积极预防和控制食品安全事件,严格落实监管部门的监管意见和整改要求。

(3) 食品安全管理员须认真按照职责要求,组织贯彻落实管理人员和从业人员食品安全知识培训、员工健康管理、索证索票、餐具清洗消毒、综合检查、设备管理、环境卫生管理等各项食品安全管理制度,并进行相关记录,备查。

(4) 制订定期或不定期食品安全检查计划,采用全面检查、抽查与自查形式相结合,实行层层监管,主要检查各项制度的贯彻落实情况。

(5) 食品安全管理员每天在操作加工时段至少进行一次食品安全检查,检查各岗位是否有违反制度的情况,发现问题,及时告知改进,并做好食品安全检查记录备查。

(6) 各岗位负责人、主管人员每天开展岗位或部门自查,指导、督促、检查员工进行日常食品安全操作程序和操作规范。

(7) 食品安全管理组织及食品安全管理员每周1~2次对各餐饮部位进行全面现场检查,同时检查各部门的自查记录,对发现问题及时反馈,并提出限期改进意见,做好检查记录。

第三节　食品采购索证验收管理制度

为加强对厨房各类食材采购的管理,明确和规范食品库的验收和出入库手续,防止采购劣质食品而导致的食品安全事故,特制定本制度。

(1) 应当建立食品、食品原料、食品相关产品(一次性餐用具等食品容器、包装材料和食品用工具、设备、洗涤剂、消毒剂等)的索证索票、进货查验和采购记录制度,确保所购原料符合食品安全标准,并便于溯源。不得采购没有相关许可证、营业执照、产品合格证明文件、动物产品检疫合格证明等证明材料的食品及食品相关产品。

(2) 采购食品及食品相关产品应当通过学校后勤处物资采购招标小组签批的中标单位采购,采购前应与供应商签订包括保证食品安全内容的采购供应合同,同时须查验留存供货商资质证明(许可证、营业执照)。

(3) 从供应商进行食品采购时,应索取、留存产品检验合格证明(生肉禽类应有检验合格证明)或有供货方盖章(或签字)的购物凭证。购物凭证应当包括供货方名称、产品名称、产品数量、送货或购买日期发票、收据、进货清单等内容。

(4) 应当建立台账(采购记录),按格式如实记录产品名称、规格、数量、生产批号、保质期、供货者名称及联系方式、进货日期等内容,并将进货清单或票据粘贴在台账指定区域。

(5) 应当按照产品品种、进货时间先后次序有序整理、保存采购记录及相关资料,记录、票据的保存期限不得少于两年。

(6) 采购食品时应进行感观检查,不得采购腐败变质、掺杂掺假、霉变生虫、污染不洁、有毒有害、有异味、超过保质期限的食品及原料,以及外观不洁、破损、包装标签不符合要求或不清楚、来源不明、病死或死因不明的畜禽、水产及其制品加工食品。

（7）预包装食品及食品添加剂标签要求应符合《中华人民共和国食品安全法》的相关规定。

第四节　食品库房管理制度

为加强幼教中心食品卫生安全和食品库安全，保证食品库的卫生环境符合食品储存要求，保证食品安全，特制定制本度。

（1）应当依法按照保证食品安全的要求贮存食品。食品与非食品库房应分开设置，食品仓库内不得存放有毒有害物质（如杀鼠剂、杀虫剂、洗涤剂、消毒剂等），不得存放个人物品和杂物。

（2）设专人负责管理，并建立健全采购、验收、发放登记管理制度。做好食品数量质量出入库登记，做到先进先出，易坏先用。腐败变质、发霉生虫等异常食品和无有效票证的食品不得验收入库。对入库食品的生产日期、保质期、过期日期进行登记，及时检查和清理变质、超过保质期限的食品并做好相关记录。

（3）主食、副食宜分区（或分库房）存放。各类食品按类别、品种分类、分架摆放整齐，做到离地 10 厘米、离墙 10 厘米存放于货柜或货架上。

（4）除冷冻（藏）库外的库房应有良好的通风、防潮、防鼠、防虫、防蝇、防蟑螂等设施（如纱窗、排风扇、防鼠网、挡鼠板等），保持通风干燥。定期清扫，保持仓库清洁卫生。

（5）散装食品应盛装于容器内，并在贮存位置标明食品的名称、生产日期、保质期、生产者名称及联系方式等内容（供应商提供）。

（6）肉类、水产、蛋品等易腐食品须冷藏储存。用于保存食品的冷藏设备，须贴有明显标志（原料、半成品、成品、留样等）。肉类、水产类分柜存放，生食品、半成品、熟食品分柜存放，不得生熟混放、堆积或挤压存放。

（7）冷藏设备的数量应满足生熟分开存放的要求，并保持食品安全所需的冷藏温度，冷藏设备应定期除霜、清洁和保养，保证设施正常运转。冷冻（藏）库应设可正确指示库内温度的温度计，宜设外显式温度（指示）计。

(8)贮存、运输和装卸食品的容器、工具和设备应当安全、无害,保持清洁,防止食品污染。不得将食品与有毒、有害物品一同运输。

(9)库房设置退货区,有符合退货条件的食品应及时退货。

第五节　食品退货制度

为保证幼儿食品安全,根据《中华人民共和国食品安全法》和《中华人民共和国消费者权益保护法》中相关法律法规,制定本管理制度,凡在食品验收过程中出现下列情况,一律当场退货。

(1)所供肉类不新鲜,或未提供动物检疫合格票,未按指定时间及品牌送货。

(2)所供蔬果每月未提交国家果蔬检测报告,或未按指定时间及品牌送货。

(3)所供副食品的货品不新鲜,外包装破损,生产日期临近过期日期等情况,或未按指定时间及品牌送货。

(4)所供奶制品生产日期临近过期日期,或未提供检测报告。

(5)所供海产品的货品不新鲜,外包装破损,或未提供检测报告。

(6)所供食品发现有霉烂变质等情况,或价格高于市场的同种品牌,同等质量的商品价格。

第六节　粗加工管理制度

为规范食堂粗加工、切配管理工作,保障师生餐饮卫生安全,根据《中华人民共和国食品安全法》和《中华人民共和国食品安全法实施条例》等法律法规,特制定本制度。

(1)食品原料粗加工必须在粗加工间(区域)内操作,排水沟出口设置防鼠类侵入的网眼孔径小于6毫米的金属网罩,应有效消除老鼠、蟑螂、苍蝇及其他有害昆虫。

(2)分设肉类、水产类、蔬菜原料加工洗涤区或池,并有明显标志。食品原料的加工和存放要在相应位置进行,不得混放和交叉使用,加工肉类、水产类的操作台、用具和容器与蔬菜分开使用,并要有明显标志。

(3) 粗加工前应认真检查待加工食品,发现有腐败变质、超过保质期或者其他感官性状异常的,不得加工和使用。

(4) 蔬菜类食品原料要按"一择、二洗、三切"的顺序操作,彻底浸泡清洗干净,做到无泥沙、杂草、烂叶及异物。

(5) 肉类、水产品类食品原料的加工要在专用加工洗涤区或池进行。禽蛋在入库前进行倒箱,使用前应对外壳进行清洗,必要时进行消毒。

(6) 切配好的半成品应及时添加盖布,盖布需按分类使用,有标识面为正面,需朝上覆盖,避免受到污染,与原料分开存放,并应根据性质分类存放。切配好的半成品应在规定时间内使用。

(7) 做到刀不锈、砧板不霉,定位存放,整齐有序,保持室内清洁卫生。加工结束后及时清洁地面、水池、加工台、工用具、容器,切菜机、绞肉机等机械设备用后拆开清洗干净以备再次使用。

(8) 垃圾分类丢弃,随产随清,垃圾桶每日清洗,保持内外清洁卫生。

(9) 不得在加工清洗食品原料的水池内清洗拖布。

第七节 烹调加工管理制度

为规范食品烹调加工管理工作,保障师生餐饮卫生安全,根据《中华人民共和国食品安全法》和《中华人民共和国食品安全法实施条例》等法律法规,特制定本制度。

(1) 在制作加工前对照带量食谱及幼儿出勤人数,核对食材种类及数量。在加工过程中检查待加工的食品及食品原料,发现有腐败变质或者其他感官性状异常的,不得加工或者使用。用水水质应符合GB5749《生活饮用水卫生标准》规定。

(2) 熟制加工的食品要烧熟煮透,并进行食品中心温度测量,其中心温度不低于70℃。谁制作谁测量,并完成记录。

（3）直接入口熟食品须盛放在经过消毒的容器或餐具内。用于餐饮加工操作的工具、设备必须无毒无害，标志或者区分明显，并做到分开使用，定位存放，用后洗净，保持清洁。

（4）油炸食品时避免温度过高、时间过长，防止外焦里生，随时清除煎炸油中漂浮的食物碎屑和底部残渣，煎炸食用油不得连续反复煎炸使用。

（5）烹调后至食用前需要较长时间（超过 2 小时）存放的食品，应及时采用高于 60℃热藏或低于 10℃冷藏（冷藏的熟制品应当在冷却后及时冷藏）。需要冷藏的熟制品，应尽快冷却后再冷藏，冷却应在清洁操作区进行，并标注加工时间等。

（6）应当将直接入口食品与食品原料或者半成品分开存放，半成品应当与食品原料分开存放；不可混放和交叉叠放。

（7）用于烹饪的调味料盛放器皿应保持清洁，外侧用便签纸标注调料名称、生产日期或倒瓶的具体时间、保质期或使用时限、储存条件。保证调料内无异物，使用后随即加盖或苫盖，不得与地面或污垢接触。

（8）灶台、抹布用后清洗消毒，保持清洁。每两个月请专业人员对烟道进行清理。

（9）工作结束后工具、用具清洗消毒，定位存放；灶上、灶下地面清洗冲刷干净，不留残渣、油污，不留卫生死角，及时清除垃圾。

第八节　面食糕点制作管理制度

为规范食品烹调加工管理工作，保障师生餐饮卫生安全，根据《中华人民共和国食品安全法》和《中华人民共和国食品安全法实施条例》等法律法规，特制定本制度。

（1）加工前要检查各种食品原料，如米、面、黄油、果酱、果料、豆馅儿以及做馅儿用的肉、蛋、水产品、蔬菜等，如发现生虫、霉变、异味、污秽不洁的不能使用。对照带量食谱及幼儿出勤人数，核对食材种类及数量。

（2）做馅儿用的肉、蛋、水产品、蔬菜等原料要按照粗加工管理制度的要求加工,蔬菜要彻底浸泡清洗,易于造成农药残留的蔬菜浸泡时间 20 分钟左右,然后冲洗干净。

(3) 各种工具、用具、容器生熟分开使用,用后及时清洗干净定位存放,避免生熟混放。

(4) 含奶、蛋的面点制品应当在 10℃以下或 60℃以上的温度条件下储存。

(5) 各种食品加工设备,如绞肉机、压面机、和面机、饺子机等用后及时清洗干净,定期消毒。设备在未使用的情况下应苫盖,苫盖物有正反面标识并保持清洁。各种用品如盖布、笼布、抹布等要洗消晾干备用。

(6) 每餐之后应清理蒸箱底部加入的水,保持内部清洁,再次使用蒸箱时,重新放水。

(7) 加工结束后,及时清理面点加工场所,做到地面无污物、残渣、面板清洁,各种容器、用具、刀具等清洁后定位存放。

第九节　从业人员健康管理制度

为保证食品生产安全,预防传染病的传播和食源性疾病的发生,保证师生的饮食安全,根据《中华人民共和国食品安全法》等相关法律法规,对食品从业人员实施统一的健康管理,特制定本制度。

(1) 从业人员每年必须按时进行健康检查,新参加工作和临时参加工作的从业人员必须先进行健康检查,取得健康合格证明后方可上岗,不得先上岗后体检。

(2) 患有痢疾、伤寒、甲型病毒性肝炎、戊型病毒性肝炎等消化道传染病的人员,以及患有活动性肺结核、化脓性或者渗出性皮肤病等有碍食品安全疾病的人员,应立即调离岗位。

(3) 应依法建立从业人员健康档案管理制度,对从业人员健康状况进行日常监督管理,及时组织健康年检及新上岗人员健康检查,组织每日人员晨检并做好记录,督促以上"五病"人员调离。

(4) 要坚持四勤(勤洗手、剪指甲;勤洗澡、理发;勤换衣服;勤洗换工作服、帽)。

（5）从业人员必须认真学习有关法律法规，掌握本岗位要求，养成良好的卫生习惯，严格规范操作。接触食品时，应当将手洗净，穿戴清洁的工作衣、帽；头发梳理整齐置于帽后，佩戴口罩。不得用手抓取直接入口食品或用勺直接尝味，用后的操作工具不得随处乱放。

（6）严格按规范洗手。工作人员操作前、便后以及进行与食品无关的其他活动后应洗手，按消毒液使用方法正确操作。

（7）工作人员不得留过长头发、长指甲、涂指甲油、戴戒指、耳环等饰物。不得面对食品打喷嚏、咳嗽，不得在食品加工场所或销售场所内吸烟、吃东西、随地吐痰、穿工作服如厕及存在其他有碍食品安全的行为。

第十节　从业人员食品安全知识培训制度

为了使食堂人员不断提高对食品安全的认识，进一步增强遵守规章制度和规范操作的自觉性，避免食品安全事故的发生，特制定本制度。

（1）应依照《中华人民共和国食品安全法》的相关规定组织职工参加食品安全知识培训，学习食品安全法律、法规、规章、标准和食品安全知识，明确食品安全责任，并建立培训档案。

（2）应当依照《餐饮服务食品安全监督管理办法》第十一条的规定，加强专（兼）职食品安全管理人员食品安全法律法规和相关食品安全管理知识的培训。

（3）从业人员必须接受食品安全知识培训并经考核合格后，方可直接从事餐饮服务工作。从业人员包括餐饮业和集体用餐配送单位中从事食品采购、保存、加工、供餐服务等工作的人员。

（4）食品安全管理人员应认真制订培训计划，定期组织有关管理人员和从业人员（含新参加和临时人员）开展食品安全知识、食品安全事故应急及职业道德培训，使每名员工均能掌握岗位食品安全知识及要求。

（5）培训方式以集中授课与自学相结合，定期考核，不合格者应待考试合格后再上岗。

（6）建立从业人员食品安全知识培训档案，将培训时间、培训内容、考核结果等有关信息记录归档,并明细每人培训记录,以备查验。

第十一节　餐饮具清洗消毒保洁管理制度

为规范餐饮具清洗消毒保洁工作,保障师生饮食安全,根据《中华人民共和国食品安全法》和《中华人民共和国食品安全法实施条例》等法律法规,特制定本制度。

(1) 应当依照《中华人民共和国食品安全法》的相关规定,餐具、饮具和盛放直接入口食品的容器、工具使用前应当按照要求洗净消毒,不得使用未经清洗、消毒的餐饮具。

(2) 直接入口使用的餐饮用具、清洗餐饮具的洗涤剂、消毒剂必须符合国家有关卫生标准并按要求留存票证。

(3) 设置专用的餐饮具清洗、消毒、保洁区域(或专间)及设备,餐饮具清洗消毒水池应专用,不得与清洗食品原料、拖布等混用。采用化学消毒的,至少设有3个专用水池。采用人工清洗热力消毒的,至少设有2个专用水池。各类水池应以明显标识标明其用途。

(4) 《餐饮具清洗消毒保洁方法》应张贴上墙,从业人员必须掌握正确的清洗消毒方法。严格按照"除残渣、洗涤剂洗、清水冲、清水洗、流动水冲、热力消、保洁"的顺序操作。餐饮具应首选热力方法进行消毒,消毒温度达到热力消毒温度120度以上作用30分钟。使用化学药物消毒的应至少用"一冲刷、二消毒、三冲洗"的程序进行,并注意要彻底清洗干净,防止药物残留。清洗消毒时应注意防止污染食品。

(5) 消毒后的餐饮具应表面光洁、无油渍、无水渍、无异味、无泡沫、无不溶性附着物,并符合有关消毒卫生标准。每月由食堂班长对餐饮用具进行25次ATP检测,并完成记录。

(6) 清洗消毒后的餐饮具,应及时放入专用密闭式餐饮具保洁柜(间)保存,避免再次受到污染。保洁柜有明显"已消毒"标记,柜内洁净、干爽,不得存放其他物品。已消毒和未消毒的餐饮具应分开定位存放。

(7)每餐收回的餐饮具,要立即进行清洗消毒,不隔餐隔夜。洗刷消毒结束,应及时清理卫生,做到内外清洁。

(8)应定期检查消毒设备、设施是否处于良好状态,采用化学消毒的应定时测量有效消毒浓度。

第十二节　餐厅卫生管理制度

为加强饮食卫生管理,保证食品卫生,防止食品污染和有害因素对儿童的危害,保障儿童身体健康,特制定本制度。

(1)就餐场所要保持整洁,餐前要按清洗—清毒—清洗步骤进行消毒桌面,就餐时不得清扫地面。

(2)发现或被告知所提供食品确有感官性状异常或可疑变质时,应当立即撤换该食品,并同时告知有关备餐人员,备餐人员要立即检查被撤换的食品和同类食品,做出相应处理,确保供餐安全。

(3)分发直接入口食品要使用专用工具分别传递食品,专用工具要消毒后使用,定位存放。开饭老师与主班老师应分开(专人、专用工具),防止污染。

(4)供教师自取的调味品,要符合食品安全所必需的贮存和使用要求。

(5)必须使用消毒后的餐饮具,未经消毒的餐饮具不得分发使用。

(6)设有充足的用餐者专用洗手设施,有符合要求的餐具保洁设施,提供的毛巾、餐巾等应符合食品安全要求。

(7)端菜手指不接触食品,分餐工具不接触就餐者,用过的餐饮具及时撤回,并清洁桌面。

(8)及时做好桌面、桌椅及地面的清扫工作,盛装垃圾的容器应密闭,垃圾及时处理,保持整洁卫生。

(9)严格按照餐厨垃圾管理要求,收集处理废弃油脂。

第十三节　食品留样管理制度

食品留样,是预防教职工和幼儿食品中毒的有效措施,是检验是否食物中毒的重要依据,为确保师生食品卫生安全,特制定本制度。

(1) 幼教中心每餐次的食品成品应留样。

(2) 每餐、每个品种留样量不少于125克,应分别盛放于清洗消毒后的密闭专用容器内,在冷藏条件下存放48小时以上。

(3) 留样食品取样不得被污染,贴好食品标签,待留样食品冷却后,放入0~10℃专用冰箱内,并标明留样时间、餐次,并记录留样食品名称、留样量、留样时间、留样人员、审核人员等。

(4) 留样食品必须按期限要求保留,进餐者如有异常,立即封存,送食品安全检测部门查验。

(5) 食品留样冰箱为专用设备并随时上锁,严禁存放与留样食品无关的物品。

(6) 留样食品存放和过期留样食品处理及相关登记由专人负责。

(7) 食堂班长每日对留样情况进行复核并签字。

(8) 中心主任,中心副主任(主管后勤)、保健医定期或不定期进行监督检查。

第十四节　食品用具设备、设施管理制度

为规范食品用具设备、设施管理,保障师生饮食安全及食堂人员操作安全,根据《中华人民共和国食品安全法》和《中华人民共和国食品安全法实施条例》等法律法规,特制定本制度。

(1) 食品处理区应按照原料进入、原料处理、半成品加工、成品供应的流程合理布局设备、设施,防止在操作中产生交叉污染。

(2) 配备与餐饮服务的食品品种、数量相适应的消毒、更衣、盥洗、采光、照明、通风、防腐、防尘、防蝇、防鼠、防虫、洗涤以及处理废水、存放垃圾和废弃物

的设备或设施。主要设施宜采用不锈钢,易于维修和清洁。

(3) 有效消除老鼠、蟑螂、苍蝇及其他有害昆虫及其滋生条件。加工与用餐场所(所有出入口),设置纱门、纱窗、门帘或空气幕,如木门下端设金属防鼠板,排水沟、排气、排油烟出入口应有网眼孔径小于6毫米的防鼠金属隔栅或网罩;距地面2米高度可设置灭蝇设施;采取有效"除四害"消杀措施。

(4) 配置方便使用的从业人员洗手设施,附近设有相应清洗、消毒用品、干手设施和洗手消毒方法标示。

(5) 食品处理区应采用机械排风、空调等设施,保持良好通风,及时排除潮湿和污浊空气。

(6) 用于加工、贮存食品的工用具、容器或包装材料和设备应当符合食品安全标准,无异味、耐腐蚀、不易发霉。食品接触面原则上不得使用木质材料(工艺要求必须使用除外),必须使用木质材料的工具,应保证不会对食品产生污染;加工直接入口食品的宜采用塑胶型切配板。

(7) 各功能区和食品原料、半成品、成品操作台、刀具、砧板等工用具,应分开定位存放使用,并有明显标识。

(8) 送餐车辆应保持清洁,每次运输食品前应进行清洗消毒,食品添加盖布,在运输装卸过程中也应注意保持清洁,运输后进行清洗,防止食品在运输过程中受到污染。不得将食品与有毒、有害物品一同运输。

(9) 应当定期维护食品加工、贮存、陈列、消毒、保洁、保温、冷藏、冷冻等设备与设施,校验计量器具,及时清理清洗,必要时消毒,确保正常运转和使用。

第十五节　餐厨废弃物和废弃油脂处置管理制度

为加强本市餐厨垃圾处理的管理,防止"地沟油"流入餐饮服务环节,保障师生食品安全和身体健康,特制定本制度。

(1) 安排专人负责本单位餐厨废弃物和废弃油脂的处置、收运、台账管理工作。

(2) 建立厨房废弃物和废弃油脂管理台账记录,将餐厨废弃物和废弃油脂分类放置，做到日产日清。

（3）禁止将餐厨废弃物和废弃油脂交给未经相关部门许可或备案的餐厨废弃物收运、处置单位或个人处理；与有资质的处置单位或个人签订合同，并索取其经营资质证明文件复印件。

（4）餐厨废弃物和废弃油脂应当实行密闭化运输，运输设备和容器应当具有餐厨废弃物和废弃油脂标识，整洁完好，运输中不得泻漏、撒落。

（5）建立餐厨废弃物和废弃油脂产生、收运、处置台账，详细记录餐厨废弃物和废弃油脂的种类、数量、去向、用途等情况。

第十六节　食堂设备检修维护制度

为确保食堂设备正常运行和延长使用寿命，保证操作人员使用安全，必须合理使用、安全操作、维护保养、正确维修，特制定本制度。

（1）厨房设备，如绞菜机、和面机、饺子机等要安装保护装置。

（2）设备的使用要按照说明书的说明进行操作。

（3）严格按设备性能和工作原理进行操作，不能滥用。

（4）对复杂设备的使用，应在显眼处表明操作程序和注意事项。

（5）使用设备前，要检查电器开关和保险装置是否完好。若有损坏或短缺时，采取相应的措施。

（6）电器不能放在潮湿的地方。如果电器有水，立即切掉电源将水擦干。

（7）厨房人员必须遵守安全规则，使用设备时注意力集中，工作时不得擅自离开开动的机械设备，一旦发现设备运行异常，要立即停机检查，分析原因并采取有效措施排除故障。

（8）非工作人员不得擅自使用。

（9）厨房班长要经常检查设备的使用情况，有问题及时上报及时维修。

（10）机械及电器使用完毕后清洗干净，并放回原处。

（11）如厨房设备出现故障及时与厂家联系维修，不得擅自拆除机械零配件。

第十七节　电器、机械设备安全操作规程

为了规范食堂安全管理,确保工作人员生命财产安全,结合幼教中心食堂实际情况,特制定以下安全操作规程。

一、电饼铛操作规程

(1) 使用前,要检查及其电源线路、开关、接地线是否完好无损,确认无异常方可使用。

(2) 要保持铛体清洁干净,但严禁用水冲洗。

(3) 不要放置在潮湿的地方,要远离电闸盘、电插座。

(4) 使用过程中,如绿灯长时间不灭,说明设备出现故障,须请专业人员检查修理。

(5) 使用完毕,关掉开关,断开总电源,以免发生意外。

二、和面机操作规程

(1) 和面机必须由专人负责保养和操作。

(2) 使用前,要检查机器各部件、电源线路、开关、接地线等是否完好无损,各防护罩是否齐全,并对机器上需注油处加油后进行试运转,无常现象后方可投入使用。

(3) 严禁超负荷运行,和面量不准超过机器的额定量。

(4) 机器运转时,必须盖好面斗盖子,严禁无盖运转;严禁将手臂伸入和面机的面斗内,进行入料、出料等操作时,不许在停机关闭总电源状态下进行。

(5) 遇到机器油异常时,应立即停机并切断电源,请机修人员检修,故障排除后,方可投入运行。

(6) 机器运转时,操作人员要坚守岗位,不准擅离职守,更不能打闹说笑。

(7)用完后,停机断开电源,将面斗内清理干净;清理时,严禁用水直接冲洗机器。

三、面条机安全操作规程

(1)机器的操作人员必须熟悉机器性能,并熟练掌握机器操作要领。

(2)开机前,须经下列检查,确认无误后,方可开机操作。

① 机器应平稳固定在较安全的地方;

② 放置面条的筐箩应放在操作者的左后方;

③ 机器的电源线路、接地线安装应符合规定且完好无损,所有带电部位均应无外露现象;

④ 机器各零部件应完好无损,所有带电部位均应无外露现象;

⑤ 机器所有转动部位不应有异物及障碍物。

(3)开机时应注意下列事项。

① 始终保持精神集中,严禁闲谈、打闹、说笑;

② 操作者的身体,特别是手部要注意与机器的传动或转动部位保持安全距离,严禁用手或其他物体接触或伸入转动部位进行清理工作;

③ 一旦发现机器有异常现象,应立即停止切断电源,并报告有关人员修理。

(4)必须在停机断开电源关闭总闸后进行如下工作。

① 装卸切面丝刀;

② 清理与清扫机器;

③ 修理或排除机器故障。

四、榨汁机安全操作规程

(1)必须有专人负责保养和操作。

(2)使用前,应首先检查机器各部位有无异常,机器的电源线、开关、接地线等是否完好无损,确认无误后方可投入使用。

(3)在操作机器时,操作者要集中精力,不准打闹说笑,不准用手在榨汁机上拨料。

(4) 遇到机器有异常或出现故障时,应立即停机并切断电源,请机修人员修好后,方可投入运行。

(5) 工作完结后,要及时关闭电源,清理机器和现场卫生。

五、蒸饭箱操作规程

(1) 必须有专人负责保养与操作。

(2) 在使用电热蒸饭时,检查电器线路是否良好;箱体水位是否正常;检查正常后,方可接通电源;不可无水通电。先将冷水烧开后放米盘,并检查自动进水装置是否正常,待水煮沸后,再放入煮物蒸煮。

(3) 使用燃气蒸饭时,首先接通水源,检查箱体水位是否正常,然后点火,打开鼓风机开关即可。

(4) 用完后立即停机关电源,清洗干净。

六、消毒柜安全操作规程

(1) 使用前认真检查电源线路、开关、接地线是否完好,确认完好无损后,方可投入使用。

(2) 开机前调整好所需温度及消毒时间(消毒需在127℃下作用30分钟)。

(3) 在操作过程中,开关门要轻,堆放餐具不能用力碰撞,以免电阻丝折断或电源短路伤人。

(4) 餐具放入柜前洗净,且倒掉余水,餐具数量要适量,以免损坏设备。

(5) 消毒柜内要经常清理,保持清洁干净,但不要用水或腐蚀性的清洁剂清洗。

(6) 使用完毕后,切断电源,防止空运转。

七、饺子机操作安全规程

(1) 使用前应仔细阅读使用说明书,并严格按要求去做。

(2) 使用前应首先检查电气线路是否完好无损,是否有破损缠绕,然后接通电源。

(3) 避免机器反方向运转。

(4) 加面时,禁止用手按压,不要触及螺旋推进器和付滚;若饺子因粘模而被向上带时,不可用手去扒以防造成事故。可停机清理,加足干面粉即可排除。

(5) 在擦洗过程中应注意先拔掉电源,然后清洗。

(6) 调馅儿时,不要让大块肉混入馅儿内,使机器损坏。馅儿要搅拌均匀,否则会影响包含质量。和面时应避免硬渣及异物,否则会影响饺子机的安全使用。

(7) 冷却水管安装:将软管插入接口安装牢固,将接口塑料套向后压紧就可以取下。

八、厨房灶具安全操作规程

(1) 要定期对烟道和排油烟机进行清洗,及时清除油污。

(2) 若发现问题及时与燃气公司联系。

(3) 使用后及时关闭燃气阀门,由专人负责,定期检查点火开关等部位,排除漏气隐患。

(4) 使用锅灶时,操作人员不得接电话、聊天等。

(5) 炉灶用后要关好煤气,离园前由值班员检查。

九、绞肉机操作规程

(1) 必须有专人负责操作和保养。

(2) 使用前,应首先检查机器各部位有无异常,机器的电源线、开关、等是否完好无损,确认无误后方可投入使用。

(3) 操作机器时,操作者精神要集中,不准打闹说笑;禁止戴手套操作,不准用手在绞肉机上拨料。

(4) 加工过程中发现肉块塞住,应立即停机,关闭电源,待人工将肉条清理后再开机操作。

(5) 工作完结后及时关闭电源,清理机器各部位和现场卫生。

第九章 安全应急预案

第一节 安全应急组织机构

为了有效预防、及时控制和消除发生于幼教中心内紧急突发事件的危害,保障在园幼儿及教职工的身体健康与生命安全,维护正常的工作秩序,特制定本预案。

一、指导思想

(1) 突发事件应急工作,应当遵循预防为主、常抓不懈的方针,贯彻统一领导、分级负责、反应及时、措施果断、依靠科学、加强合作的原则。一旦出现紧急突发事件,确保发现、报告、指挥、处置等环节的紧密衔接,及时应对,保证紧急突发事件的有效控制和快速处置。

(2) 本条例所称紧急突发事件(以下简称突发事件),是指突然发生造成或者可能造成在园幼儿及教职工的健康受到严重损害的突发事件。

二、应急预案安全小组

(1) 安全小组成员:中心主任、中心副主任(主管后勤)、中心副主任(主管业务)、部门主任、部门班长、保健医、后勤人员。

(2) 安全管理网络图如图 9-1 所示。

第九章 安全应急预案

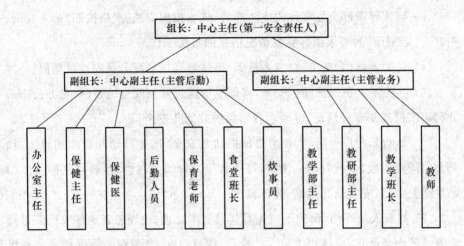

图9-1 安全管理网络图

备注:幼教中心安全第一责任人——中心主任。

① 中心主任不在园时安全第一负责人:中心副主任(主管后勤)。

② 遇中心主任、中心副主任(主管后勤)均不在园时安全第一负责人:中心副主任(主管业务)。

③ 遇中心主任、中心副主任(主管后勤)、中心副主任(主管业务)均不在园时安全联合负责人:部门主任、后勤人员、办公室人员协助负责。

第二节 幼儿园紧急事件应急预案

为了进一步落实上级指示精神,完善幼教中心安全防范制度,保障全体师生的生命安全,做到遇事不惊,临危不乱,特制定本制度。

一、发生外来人员非法入侵幼儿园(暴力、劫持人质等)事件

(1)保安员(或发现人)应立即向园领导汇报,并拿好器械上前拦阻,以各种手段与坏人周旋,等待救助。

(2)保安员按响园区警报(一键式报警),同时拨打学校保卫处"1100"报警,如事态严重不可控制立即拨打"110"报警。

(3) 园领导做好突发事件的应急部署,统一指挥应战,严格按照"第一时间、先口头、后书面"的要求做好突发情况信息的报送工作。

(4) 后勤人员(勤杂工、食堂人员等)迅速赶到现场配合保安控制局面。

(5) 办公室人员保护师生安全,将师生迅速疏散到安全地带(一名办公室人员利用广播通知事件情况,并要求教师保护好幼儿安全)。

(6) 如幼儿在户外活动,教师要保护幼儿安全,迅速将幼儿撤离到班上,锁上大门清点人数,安抚好幼儿情绪,等待救援。如幼儿在教室,教师立即关闭门窗并锁上大门,安抚幼儿情绪,等待救援。

(7) 如有人员受伤,保健医应先对其做初步处理,较轻患者送往校医院进行救治。若伤势严重,应尽快组织人员抢救,拨打"120"急救中心将受伤者送往医院抢救,并通知家长或家属。

(8) 保护现场,在警方的指导下维持秩序,做好善后处理工作。

外来人员非法入侵(暴力、劫持人质等)事件应急流程如图9-2所示。

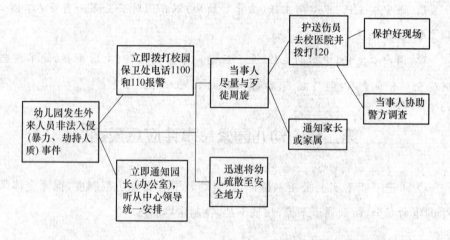

图9-2　外来人员非法入侵(暴力、劫持人质等)事件应急流程图

二、幼儿发生意外伤害时

带班教师立即报告保健医(812)、办公室(802、811、817)并通知幼儿家长,由保健医做初步处理,伤情严重的及时送往医院。

幼儿发生意外伤害应急流程如图 9-3 所示。

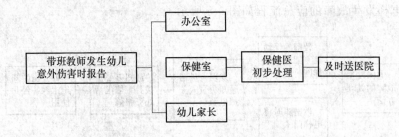

图 9-3 幼儿发生意外伤害应急流程图

三、幼儿走失时

带班教师立即报告办公室通知中心主任、向值班员询问幼儿是否有外出的可能（值班制度要求值班员离岗必须锁大门），主任组织后勤人员外出寻找，如未找到应立即报校保卫处（1100）并通知家长，主任根据当时情况向处领导汇报（办公室 3675）并报警（110）。

幼儿走失应急流程如图 9-4 所示。

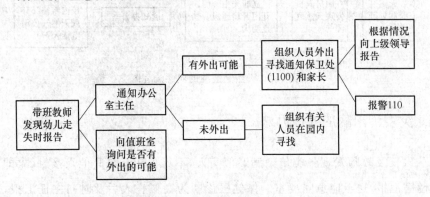

图 9-4 幼儿走失应急流程图

四、电梯发生故障的处理办法

要确保幼儿不能进入电梯间，教师进出使用后要随时将电梯间上锁。一旦电梯发生故障，发现人要迅速通知负责人关掉电源，通知办公室拨打电梯维修电话(2685)报修,同时通知班上教师停止使用。

电梯发生故障的应急流程如图9-5所示。

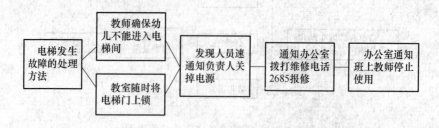

图9-5 电梯发生故障的处理流程图

五、遇天然气泄漏的处理办法

厨房工作人员发现天然气泄漏,要立即关上阀门,开门开窗通风,禁止明火。马上通知办公室报修(校内2655、天然气公司96777),切断天然气。

天然气泄漏的应急流程如图9-6所示。

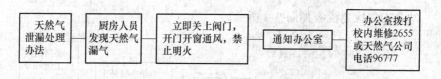

图9-6 天然气泄漏的应急流程图

六、突发传染病的处理办法

班长及教师发现各类传染病疑似病人,不得再让其与其他人接触,立即向保健医汇报,送至应急隔离室。保健医诊断为疑似病人后及时向主任汇报,通知幼儿家长,送疑似病人到医院就诊。集体发病时保健医向主任汇报,主任酌情向处领导报告及教委学前科,保健医负责上报地区防疫部门。保健医指导班上教师对全班各类物品进行消毒。该幼儿病愈由医院出具证明并经园内同意方可入园。

突发传染病应急流程如图9-7所示。

第九章 安全应急预案

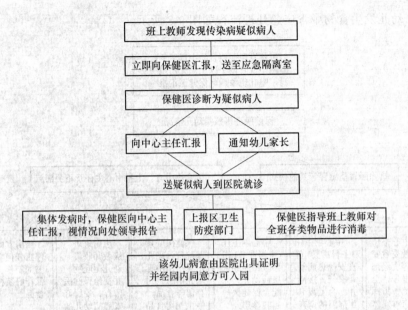

图 9-7 突发传染病应急流程图

七、预防幼儿发生食物中毒具体办法

(1) 采购食品、食品相关产品,应当通过学校后勤处物资采购招标小组签批的中标单位采购,采购前应与供应商签订包括保证食品安全内容的采购供应合同,同时须查验留存供货商资质证明(许可证、营业执照)。

(2) 食堂班长必须对食品验证、验货合格后方可入库使用。

(3) 要求全体厨房工作人员严格按照岗位职责、操作规程进行操作。

(4) 全园做好卫生消毒工作,保育员按照工作常规、消毒方法进行操作,各班教师要本着对幼儿的身体健康高度负责的态度严把幼儿入口这一关。在食品供应过程中或幼儿用餐时发现食品感官性状可疑或有变质可疑时发现人立即报告保健医、办公室。经确认后,立即撤收处理该批全部食品,第一时间通知所有班级停止用餐。由保健医做现场初步处理,及时送往医院,食堂班长立即封存留样冰箱及餐饮用具,配合相关部门采样调查。主任视情况上报上级有关领导,协调有关单位和部门做好人员救治,负责家长的疏导工作,作为幼教中心发言人做出官方回答;办公室人员妥善处理各项事务。

幼儿发生食物中毒应急处理流程如图9-8所示。

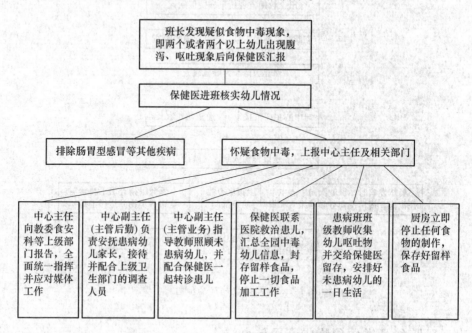

图9-8 幼儿发生食物中毒应急处理流程图

突发传染病防控相关部门及联系方式如下。

校医院急诊：2649

保健科：2237

北太平庄街道市场监督管理所：62013537

海淀教委食品安全管理科：88487306

北太平庄卫生监督所：82219099

八、预防火灾具体办法

（1）全体安全员每月对房屋、场地、家具、玩具、防火用具、设备设施及运动机械进行安全检查。

（2）全体职工认真学习安全管理制度、安全操作规程。

（3）值班人员严格按岗位职责办事，加强巡视，如一旦发生紧急情况，发现人立即切断电源，厨房人员要切断火源、气源，班长立即组织班上老师灭火，确保幼儿安全，如不能控制火源要报告办公室报警，全体教工听从办公室指挥，带领幼儿迅速离开危险区，具体安排如下。

中心主任：负责指挥，首先打电话报警，并始终守在电话机旁，随时与外界保持联系。若中心主任不在，中心副主任（主管后勤）负责指挥；若中心副主任（主管后勤）不在，中心副主任（主管业务）负责指挥；如三个人都不在，由安全员（教学主任、教研主任、办公室主任）协同指挥。

两位中心副主任：到各班检查人员到位情况，并随时解决突发情况随时与中心主任保持联系。各班按演习时的撤离路线迅速撤离到操场，指挥人根据情况随时调整。

保健医：随时准备急救药箱，检查各班幼儿健康情况，处理突发病况。

食堂班长、食堂炊事员：检查食堂所有电器设备，及时断气、断电、断水，防止煤气泄漏及火灾等的发生，打开食堂向外的通道，与其他后勤人员到各班帮助疏散幼儿（东楼二、三层，西楼二层拐弯处，东西楼门口各派一名后勤人员协助老师撤离幼儿）。待幼儿全部撤离后，教师才能离开。

各班如有事随时与中心主任保持联系，如遇火灾或地震全园幼儿撤离到操场空地（远离火灾区域）集合并清点人数，统一听指挥。预防火灾具体办法应急流程如图9-9所示。

九、防火、防震安全撤离路线

（1）当发生紧急情况时，保安迅速拨打救援电话（1100、119、110），拉响报警信号，其中一名保安打开幼教中心大门，并到幼教中心南门外指引消防车进入火场；另一名保安迅速拿灭火器与后勤人员到火场灭火，并疏散师生逃离现场。

（2）东楼一层两个班教室直接从卧室门撤离到大操场。二层、三层、四层南侧教室幼儿从西楼道（前）撤离；北侧教室幼儿从东楼道（后）撤离；靠近楼梯班级为先，远离楼梯班级为后。

（3）西楼一层两个班教室直接从活动室南门撤离到南侧小操场，二层、三层东侧教室幼儿从北楼道撤离到大操场，西侧教室幼儿从外挂楼梯撤离到南侧小操场。

(4) 所有后勤人员要立即到达指定地点：东楼二、三层楼道拐弯处，西楼二层楼道拐弯处，东西楼口处各派一名后勤人员协助教师撤离幼儿，待幼儿全部撤离后，教师才能离开。

(5) 幼儿撤离到安全地带后教师清点人数，确保每名幼儿的安全。

幼教中心预防火灾应急流程如图9-9所示，防火、防震安全撤离路线如图9-10所示，紧急意外情况报告流程如图9-11所示。

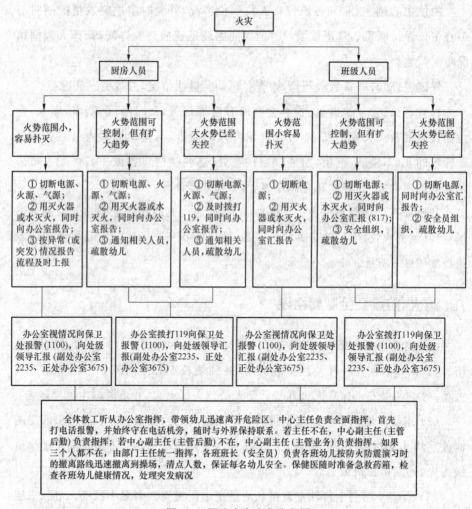

图9-9　预防火灾应急流程图

第九章 安全应急预案

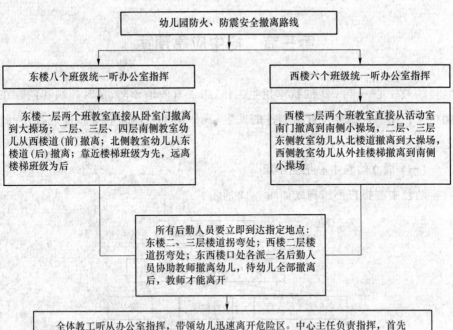

图 9-10 防火、防震安全撤离路线图

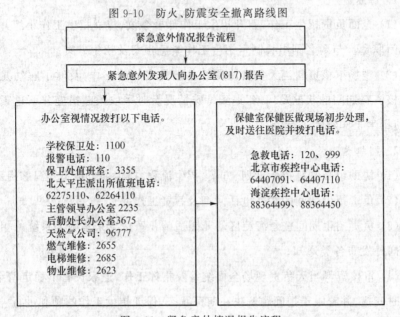

图 9-11 紧急意外情况报告流程

第三节 招生应急预案

幼教中心一年一次的秋季招生工作,为了有效地预防、及时控制和消除在招生工作期间各类突发紧急事件的发生,确保招生工作顺利有序地进行,特制定本应急预案。

(一)成立幼教中心招生小组

幼教中心报告小组构成如图9-12所示。

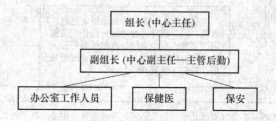

图9-12 幼教中心招生小组构成

(二)各部门职责

1. 组长

(1)全面负责招生工作,召开招生工作部署会议,成立招生工作小组并规定各部门职责。与两名副组长制定招生工作紧急预案及招生方案。

(2)现场审核资料当天负责协调好各组员之间的工作,及时了解幼儿家长在审核资料期间的状况及情绪,遇到特殊情况及时采取果断措施并下达紧急通知,使招生工作顺利进行。

2. 副组长

(1)协助组长制订招生计划、方案、招生流程、招生紧急预案及温馨提示。

(2)负责招生期间的对外电话问询及答疑工作。

(3)负责招生期间登录海淀区幼儿园适龄儿童信息采集服务系统的相关事宜及向外发布各类通知。

(4)审核资料当天负责现场全面统筹及指挥工作,遇家长有不稳定情绪,负责及时安抚,并着眼于把问题解决在萌芽状态,保证招生工作的顺利进行。

第九章 安全应急预案

3. 组员(办公室人员)

(1) 协助组长、副组长做好招生前准备工作。

(2) 负责在幼教中心周边社区及幼教中心门口张贴招生海报。

(3) 负责登录海淀区幼儿园适龄儿童信息采集服务系统,完善幼儿园基本信息及幼儿信息统计、录入等工作。

(4) 负责制作有关招生需要的表格,汇总各类信息。

(5) 负责幼儿家长的审核资料工作。

4. 组员(保健医)

(1) 协助组长、副组长做好招生前准备工作。

(2) 负责完成制作有关卫生保健部分的相关表格及信息汇总工作。

(3) 负责幼儿家长的审核资料工作。

(4) 负责招生当天的后勤医疗工作,遇中暑及小外伤等紧急处理。

5. 组员(保安)

负责维持审核资料现场秩序,并时刻密切关注来园家长的情绪和动态,发现可疑人物或不安全事件须及时通知园领导,事件严重的及时拨打1100或110报警。

(三) 处置原则

处置招生期间突发事件,要坚持贯彻"稳定压倒一切"的方针,认真遵循以下六项处置原则。

(1) 安全稳定原则。以保护幼儿、家长和招生工作人员生命财产安全,维护招生考试正常秩序为最高原则。

(2) 早抓早防原则。立足于抓早、抓小、抓细、抓实、抓苗头,着眼于把问题解决在本地,解决在内部,解决在萌芽状态。

(3) 及时妥善原则。立足于思想教育和依法办事、原则性与灵活性相结合的原则,采取思想教育、协商调解、行政手段和法律措施等多种方式,及时妥善处置。

(4) 正确引导原则。以"团结、稳定、鼓劲、正面"为原则,及时发布准确信息,满足幼儿家长的知情权,正确引导舆论,排除流言蜚语,消除负面影响,确保报名家长情绪思想稳定和招生场所的安全。

(5) 冷静应对原则。沉着应对,矜持冷静,慎用强制措施,果断妥善处置。

(6) 宁顺勿激原则。处置突发事件要坚持正确的舆论导向,以教育疏导、分化瓦解为主,果断及时处置,使突发事件发生引起的不良影响得到有效控制。

(四) 处置措施

(1) 招生期间,一旦发生突发事件,必须按照"早、快、严"的原则果断处置。

(2) 遇到异常情况者,要及时采取措施:

① 家长情绪波动较大时,应及时安抚,耐心调解,并根据情节报告领导。

② 配备医药箱,放置报名处,预防幼儿和家长由于天气闷热中暑的现象。

③ 遇审核资料当天出现幼儿家长进幼教中心大门时,不提供相关资料或资料不符合要求不能进入,现象保安须及时调结,如不听劝阻且后果严重,须及时通知领导,情节严重时要暂停招生工作。

④ 遇招生现场有可疑人物并备有凶器,现场保安及工作人员要及时制止,如果情况严重须拨打110,并及时组织幼儿及家长疏散到安全地方,保证幼儿及家长的安全。

⑤ 遇招生现场出现危重病例时,现场负责人应及时通知保健医并拨打120救治病人,避免和减少死亡病例发生。

第四节 大型集体活动安全应急预案

为有效保障大型活动中全体师生的安全,根据《中华人民共和国未成年人保护法》加强校园安全工作等有关文件精神,制定本预案。

(一) 本预案所指的大型集体活动

(1) 在园内举办的大型活动(运动会、游艺活动)。

(2) 在园外举办的大型活动(春游、秋游、看木偶剧等)。

(3) 班级组织幼儿参加的参观学习和社会实践等活动。

(二) 大型集体活动的安全管理

(1) 成立应急小组。应急小组构成如图9-13所示。其中,安全员10名,由部门主任、部门班长、保健医、后勤人员和办公室人员组成。

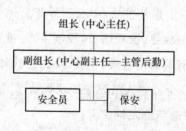

图 9-13　应急小组

（2）应急小组职责。指挥有关教师立即到达规定岗位，采取应对措施；安排教师开展相关的抢险排危或者实施求救工作；根据需要对师生员工进行疏散，并根据事件性质报请上级迅速依法采取紧急措施；根据需要对事件现场采取控制措施。

（三）大型集体活动原则

（1）幼教中心组织幼儿进行大型活动，必须事前经主管部门领导批准后方可组织进行。

（2）凡组织的校外集体活动要指定中心领导亲自带队，配备足够的教师，并指定专人负责安全工作。

（3）集体活动前要对幼儿进行安全和纪律教育，活动中要严密组织、明确要求，防止幼儿擅自活动而造成事故。

（4）组织幼儿参加课外实践活动、参观、文艺演出和体育比赛等园外集体活动，班主任和配班老师要在事前、事中做好针对性安全教育；幼儿要在专人带领下，在指定的范围内活动，不得进入危险区域，不得动用危险物品。

（5）幼教中心组织幼儿在室内或有围墙的场馆内举行大型集体活动时，负责安全的领导事前要对活动场所进行彻底、细致地安全检查；活动期间要有专人负责看管大门，保障出入畅通。活动场所的电器等涉及安全的设施要有专人管理，保证正常运转。

（6）组织师生外出举行活动需要乘车者，所租用车辆必须是经交通部门已进行严格检测后认定合格的专门客运车辆；驾驶员必须是持有正式驾驶执照的该车辆的驾驶员。

（四）应急预案措施

（1）大型活动时如发生意外事故,中心领导和后勤处负责人要在第一时间赶赴现场,靠前指挥,组织疏导、抢救伤员,控制事态、减少损失。必要时应及时向公安机关和教育局等有关部门报告,积极争取有关部门的支援帮助。

（2）活动组织者和安全管理人员要维护现场秩序,根据室内、室外不同情况组织师生有序疏散,尽量避免继发性灾害。

（3）大型集体活动中如发现身体不适的幼儿(如呕吐、严重咳嗽),应及时告知保健医,由保健医生决定是否继续参加活动,或做其他处理。

（4）教职员工、幼儿在集体活动过程中一旦出现伤害事故,保健医及时对伤员进行抢救,以最快的速度将受伤者送往就近的医院医治,并通知家长或亲属。

（5）所有安全小组成员要积极配合上级部门进行事故处理及调查工作,调查事故原因,整理事故记录,形成书面报告。

第五节　甲型 H1N1 流感防范应急预案

按照《中华人民共和国传染病防治法》《关于加强学校传染病防治工作的通知》《学校卫生工作条例》等法律法规和上级文件要求,遵照区教育委员会《关于海淀区教育系统防范甲型 H1N1 流感工作的紧急通知》精神,认真做好防范甲型 H1N1 流感的相关工作,结合幼教中心实际情况,特制定甲型 H1N1 流感防控工作应急预案。

（一）基本原则

（1）坚持以人为本的原则。保护师生生命安全,确保各项工作顺利进行,是幼教中心应急防控工作的出发点和落脚点。

（2）坚持预防为主的原则。幼教中心把应对预防流感的各项工作落实在日常管理之中,加强基础工作,进行必要的宣传教育和排查演练,提高防疫意识,将防疫预防与应急处置有机结合起来,力争实现早发现、早报告、早控制、早解决,将各类疫情处理在萌芽状态,避免造成任何损失。

（3）坚决服从上级部门对关于甲型 H1N1 流感的防控工作部署。在北京邮电大学后勤处及海淀区教委保健所（上级部门）的统一领导下，建立健全幼教中心突发疫情的应急指挥机构，按级负责、统一指挥、完善健全突发疫情处置体系。

（4）坚持家长与幼教中心积极配合的原则。充分调动本园各方面的力量，把园内防疫工作同家庭预防有机地结合起来，共同应对可能出现的各种情况，最大限度地避免疫情的发生。

（二）工作要求

（1）园内上下统一思想，提高认识、高度重视，把甲型 H1N1 流感防控工作作为本园的头等大事来抓，充分认识加强甲型 H1N1 流感防控工作的重要性和紧迫性。牢固树立师生身体健康和生命安全高于一切的思想，把甲型 H1N1 流感防控作为当前的重要工作来抓。

（2）积极加强与上级卫生部门的沟通与合作，严格按照《中华人民共和国传染病防治法》《关于加强学校传染病防治工作的通知》和《学校卫生工作条例》等法律法规和上级文件要求，认真做好幼教中心甲型 H1N1 流感的防控工作。

（3）开展多次甲型 H1N1 流感基本常识和预防知识的宣传教育活动，既要避免园内师生不必要的恐慌情绪，又要普及科学防范知识，重点教育幼儿培养良好的卫生习惯。

（4）加强领导监督检查力度，落实责任制，明确各部门工作要求，与小组成员签订责任书。

（5）保健医、各班老师严格做好晨午检记录和病因追查记录，密切关注师生健康状况，一旦发现发热、咳嗽、流涕、乏力等流感样病例者，立即通知孩子家长，并将诊断结果反馈给中心主任及主管副主任，园中要将疑似传染病例及时、准确、迅速、直接报告校医院和海妇幼儿保科，做到早发现、早隔离、早治疗。要求班长做到每天早 8:20 之前把本班情况汇总到办公室，疫情上报负责人将本园师生因病缺勤情况报告教委，11:00 之前将本园情况汇总到后勤处办公室。若没有情况，也要实施"零报告"制度。

（6）各班教师加强与家长的联系，掌握幼儿在家期间的身体状况。在园内调动一切力量，严格做好晨午检，注意发现和掌握疫情的早期状况，早发现，早隔离,早处置,确保不发生流感疫情。

(三) 防范措施

(1) 开展形式多样的健康教育活动,确保措施落实到位充分利用园内的宣传栏,以展板、致家长信等形式,广泛深入地进行预防甲型 H1N1 流感知识的宣传和防治,提高老师、家长对甲型 H1N1 流感的了解程度,消除不必要的恐慌,提高大家的防范意识,取得家长的配合和支持,注意家庭防护,发现幼儿出现发热、流感类似症状要及时到正规医院就诊,及时隔离,及时治疗,有效防控。

(2) 坚持晨午检制度,畅通报告渠道。保健医及班长要坚持对幼儿及班组成员进行每日晨午检,对缺勤幼儿及班组成员进行电话询问,晨午检记录须详细、全面;填写《海淀区教育系统发热缺勤情况上报表》,每天将幼儿出勤、缺勤情况等,上报主管副主任,实施"零报告"制度。在晨午检过程中,一旦发现有发热、流感类似症状等的幼儿,立即隔离到保健室,保健医生通知家长到医院就诊,同时报中心办公室。与患儿家长密切联系,一旦怀疑为甲型 H1N1 流感传染病或疑似传染病病人时,疫情上报负责人将患儿诊断情况报告保健所及后勤处办公室,同时由保健医上报地区防疫部门。如发现本园教职工有发热和流感类似症状的要及时就诊暂停工作,持医院痊愈证明方可恢复工作。

(3) 落实消毒隔离制度,切断传播途径。将消毒隔离制度落实到各班级,负责消毒的教师要按规定科学合理配置消毒液,对幼儿每日所用的水杯、毛巾等个人用具进行一日一消,玩教具进行擦拭消毒,图书进行暴晒,公共用品定期进行清洗消毒,加强各班教室的开窗通风、减少间接接触传播,使用肥皂流动水洗手。患者待隔离期满痊愈后,需持有医院开具的的痊愈证明及地段保健科开具的复课证明经园保健医检查同意后方可进班。同时,对幼儿所在班级与疑似病例接触过的幼儿进行检疫、隔离、观察,检疫期满后无症状者方可解除隔离。

(4) 加大园内环境的整治力度,建立物资保障制度。时刻保持幼教中心教学和生活场所空气流通、清洁卫生、温度适宜。加强食堂从业人员的管理,确保健康上岗,严把进货关,采购肉类食品到正规厂家进货,索要动物检疫合格证明,认真记录进货台账。严格执行食品加工操作规程,在加工食品时要确保蒸熟煮透,中心温度达 70 ℃以上。根据需要,安排一定的专项经费用于各种防控措施的落实,如体温计、口罩、消毒用品及器械、必要的抗病毒药物等防护用品的储备。

(四) 突发疑似甲型 H1N1 流感应急处理流程

本班教师发现幼儿及班组成员有可疑病例(发热、咳嗽、流涕、乏力)等流感样病人后立即向保健医汇报。保健医经核实后送至应急隔离室,随后向中心主任及主管副主任汇报情况并通知幼儿家长或员工家属到正规医院就诊,就诊后要求家长或家属将诊断结果反馈给幼教中心,由幼教中心上报到防疫站、教委保健科及后勤处。保健医指导教师对疑似病人所在班级的各种物品进行消毒工作。待该幼儿及员工痊愈后(医院出具痊愈证明),经中心主任同意方可入园。对已确诊甲型 H1N1 流感病人,除上报有关防疫部门外,本园老师要积极配合上级领导部署的一切安排。突发疑似甲型 H1N1 流感应急处理流程如图 9-14 所示。

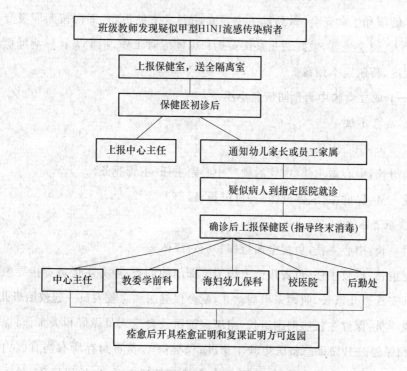

图 9-14 突发疑似甲型 H1N1 流感应急处理流程

疫情防控相关部门及联系方式如下。

幼教中心办公室：62282033、62282036

幼教中心保健室：62282665

北京邮电大学后勤处办公室：62283465

北京邮电大学校医院：62282237

海淀妇幼儿保科：52395852

海淀教委学前科：88487314

海淀教委保健所邮箱：bjsjkk@sohu.com

第六节　食物中毒应急预案

为做好幼教中心食品安全工作，杜绝幼儿食物中毒事件的发生，保障幼儿的身体健康和生命安全，做到发生突发食品安全事件后，各部门按照职责分工迅速介入，快速处置，做好幼儿家长安抚和媒体应对工作，把损失和影响降低到最低程度，特制定本预案。

(一) 成立食物中毒预防应急小组

1. 应急小组

组　　长：中心主任。

副组长：中心副主任（主管后勤）、中心副主任（主管业务）。

成　　员：保健主任、保健医、各班班长、厨房人员。

2. 职责分工

组　　长：中心主任，负责全面指挥和应对媒体。

副组长：行政主任，负责接待上级卫生部门的调查；业务主任负责指导患病班教师安抚患儿家长，照顾未患病幼儿，配合保健医和急救人员一起救治患儿。

成　　员：保健主任协助副组长，组织保健医及食堂人员做好相关工作；保健医A和保健医B协助急救医生救治患儿；保健医C负责封存所有当日园内提供的食品，提取患儿代谢物；保健医D负责拨打救援电话，向地段医院、教委学前科、海淀妇幼儿保科等上报。

各班班长：发现异常立即报告保健医，联系家长并收集幼儿呕吐物。

厨房人员：立即停止任何食物的制作，保存好留样食品。

（二）紧急处理措施

（1）停止所有食用中的食品供应；保存好留样食品。

（2）提取患者排泄物和可疑食品等样本，以备检验。

（3）配合医生对中毒人员进行救治。

（4）立即拨打急救电话120或与医院联系，救治患者。及时将患者送医院进行治疗，包括急救（催吐、洗胃、洗肠）、对症治疗和特殊治疗。

（5）对进餐场地进行封存，对可疑中毒食物及其有关工具、设备和现场采取临时控制措施。

（6）配合上级有关部门进行调查。食堂负责人要协助卫生部门作带菌检查和取证工作，按照卫生部门的要求如实提供有关材料和样品。

（三）及时逐级报告

一旦发生食物中毒，班主任或班里教师及时向保健室和园领导汇报，保健医及时向地段医院、海妇幼儿保科、教委学前科、教委食安科、卫生监督所、北太平庄市场监督管理所等部门报告。报告内容包括发生中毒的单位、地址、时间、中毒人数及死亡人数、主要临床表现和可能引起中毒的食物等，以利于有关部门积极采取措施、组织抢救、调查分析中毒原因和预防方法。若怀疑投毒，则应向公安部门报案。

发生食物中毒后，在向有关部门报告的同时要保护好现场和可疑食物，患者吃剩的食物不要急于倒掉，食品用工具、容器、餐具等不要急于冲洗，病人的排泄物（呕吐物、大便）要保留，以便卫生部门采样检验，为确定食物中毒提供可靠的情况。

园负责人及与本次中毒有关人员，如保健医、食堂工作人员、班级教师及病人等应如实反映本次中毒情况。将病人所吃的食物，进餐总人数，同时进餐而未发病者所吃的食物，病人中毒的主要特点，可疑食物的来源、质量、存放条件、加工烹调的方法和加热的温度、时间等情况如实向有关部门反映。食物中毒应急处理流程如图9-15所示。

在卫生部门已查明情况,确定了食物中毒,即可对于引起中毒的食物及时进行处理。根据上级卫生部门要求对中毒食物、食品具、容器、患儿排泄物、被污染的物体表面等进行处理消毒。

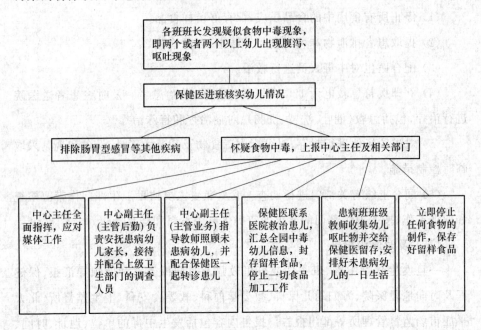

图 9-15 食物中毒应急处理流程

第七节 突发传染病应急预案

为了积极做好预防各类传染病(包括流行性感冒、麻疹、风疹、流行性腮腺炎、传染性结膜炎、猩红热、水痘等),确保本园师生身体健康和社会稳定,根据上级有关精神和幼教中心实际情况,特制定本预案。

(一)基本原则

(1)坚持以人为本的原则。保护师生生命安全,确保各项工作的顺利进行,是幼儿园应急防控工作的出发点和落脚点。

(2)坚持预防为主的原则。幼儿园把应对预防流感的各项工作落实在日常管理之中,加强基础工作,进行必要的宣传教育和排查演练,提高防疫意识,将防疫预防与应急处置有机结合起来,力争实现早发现、早报告、早控制、早解决,将各类疫情处理在萌芽状态,避免造成任何损失。

(3) 坚决服从上级部门关于突发传染病流感的防控工作部署。在北京邮电大学后勤处和海淀区教委保健所(上级部门)的统一领导下,建立健全幼儿园突发疫情的应急指挥机构,按级负责、统一指挥、完善健全突发疫情处置体系。

(4) 坚持家长与幼儿园积极配合的原则。充分调动本园各方面的力量,把园内防疫工作同家庭预防有机结合起来,共同应对可能出现的各种情况,最大限度地避免疫情的发生。

(二) 工作要求

(1) 园内上下统一思想,提高认识、高度重视,把突发传染病流感防控工作作为本园的头等大事来抓,充分认识加强突发传染病流感防控工作的重要性和紧迫性。牢固树立师生身体健康和生命安全高于一切的思想,把突发传染病流感防控作为当前的重要工作来抓。

(2) 积极加强与上级卫生部门的沟通与合作,严格按照《中华人民共和国传染病防治法》《关于加强学校传染病防治工作的通知》和《学校卫生工作条例》等法律法规和上级文件要求,认真做好幼儿园突发传染病流感的防控工作。

(3) 开展多次突发传染病流感基本常识和预防知识的宣传教育活动,既要避免园内师生不必要的恐慌情绪,又要普及科学防范知识,重点教育孩子培养良好的卫生习惯。

(4) 加强领导监督检查力度,落实责任制,明确各部门工作要求,与小组成员签订责任书。

(5) 保健医、各班老师严格做好晨午检记录和病因追查记录,密切关注师生健康状况,一旦发现发热、咳嗽、流涕、皮疹等症状时,立即通知幼儿家长,并将诊断结果反馈给中心主任及主管副主任,园中要将疑似传染病例及时、准确、迅速、直接报告校医院和海妇幼儿保科,做到早发现、早隔离、早治疗。要求班长做到每天早上8:20之前把本班情况汇总到办公室,疫情上报负责人将本园师生因病缺勤情况报告教委,11:00之前将本园情况汇总到后勤处办公室。若没有情况,也要实施"零报告"制度。

(6)各班教师加强与家长的联系,掌握幼儿在家期间的身体状况。在园内做好调动一切力量,严格做好晨午检,注意发现和掌握疫情的早期状况,做到早发现、早隔离、早处置,确保不发生流感疫情。

(三)防范措施

(1)开展形式多样的健康教育活动,确保措施落实到位充分利用园内的宣传栏,以展板、致家长信等形式,广泛深入地进行预防突发传染病流感知识的宣传和防治,提高教师和家长对突发传染病流感的了解程度,消除不必要的恐慌,提高大家的防范意识,取得家长的配合和支持,注意家庭防护,发现幼儿出现发热、流感类似症状要及时到正规医院就诊,及时隔离,及时治疗,有效防控。

(2)坚持晨午检制度,畅通报告渠道。保健医和班长要坚持对幼儿及班组成员进行每日晨午检,对缺勤幼儿及班组成员进行电话询问,晨午检记录应详细且全面;填写海淀区教育系统发热缺勤情况上报表,每天将幼儿出勤、缺勤等情况上报主管副主任,实施"零报告"制度。在晨午检过程中,一旦发现有发热、咳嗽、流涕、皮疹等症状的幼儿,立即隔离到保健室,保健医生通知家长带其到医院就诊,同时报中心办公室。与患儿家长密切联系,一旦怀疑为突发传染病流感传染病或疑似传染病病人时,疫情上报负责人将患儿诊断情况报告保健所及后勤处办公室,同时由保健医上报地区防疫部门。如发现本园教职工有发热和流感类似症状的要暂停工作及时就诊,持医院痊愈证明方可恢复工作。

(3)落实消毒隔离制度,切断传播途径。将消毒隔离制度落实到各班级,负责消毒的教师要按规定科学合理配置消毒液,对幼儿每日所用的水杯、毛巾等个人用具进行一日一消,玩教具进行擦拭消毒,图书进行暴晒,公共用品定期进行清洗消毒,加强各班教室的开窗通风,减少间接接触传播,使用肥皂流动水洗手。患者待隔离期满痊愈后,须持医院开具的痊愈证明和地段保健科开具的复课证明,且经园保健医检查同意后方可进班。同时,对幼儿所在班级与疑似病例接触过的幼儿进行检疫、隔离、观察,检疫期满后无症状者方可解除隔离。

(4)加大园内环境的整治力度,建立物资保障制度。时刻保持幼儿园教学和生活场所空气流通、清洁卫生、温度适宜。根据需要,安排一定的专项经费用于各种防控措施的落实,如体温计、口罩、消毒用品及器械、必要的抗病毒药물

等防护用品的储备。

(四) 突发疑似传染病应急处理流程

本班教师发现幼儿及班组成员有可疑病例(发热、咳嗽、流涕、乏力)等流感样病人后立即向保健医汇报。保健医经核实后送至应急隔离室,随后向中心主任和主管副主任汇报情况,并通知幼儿家长或员工家属到正规医院就诊,就诊后要求家长或家属将诊断结果反馈给幼儿园,由幼儿园上报到防疫站、教委保健科和后勤处。保健医指导老师对疑似病人所在班级的各种物品进行消毒工作。待该幼儿和员工痊愈后(医院出具痊愈证明),经中心主任同意方可入园。对已确诊突发传染病流感病人,除上报有关防疫部门外,本园老师要积极配合上级领导部署的一切安排。

突发疑似传染病应急处理流程如图9-16所示。

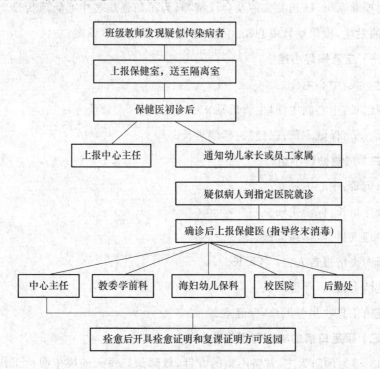

图9-16 突发疑似传染病应急处理流程

疫情防控相关部门及联系方式如下。

幼教中心办公室：62282033、62282036

幼教中心保健室：62282665

北京邮电大学后勤处办公室：62283465

北京邮电大学校医院：62282237

海淀妇幼儿保科：52395852

海淀教委学前科：88487314

海淀教委保健所邮箱：bjsjkk@sohu.com

第八节　幼儿园手足口病应急预案

根据北京市、区相关文件及会议精神，为了加强幼教中心肠道传染病（手足口病）的发生，确保幼教中心幼儿的身体健康，特制定本预案。

(一) 应急领导小组

组　　长：中心主任。

副组长：中心副主任（主管后勤）、中心副主任（主管业务）。

成　　员：保健主任、保健医、部门班长。

(二) 应急处理小组

总负责：中心主任。

医疗组长：保健主任。

护理人员：全体保健医。

园内疫情报告人：14 名班长。

疫情上报人：保健班长。

疫情信息收集与汇总：保健室。

(三) 手足口病的检查与报告

(1) 遵循预防为主，常备不懈的方针，教师做好每天的晨午晚检工作，做到早发现、早报告、早隔离、早治疗。

(2) 一旦发现手足口患儿，当班教师应及时向园保健医报告。

(3) 保健医落实后,由保健医向园领导及地段保健科报告。听取地段保健科的指导意见,进行全方位的防控工作(班内消毒、家长告知、园内隔离)。

(4) 教师对班内每天缺勤幼儿进行的电话询问并做好记录。

(5) 保健医向学前科报告,内容包括幼儿姓名、性别、年龄、确诊医院、发病时间、现在恢复情况和防控措施等。

(6) 保健室派专人每天对疫情班进行晨午工作,完善信息的收集、分析、报告制度,明确疫情报告的职责、时限和程序。

(四) 手足口病的防控

(1) 认真学习、落实海淀区教育教委员会《关于加强学校肠道病毒防控工作的紧急通知》,加强幼教中心食堂卫生和用水的卫生管理,严防肠道传染病(手足口病)的发生。

(2) 加强领导,提高对手足口病和肠道病毒感染防控工作的认识,做好应对可能出现的突发公共卫生事件的各项准备工作。

(3) 做好宣传教育工作,利用板报、宣传橱窗、专题讲座、家长通知书等形式,进行手足口病和肠道病毒卫生教育,以增强家长、教师员工应对突发事件的能力。

(4) 做好每日晨午检工作,对幼儿加强管理(包括饮水、饮食、大小便、睡眠等);对未到园的幼儿应及时查明原因。发现幼儿有异常时,应及时就诊,患病幼儿应持医院痊愈证明,方可入园。

(5) 加强各班教室的开窗通风、玩教具擦拭消毒,公共用品定期进行清洗消毒,减少间接接触传播,勤洗手,多喝水。

(6) 家长尽量不要带幼儿去拥挤的公共场所,家长外出回家后应更换干净衣服。

(7) 做好参与突发事件应急处理(各级、各类人员、消毒人员、疫情报告人员、流调人员及医护人员)的专业技术培训。

(8) 做好家长防控知识的宣传工作,取消各种大型活动,避免交叉感染。

突发手足口应急处理流程如图9-17所示。

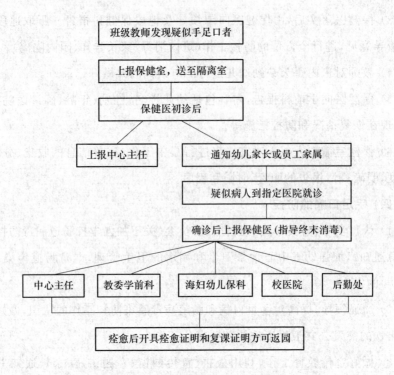

图 9-17 突发手足口应急处理流程

疫情防控相关部门及联系方式如下。

幼教中心办公室:62282033、62282036

幼教中心保健室:62282665

北京邮电大学后勤处办公室:62283465

北京邮电大学校医院:62282237

海淀妇幼儿保科:52395852

海淀教委学前科:88487314

海淀教委保健所邮箱:bjsjkk@sohu.com

第九节 诺如病毒应急预案

根据北京市、区相关文件及会议精神,为了杜绝幼教中心肠道传染病(诺如病毒)的发生,确保幼教中心幼儿的身体健康,做到发生传染病事件后,各部门按照职责分工迅速介入,快速处置,特制定此预案。

(一) 应急领导小组

组　　长:中心主任。

副组长:中心副主任(主管后勤)、中心副主任(主管业务)。

成　　员:保健主任、保健医、部门班长。

(二) 领导小组职责

组　　长:中心主任负责指挥全盘工作。

副组长:中心副主任(主管后勤)协调各部门配合保健医做好卫生消毒工作;

　　　　中心副主任(主管业务)指导发病班教师安排好在园幼儿活动。

成　　员:保健医及时安排患病幼儿转诊,患病班班长做好缺勤追访。

疫情上报人:保健主任或保健班长。

疫情信息收集与汇总:保健医。

(三) 诺如病毒的检查与报告

(1) 遵循预防为主、常备不懈的方针,保健医和教师共同做好每天的晨午晚检工作,做到早预防、早发现、早报告、早诊断、早隔离、早治疗。

(2) 一旦发现诺如病毒感染者,当班教师应及时向园保健医报告。

(3) 保健医落实后,由保健医向园领导及教为学前科、地段医院、海淀妇幼保健院等部门报告,报告内容包括幼儿姓名、性别、年龄、确诊医院、发病时间、恢复情况和防控措施等,并按上级卫生部门的指导意见进行全方位的防控工作(班内消毒、家长告知、园内隔离)。

(4) 教师对班内每天缺勤幼儿进行电话询问并做好缺勤记录。

(5) 保健室每天对疫情班进行晨午检工作,完善信息的收集、分析、报告制度,明确疫情报告的职责、时限和程序。

(四) 诺如病毒的防控

(1) 认真学习、落实海淀区教育教委员会《关于加强学校肠道病毒防控工作的紧急通知》,加强幼教中心食堂卫生和用水的卫生管理,严防肠道传染病(诺如病毒)的发生。

(2) 加强领导,提高对诺如病毒防控工作的认识,做好应对可能出现的突发公共卫生事件的各项准备工作。

（3）做好宣传教育工作，利用板报、宣传橱窗、专题讲座、家长通知书等形式进行诺如病毒预防的卫生教育，以增强家长、教师员工应对突发事件的能力。

（4）保健医和教师做好每日晨午检工作，对幼儿加强管理（包括饮水、饮食、大小便、睡眠等）；对未到园的幼儿及时查明原因；发现幼儿有异常时，应及时就诊。

（5）加强各班教室的开窗通风、玩教具擦拭消毒，公共用品定期进行清洗消毒，减少间接接触传播，注意勤洗手，多喝水。

（6）家长尽量不要带幼儿去拥挤的公共场所，家长外出回家后应更换干净衣服。

（7）做好参与突发事件应急处理（各级、各类人员、消毒人员、疫情报告人员、流调人员及医护人员）的专业技术培训。

突发疑似诺如病毒应急处理流程如图9-18所示。

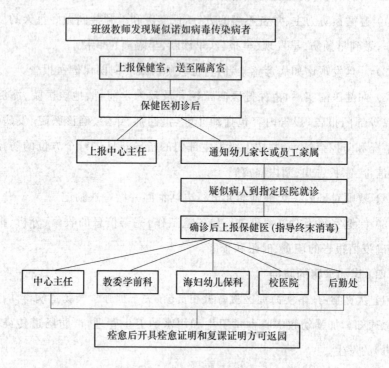

图9-18　突发疑似诺如病毒应急处理流程

疫情防控相关部门和联系方式如下。

幼教中心办公室:62282033、62282036

幼教中心保健室:62282665

北京邮电大学后勤处办公室:62283465

北京邮电大学校医院:62282237

海淀妇幼儿保科:52395852

海淀教委学前科:88487314

海淀教委保健所邮箱:bjsjkk@sohu.com

第十节 寨卡病毒应急预案

为了更好地预防寨卡病毒,确保全园幼儿和教师身体健康和安全,维护幼教中心稳定,保障幼儿的身体健康和生命安全,做到发生传染病事件后,各部门按照职责分工迅速介入,快速处置,结合幼教中心实际情况,特制定本预案。

(一)预防控制措施

(1)做好寨卡病毒病等传染病防治宣传工作,增强全体教师和幼儿卫生防疫意识和自我保护能力。

① 通过多种形式对家长、教师及幼儿进行预防寨卡病毒的传播途径和发病特征知识的宣传教育。

② 利用网络、展板等开展以预防为主的健康知识教育。

(2)搞好环境卫生(灭蚊蝇),在卫生防疫部门的指导下做好环境消毒工作。

(3)教育幼儿养成良好的个人卫生习惯,不与陌生人接触,生病及时就医。

(4)做好灭蚊蝇必需药品等物资储备。

(二)应急领导小组

组　　长:中心主任。

副组长:中心副主任(主管后勤)、中心副主任(主管业务)。

成　　员:保健主任、部门班长、保健医。

(三) 领导小组职责

组　　长：中心主任负责指挥全盘工作。

副组长：中心副主任（主管后勤）协调各部门配合保健医做好卫生消毒工作。

中心副主任（主管业务）指导发病班教师安排好在园幼儿活动。

成　　员：保健医及时安排患病幼儿转诊。

患病班班长：做好缺勤追访。

疫情上报人：保健主任。

疫情信息收集与汇总：保健室。

(四) 寨卡病毒的检查与报告

(1) 遵循预防为主、常备不懈的方针，保健医和教师共同做好每天的晨午晚检工作，做到早预防、早发现、早报告、早诊断、早隔离、早治疗。

(2) 一旦发现寨卡病毒感染者，发病班教师应及时向园保健医报告。

(3) 保健医落实后，由保健医向园领导及教委学前科、地段保健科、海淀妇幼儿保科报告，报告内容包括幼儿姓名、性别、年龄、确诊医院、发病时间、恢复情况和防控措施等；听取地段保健科的指导意见，进行全方位的防控工作（班内消毒、家长告知、园内隔离）。

(4) 各班教师对班内每天缺勤幼儿进行电话询问并做好缺勤记录；保健医对全园幼儿及教师做好健康监测。

(5) 保健室每天加强对疫情班进行晨午检工作，完善信息的收集、分析、报告制度，明确疫情报告的职责、时限和程序。

(五) 寨卡病毒的防控

(1) 认真学习、落实海淀区教育教委员会《关于加强寨卡病毒防控工作的紧急通知》，加强幼教中心环境卫生管理，消灭卫生死角，定期喷洒杀虫剂，做好喷洒记录；与专业消杀公司签订合同每月来园进行除虫，严防蚊蝇滋生。

(2) 提高对寨卡病毒防控工作的认识，做好应对可能出现的突发公共卫生事件的各项准备工作。

(3) 做好宣传教育工作，利用板报、宣传橱窗、专题讲座、家长通知书等形式,进行寨卡病毒预防的卫生教育,以增强家长、教师的防范意识。

(4)保健医对患病班加强每日晨午检工作,对幼儿加强管理,对未到园的幼儿及时查明原因。发现幼儿有异常时,请其及时就诊。

(5)加强各班教室的开窗通风,定期检查班级植物角,发现有枯死的植物应及时清理,每天早上插上驱蚊器,下班前拔掉电源。

突发寨卡病毒应急处理流程如图 9-19 所示。

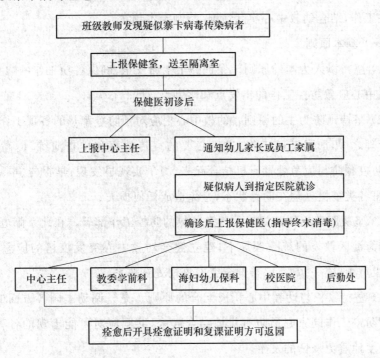

图 9-19 突发寨卡病毒应急处理流程

疫情防控相关部门及联系方式如下。
幼教中心办公室:62282033、62282036
幼教中心保健室:62282665
北京邮电大学后勤处办公室:62283465
北京邮电大学校医院:62282237
海淀妇幼儿保科:52395852
海淀教委学前科:88487314
海淀教委保健所邮箱:bjsjkk@sohu.com

第十一节　登革热防范应急预案

按照《中华人民共和国传染病防治法》《关于加强学校传染病防治工作的通知》和《学校卫生工作条例》等法律法规和上级文件要求,认真做好防范登革热的相关工作,结合幼教中心实际情况,特制定本预案。

(一) 基本原则

(1) 坚持以人为本的原则。保护师生生命安全,确保各项工作的顺利进行,是幼教中心应急防控工作的出发点和落脚点。

(2) 坚持预防为主的原则。幼教中心把应对预防登革热的各项工作落实在日常管理之中,加强基础工作,进行必要的宣传教育和排查演练,提高防疫意识,将防疫预防与应急处置有机结合起来,力争实现早发现、早报告、早隔离、早治疗,将各类疫情处理在萌芽状态,避免造成任何损失。

(3) 坚决服从上级部门对关于登革热的防控工作部署。在北京邮电大学校医院和海淀区教委的统一领导下,建立健全幼教中心突发疫情的应急指挥机构,按级负责、统一指挥、完善健全突发疫情处置体系。

(4) 坚持家长与幼教中心积极配合的原则。充分调动本园各方面的力量,把园内防疫工作同家庭预防有机地结合起来,共同应对可能出现的各种情况,最大限度地避免疫情的发生。

(二) 工作要求

(1) 园内上下统一思想,提高认识、高度重视,充分认识登革热防控工作的重要性,把登革热防控作为当前的重要工作来抓。

(2) 积极加强与上级卫生部门的沟通与合作,严格按照《中华人民共和国传染病防治法》《关于加强学校传染病防治工作的通知》和《学校卫生工作条例》等法律法规和上级文件要求,认真做好幼教中心登革热的防控工作。

(3) 开展登革热基本常识和预防知识的宣传教育活动,既要避免园内师生不必要的恐慌情绪,又要普及科学防范知识,重点培养幼儿良好的卫生习惯。

(4) 加强领导监督检查力度,落实责任制,明确各部门工作要求,与小组成员签订责任书。

(5) 保健医、各班老师严格做好晨午检记录和因病追查记录,密切关注师生健康状况,一旦出现发热、皮疹、头痛、肌肉和关节痛等症状立即通知幼儿家长带其就医,并将诊断结果及时反馈给班级老师,由老师告知保健医并逐级上报。园中要将疑似传染病例及时、准确、迅速、直接报告校医院和教委保健所,做到早发现、早报告、早隔离、早治疗。

(6) 各班教师加强与家长的联系,掌握幼儿在家期间的身体状况。调动园内一切力量,严格做好晨午检,注意发现和掌握疫情的早期状况,做到早发现、早隔离、早处置,确保不发生流感疫情。

(7) 园内做好防蚊灭蚊工作,每月进行一次环境消杀,定期清理幼教中心内的蚊虫滋生地。提高教职工和幼儿的防蚊意识及对登革热的预防知识。

(三) 防范措施

(1) 开展形式多样的健康教育活动,确保措施落实到位充分利用园内的宣传栏,以展板、致家长信、微信推送等形式广泛深入地进行预防蚊虫、预防登革热传染病知识的宣传和防治,加深老师、家长对登革热的了解,加强对防蚊灭蚊的重视,发现幼儿出现发热、皮疹、头痛、肌肉和关节痛等症状要及时到正规医院就诊,及时隔离,及时治疗,有效防控。

(2) 坚持晨午检制度,畅通报告渠道。保健医及班长要坚持对幼儿及班组成员进行每日晨午检,对缺勤幼儿及班组成员进行及时电话询问,晨午检、记录应详细、全面;每天将幼儿出勤、缺勤情况等,上报主管副主任,实施"日报告""零报告"制度。在晨午检过程中,一旦发现有发热、皮疹、头痛、肌肉和关节痛等症状的幼儿立即隔离,保健医通知家长带其到医院就诊,同时上报办公室。追踪幼儿情况,一旦怀疑为登革热传染病或疑似传染病患儿时,疫情上报负责人将患儿诊断情况报告地段保健科、教委、儿保科及后勤处。如发现本园教职工有发热、皮疹、头痛、肌肉和关节痛等症状要立即离岗及时就诊,持医院痊愈证明方可恢复工作。

(3) 加大园内环境的整治力度。时刻保持幼教中心活动场所配备防蚊蝇设施,定期灭蚊蝇,每天喷洒灭蚊剂,无积水,无卫生死角。加强班级防蚊蝇工作,随时关闭纱窗,午睡使用灭蚊器,幼儿离园后喷洒灭蚊剂。每月请专业公司来园进行灭虫消杀。

(四)突发疑似登革热应急处理流程

本班教师发现幼儿及班组成员有可疑病例(发热、皮疹、头痛、肌肉和关节痛等症状)后立即向保健医汇报。保健医初诊后应立即隔离,随后向中心主任及主管副主任汇报情况,并通知幼儿家长或员工家属到正规医院就诊;就诊后,要求家长或家属将诊断结果反馈给幼教中心,由幼教中心上报到校医院、海妇幼儿保科、教委及后勤处,并请消杀公司及时做好全园灭蚊蝇工作。待幼儿及员工痊愈后(医院出具痊愈证明和复课证明),经中心主任同意方可入园。对已确诊登革热病人,除上报有关防疫部门外,本园老师要积极配合上级领导部署的一切安排。

突发疑似登革热应急处理流程如图9-20所示。

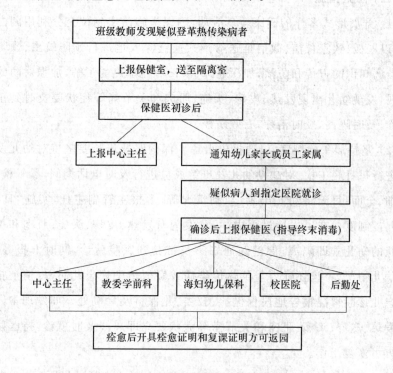

图9-20 突发疑似登革热应急处理流程

疫情防控相关部门及联系方式如下。

幼教中心办公室:62282033、62282036

幼教中心保健室:62282665

北京邮电大学后勤处办公室:62283465

北京邮电大学校医院:62282237

海淀妇幼儿保科:52395852

海淀教委学前科:88487314

海淀教委保健所邮箱:bjsjkk@sohu.com

第十二节　霍乱防范应急预案

按照《中华人民共和国传染病防治法》《关于加强学校传染病防治工作的通知》和《学校卫生工作条例》等法律法规和上级文件要求,认真做好防范霍乱的相关工作,结合幼教中心实际情况,特制定本预案。

(一) 基本原则

(1) 坚持以人为本的原则。保护师生生命安全,确保各项工作的顺利进行,是幼教中心应急防控工作的出发点和落脚点。

(2) 坚持预防为主的原则。幼教中心把应对预防疟疾的各项工作落实在日常管理之中,加强基础工作,进行必要的宣传教育和排查演练,提高防疫意识,将防疫预防与应急处置有机结合起来,力争实现早发现、早报告、早隔离、早治疗,将各类疫情处理在萌芽状态,避免造成任何损失。

(3) 坚决服从上级部门对关于霍乱的防控工作部署。在北京邮电大学校医院和海淀区教委的统一领导下,建立健全幼教中心突发疫情的应急指挥机构,按级负责、统一指挥、完善健全突发疫情处置体系。

(4) 坚持家长与幼教中心积极配合的原则。充分调动本园各方面的力量,把园内防疫工作同家庭预防有机地结合起来,共同应对可能出现的各种情况,最大限度地避免疫情的发生。

（二）工作要求

（1）园内上下统一思想、提高认识、高度重视，充分认识霍乱防控工作的重要性和紧迫性。牢固树立师生身体健康和生命安全高于一切的思想，把霍乱防控作为当前的重要工作来抓。

（2）积极加强与上级卫生部门的沟通与合作，严格按照《中华人民共和国传染病防治法》《关于加强学校传染病防治工作的通知》和《学校卫生工作条例》等法律法规和上级文件要求，认真做好幼教中心霍乱的防控工作。

（3）开展霍乱基本常识和预防知识的宣传教育活动，既要避免园内师生不必要的恐慌情绪，又要普及科学防范知识，重点教育幼儿培养良好的卫生习惯，不吃生冷、腐败或变质食品，不吃生或半熟水产品，锻炼身体，提高免疫力。

（4）加强领导监督检查力度，落实责任制，明确各部门工作要求，与小组成员签订责任书。

（5）保健医、各班老师严格做好晨午检记录和病因追查记录，密切关注师生健康状况，一旦突发腹泻、继发呕吐、脉搏微弱等立即通知幼儿家长，并将诊断结果反馈给班级教师，并逐层上报。园中要将疑似传染病例及时、准确、迅速、直接报告校医院、儿保科、教委和后勤处，做到早发现、早报告、早隔离、早治疗。

（6）各班教师加强与家长的联系，掌握幼儿在家期间的身体状况。调动园内一切力量，严格做好晨午检，注意发现和掌握疫情的早期状况，做到早发现、早报告、早隔离、早治疗，确保不发生霍乱疫情。

（三）防范措施

（1）开展形式多样的健康教育活动，确保措施落实到位充分利用园内的宣传栏，以展板、致家长信等形式广泛深入地进行霍乱知识的宣传和防治，加深老师、家长对霍乱的了解，消除不必要的恐慌，提高大家的防范意识，取得家长的配合和支持，注意家庭防护，发现幼儿出现突然腹泻，继发呕吐、脉搏微弱类似症状要及时到正规医院就诊，及时隔离，及时治疗，有效防控。

（2）坚持晨午检制度，畅通报告渠道。保健医和班长要坚持对幼儿及班组成员进行每日晨午检，对缺勤幼儿及班组成员进行电话询问，晨午检记录应详细、全面；每天将幼儿出勤、缺勤情况等上报主管副主任，实施"日报告""零报告"制度。在晨午检过程中,一旦发现疑似症状幼儿,立即隔离,保健医通知家长带其到医院就诊,同时上报办公室。追踪幼儿情况,一旦怀疑霍乱传染病或疑似传染病患儿时,疫情上报负责人将患儿诊断情况报告地段保健科、教委、儿保科和后勤处。如发现本园教职工有突然腹泻,后继呕吐、脉搏微弱类似症状的要立即离岗及时就诊,持医院痊愈证明方可恢复工作。

(3) 落实消毒隔离制度,切断传播途径。加强食物的管理,严格操作流程,做好防蚊蝇措施,确保食物、水源不受污染。患者待隔离期满痊愈后,须持医生证明和园保健医检查报告方可进班。班级出现疑似病例立即隔离,做好终末消毒,同时与确诊患儿接触过的幼儿进行检疫、隔离、观察,检疫期满后无症状者方可解除隔离。

(4) 加大园内环境的整治力度,建立物资保障制度。时刻保持幼教中心教学和生活场所空气流通、清洁卫生、温度适宜。加强食堂从业人员的管理,确保健康上岗,严把进货关,采购肉类食品到正规厂家进货,同时索要动物检疫合格证明,认真记录进货台账。严格执行食品加工操作规程,在加工猪肉时要确保煮熟,中心温度达70摄氏度以上。根据需要,安排一定的专项经费用于各种防控措施的落实,如口罩、消毒用品及器械等防护用品的储备。

(四) 突发疑似霍乱应急处理流程

本班老师发现幼儿及班组成员有可疑病例(突然腹泻、继发呕吐、脉搏微弱)后立即向保健医汇报。保健医初诊后应立即隔离,随后向中心主任及主管副主任汇报情况并通知幼儿家长或员工家属到正规医院就诊,就诊后要求家长或家属将诊断结果反馈给幼教中心,由幼教中心上报到校医院、海妇幼儿保科、教委及后勤处。保健医指导老师对疑似病人所在班级的各种物品进行消毒工作。待该幼儿及员工痊愈后(医院出具痊愈证明),经中心主任同意方可入园。对已确诊霍乱,除上报有关防疫部门外,本园老师要积极配合上级领导部署的一切安排。

突发疑似霍乱应急处理流程如图9-21所示。

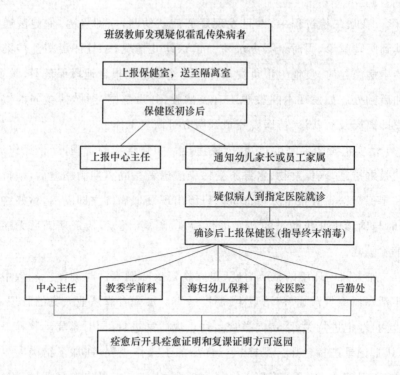

图 9-21 突发疑似霍乱应急处理流程

疫情防控相关部门及联系方式如下。

幼教中心办公室：62282033、62282036

幼教中心保健室：62282665

北京邮电大学后勤处办公室：62283465

北京邮电大学校医院：62282237

海淀妇幼儿保科：52395852

海淀教委学前科：88487314

海淀教委保健所邮箱：bjsjkk@sohu.com

第十三节　疟疾防范应急预案

按照《中华人民共和国传染病防治法》《关于加强学校传染病防治工作的通知》和《学校卫生工作条例》等法律法规和上级文件要求，认真做好防范疟疾的相关工作,结合幼教中心实际情况,特制定本预案。

(一) 基本原则

(1) 坚持以人为本的原则。保护师生生命安全,确保各项工作的顺利进行,是幼教中心应急防控工作的出发点和落脚点。

(2) 坚持预防为主的原则。幼教中心把应对预防疟疾的各项工作落实在日常管理之中,加强基础工作,进行必要的宣传教育和排查演练,提高防疫意识,将防疫预防与应急处置有机结合起来,力争实现早发现、早报告、早隔离、早治疗,将各类疫情处理在萌芽状态,避免造成任何损失。

(3) 坚决服从上级部门对关于疟疾的防控工作部署。在北京邮电大学校医院和海淀区教委的统一领导下,建立健全幼教中心突发疫情的应急指挥机构,按级负责、统一指挥、完善健全突发疫情处置体系。

(4) 坚持家长与幼教中心积极配合的原则。充分调动本园各方面的力量,把园内防疫工作同家庭预防有机地结合起来,共同应对可能出现的各种情况,最大限度地避免疫情的发生。

(二) 工作要求

(1) 园内上下统一思想、提高认识、高度重视,充分认识疟疾防控工作的重要性,把疟疾防控作为当前的重要工作来抓。

(2) 积极加强与上级卫生部门的沟通与合作,严格按照《中华人民共和国传染病防治法》《关于加强学校传染病防治工作的通知》和《学校卫生工作条例》等法律法规和上级文件要求,认真做好幼教中心疟疾的防控工作。

(3) 开展疟疾基本常识和预防知识的宣传教育活动,既要避免园内师生不必要的恐慌情绪,又要普及科学防范知识,重点培养幼儿良好的卫生习惯。

(4) 加强领导监督检查力度,落实责任制,明确各部门工作要求,与小组成员签订责任书。

(5) 保健医、各班老师严格做好晨午检记录和因病追查记录,密切关注师生健康状况,一旦发现畏寒、发热、伴有疲倦、头痛,全身不适等立即通知幼儿家长带其就医,并将诊断结果及时反馈给班级老师,由老师告知保健医并逐级上报。园中要将疑似传染病例及时、准确、迅速、直接报告校医院和儿保科、教委、后勤处,做到早发现、早报告、早隔离、早治疗。

(6) 各班教师加强与家长的联系,掌握幼儿在家期间的身体状况。调动园内一切力量,严格做好晨午检,注意发现和掌握疫情的早期状况,做到早发现、早隔离、早处置,确保不发生流感疫情。

(三)防范措施

(1) 开展形式多样的健康教育活动,确保措施落实到位充分利用园内的宣传栏,以展板、致家长信等形式,广泛深入地进行预防疟疾传染病知识的宣传和防治,加深老师、家长对疟疾的了解,消除不必要的恐慌,提高大家的防范意识,取得家长的配合和支持,注意家庭防护,发现幼儿出现畏寒、发热、伴有疲倦、头痛,全身不适等症状要及时到正规医院就诊,及时隔离,及时治疗,有效防控。

(2) 坚持晨午检制度,畅通报告渠道。保健医和班长要坚持对幼儿及班组成员进行每日晨午检,对缺勤幼儿及班组成员进行电话询问,晨午检记录应详细、全面;每天将幼儿出勤、缺勤情况等上报主管副主任,实施"零报告"制度。在晨午检过程中,一旦发现有畏寒、发热、伴有疲倦、头痛,全身不适等症状的幼儿立即隔离,保健医生通知家长带幼儿到医院就诊,同时上报中心办公室。与患儿家长密切联系,一旦怀疑为疟疾传染病或疑似传染病病人时,疫情上报负责人将患儿诊断情况报告保健所和后勤处办公室,同时由保健医上报校医院。如发现本园教职工有畏寒、发热、伴有疲倦、头痛,全身不适等症状要及时就诊暂停工作,持医院痊愈证明方可恢复工作。

(3) 加大园内环境的整治力度。时刻保持幼教中心活动场所配备防蚊蝇设施,定期灭蚊蝇,每天喷洒灭蚊剂,无积水,无卫生死角。加强班级防蚊蝇工作,随时关闭纱窗,午睡使用灭蚊器,幼儿离园后喷洒灭蚊剂。

(四)突发疑似疟疾应急处理流程

本班老师发现幼儿及班组成员有可疑病例(畏寒、发热、伴有疲倦、头痛,全身不适等症状)等病人后立即向保健医汇报。保健医经核实后送至应急隔离室,随后向中心主任及主管副主任汇报情况,并通知幼儿家长或员工家属到正规医院就诊,就诊后要求家长或家属将诊断结果反馈给幼教中心,由幼教中心上报到校医院,海妇幼儿保科,教委及后勤处,并请消杀公司及时做好全园灭蚊蝇工作。待该幼儿及员工痊愈后(医院出具痊愈证明和复课证明),经中心主任同意方可入园。对已确诊疟疾病人,除上报有关防疫部门外,本园老师要积极配合上级领导部署的一切安排。

突发疑似疟疾应急处理流程如图 9-22 所示。

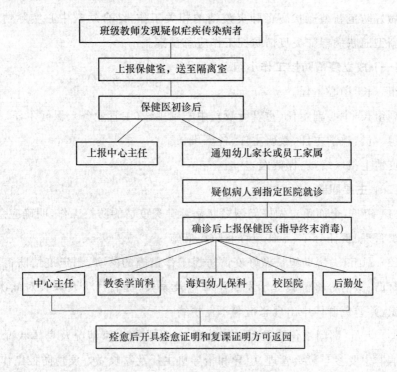

图 9-22　突发疑似疟疾应急处理流程

疫情防控相关部门及联系方式如下。

幼教中心办公室：62282033、62282036

幼教中心保健室：62282665

北京邮电大学后勤处办公室：62283465

北京邮电大学校医院：62282237

海淀妇幼儿保科：52395852

海淀教委学前科：88487314

海淀教委保健所邮箱：bjsjkk@sohu.com

第十四节　新型冠状病毒肺炎疫情防范应急预案

遵照北京邮电大学后勤处关于新型冠状病毒肺炎疫情的防控工作部署，根据区教育委员会《关于做好新型冠状病毒肺炎疫情防控工作的紧急通知》精神，认真做好防范新型冠状病毒肺炎疫情的相关工作，结合幼教中心实际情况，特制定新型冠状病毒肺炎疫情防控工作应急预案。

(一) 成立疫情防控工作小组

组　　长：中心主任。

副组长：中心副主任（主管行政）、中心副主任（主管业务）、保健主任。

组　　员：教学主任、教研主任、各班班长。

疫情上报联络员：保健医。

(二) 主要职责

(1) 组长：全面负责做好新型冠状病毒肺炎疫情的防控工作，明确应急处置的组织管理、责任分工、工作流程和防控措施。

(2) 副组长：协助组长做好疫情防控工作措施的落实，制定疫情防控预案。通过短信、微信等将健康提示发送给师生及家长，提高师生及家长对此次疫情的认识，并避免群体中出现恐慌等不良情绪。

(3) 组员：部门主任要及时了解教职工、幼儿的出京情况及身体状况，在班级微信群中要参与班级管理，引导和指导班主任及家长做好疫情防控工作。

(4) 疫情上报联络员：每晚10:00前收集班长群中上报的教师、家长、幼儿出京及身体情况，并于每日8:30前将本园前一日0:00～24:00的工作情况上报至教委，没有情况也要实施"零报告"制度，特殊情况随时汇报。

(三) 基本原则

(1) 坚持以人为本的原则。保护师生生命安全，确保各项工作的顺利进行，是幼儿园应急防控工作的出发点和落脚点。

(2) 坚持预防为主的原则。节假日期间，外出旅游、亲属探访等活动人员流动频繁，幼儿抵抗能力弱，做好防控工作形势严峻，任务紧迫。幼儿园应把应对预防新型冠状病毒肺炎的各项工作落实在日常管理之中，加强基础工作，进行必要的宣传教育和排查演练，提高防疫意识，将防疫预防与应急处置有机结合起来，力争实现早发现、早报告、早控制、早解决，将各类疫情处理在萌芽状态，避免造成任何损失。

(3) 坚决服从上级部门对关于新型冠状病毒肺炎的防控工作部署。在北京邮电大学后勤处和海淀区教委保健所的统一领导下,建立健全幼儿园突发疫情的应急指挥机构,按级负责、统一指挥、完善健全突发疫情处置体系。

(4) 坚持家长与幼儿园积极配合的原则。充分调动本园各方面的力量,把园内防疫工作同家庭预防有机地结合起来,共同应对可能出现的各种情况,最大限度地避免疫情的发生。

(四) 工作要求

(1) 园内上下统一思想、提高认识、高度重视,把新型冠状病毒肺炎防控工作作为本园的头等大事来抓,牢固树立师生身体健康和生命安全高于一切的思想,充分认识加强新型冠状病毒肺炎防控工作的重要性和紧迫性。

(2) 积极加强与上级卫生部门的沟通与合作,严格按照《中华人民共和国传染病防治法》《关于加强学校传染病防治工作的通知》和《学校卫生工作条例》等法律法规和上级文件要求,认真做好幼儿园新型冠状病毒肺炎的防控工作。

(3) 开展多次新型冠状病毒肺炎基本常识和预防知识的宣传教育活动,既要避免园内师生不必要的恐慌情绪,又要普及科学防范知识,重点教育幼儿培养良好的卫生习惯。

(4) 加强领导监督检查力度,落实责任制,明确各部门工作要求,强化责任意识,加强春节和寒假期间值班值守,与小组成员签订责任书。

(5) 保健医、各班老师严格做好晨午检记录和因病缺勤追查记录,密切关注师生健康状况,对师生员工(包括保安、保洁、厨师等)疫情期间开展不断地毯式全面排查,如发现发热、干咳等不适症状的,及时提醒并帮助其到指定医院发热门诊接受诊断治疗,并进行相应的跟踪观察,如发现感染新型冠状病毒肺炎疫情应第一时间将诊断结果反馈给中心主任及主管副主任,园中要将疑似传染病例及时、准确、迅速、直接报告校医院和教委保健所。

(6) 各班教师加强与家长的联系,掌握幼儿在家期间的身体状况。在园内严格做好晨午检,注意发现和掌握疫情的早期状况,做到早发现、早隔离、早处置、确保不发生疫情。

(7) 坚持各班班长每日晚 10:00 前在幼儿园群中上报各班教师、家长、幼儿出京及身体情况。疫情上报负责人于每日 8:30 前将本园前一日 0:00～24:00 的工作情况上报至教委,没有情况也要实施"零报告"制度,特殊情况随时汇报。

(8) 保健医指导老师对疑似病人所在班级的各种物品进行消毒工作。待该幼儿及员工痊愈后（医院出具痊愈证明），经中心主任同意方可入园。对已确诊新型冠状病毒肺炎病人，除上报有关防疫部门外，本园老师要积极配合上级领导部署的一切安排。

（五）防范措施

(1) 开展形式多样的健康教育活动，确保措施落实到位充分利用园内的宣传栏，以展板、致家长信等形式，广泛深入地进行预防新型冠状病毒肺炎知识的宣传和防治，加深老师、家长对新型冠状病毒肺炎的了解，消除不必要的恐慌，提高大家的防范意识，引导师生员工尽量避免去疫情高发地区，获得家长的配合和支持，注意家庭防护，尽量减少外出游玩活动，少去人群聚集的地方，做到勤洗手，外出佩戴口罩，远离野生动物，加强体育锻炼，注意个人卫生。如发现幼儿出现发热、干咳等不适症状要及时到正规医院就诊，及时隔离，及时治疗，有效防控。

(2) 坚持晨午检制度，畅通报告渠道。保健医和班长要坚持对幼儿及班组成员进行每日晨午检，对缺勤幼儿及班组成员进行电话询问，特别是做好开学后师生员工的发热排查工作，晨午检记录应详细、全面；填写新型冠状病毒肺炎防控情况统计表，每天将幼儿出勤、缺勤情况等上报主管副主任，实施"零报告"制度。在晨午检过程中，一旦发现有发热、干咳等不适症状的幼儿，立即隔离到保健室，保健医生通知家长带幼儿到医院就诊，同时报中心办公室。与患儿家长密切联系，一旦怀疑为新型冠状病毒肺炎传染病或疑似传染病病人时，疫情上报负责人将患儿诊断情况报告保健所及后勤处办公室，同时由保健医上报地区防疫部门。如发现本园教职工有发热、干咳等不适症状的要及时就诊暂停工作，持医院痊愈证明方可恢复工作。

(3) 落实消毒隔离制度，切断传播途径。将消毒隔离制度落实到各班级，负责消毒的教师要按规定科学合理配置消毒用水，对幼儿每日所用的水杯、毛巾等个人用具进行一日一消，玩教具进行擦拭、暴晒消毒，公共用品定期进行清洗消毒，加强各班教室的开窗通风、减少间接接触传播，注意肥皂流动水洗手。每日幼儿离园后坚持使用紫外线灯进行班级空气消毒，加强园内大型玩具及公共设备设施的消毒力度，加强食堂从业人员的管理及食品安全管理。

(4)加大园内环境的整治力度,建立物资保障制度。时刻保持幼儿园教学和生活场所空气流通、清洁卫生、温度适宜。根据需要,安排一定的专项经费用于各种防控措施的落实,如体温计、口罩、消毒用品和器械等防护用品的储备。

(六)突发疑似新型冠状病毒肺炎应急处理流程

本班老师发现幼儿或班组成员有可疑病例,出现发热、干咳等不适症状的病人后立即向保健医汇报。保健医经核实后送至应急隔离室,随后向中心主任及主管副主任汇报情况并通知幼儿家长或员工家属到正规医院就诊,就诊后要求家长或家属将诊断结果反馈给幼儿园,由幼儿园上报到防疫站、教委保健科及后勤处。保健医指导老师对疑似病人所在班级的各种物品进行消毒工作。待该幼儿及员工痊愈后(医院出具痊愈证明),经中心主任同意方可入园。对已确诊新型冠状病毒肺炎病人,除上报有关防疫部门外,本园老师要积极配合上级领导部署的一切安排。

突发疑似新型冠状病毒肺炎应急处理流程如图 9-23 所示。

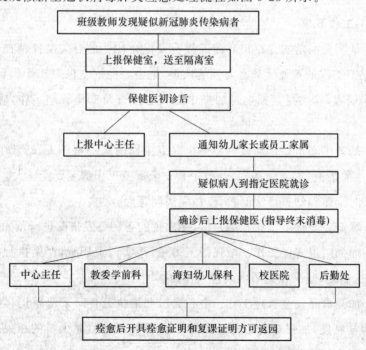

图 9-23 突发疑似新型冠状病毒肺炎应急处理流程

第十五节 防恐安全预案

为了营造良好安全的社会氛围,维护幼教中心正常的教育秩序,保障师生生命财产安全,保持社会政治稳定,根据市教育局关于加强防恐工作的通知,全面提高应对恐怖和暴力能力,特制定本预案。

(一) 指导思想

为了有效预防、及时控制和消除幼教中心重大突发事件的发生,保障师生身体健康与生命安全,维护正常的教育教学秩序。本着防微杜渐的原则,加强领导,精心组织,周密安排,防止安全事故的发生。同时,认真组织开展"四防"教育,即以"防火、防毒、防劫持、防爆炸"为内容的公共安全教育活动,开展消防、突发事故的演练活动,提高广大师生的自护、自救能力,确保保教工作正常进行。

(二) 工作要求

(1) 认真贯彻落实北京市海淀区教委安保会传达的有关文件精神,提高中心安全保卫工作的重要性和必要性的认识,把中心的安全保卫工作提到非常重要的工作议程,确实抓紧抓实。加强中心安全排查及安全管理工作,确保师生安全。

(2) 幼教中心主任是幼教中心安全保卫工作的第一责任人,幼教中心两名副主任(主管后勤、主管业务)是幼教中心安全保卫工作的主要责任人。

(3) 对全体师幼进行法制教育,加强法制观念。

(4) 制定安全保卫工作预案,对可能出现的各种突发情况进行预先准备。

(5) 加强门卫安保工作。增强门卫力量,落实门卫职责,严格执行12小时值班、巡逻制度,坚决杜绝陌生人进入校园。

(6) 加强食品安全管理工作。中心厨房严格执行食品来源登记、索证制度和食品留样制度,加强对食品安全管理工作,严格规范食堂人员的相关操作,严禁陌生人进入厨房。

(7) 加强操场、教学楼等人群密集场所的防爆炸、防燃烧工作。加强安全巡逻工作,重点加强食堂、班级等人群密集场所的巡查力度,不让任何可疑之人进入重要场所,切实加强中心各重要场所防爆炸、防燃烧、防投毒工作。

(三) 领导小组

1. 领导小组

为切实加强中心安全保卫工作,责任到人,一岗双责,在完成本岗工作的同时对中心幼儿、家长负有安全保卫的职责,特成立防恐安全小组。

组　　长:中心主任。

副组长:中心副主任(主管后勤)、中心副主任(主管业务)。

成　　员:部门主任、部门班长、保健医、后勤人员、办公室人员。

2. 工作职责

幼教中心发生或接到突发安全事情时,要第一时间在事件现场指挥救援行动,并及时向公安、交警、消防等相关部门汇报和请求援助,要本着"先控制,后处置,救人第一,减少损失"的原则,果断处理积极抢救指挥现场师生离开危险区域,保护好园内贵重物品,维护现场秩序做好事故现场保护工作,做好善后处理工作,并按规定及时向上级和主管部门汇报。

(1) 园内犯罪分子持刀行凶事件应急处理程序,本应急程序的要点是迅速集结优势力量阻止犯罪分子行凶。一旦发生幼教中心暴力事件,务必以保护幼儿生命安全为主要目的,一般按照下列程序处理。

① 获得事件信息的任何人都应当在第一时间向中心领导报告,并同时拨打1100上报保卫处,事件严重及时拨打110报警。

② 选派应变能力强、口才较好、身体强壮的老师与犯罪嫌疑人周旋,对犯罪嫌疑人进行劝说,以拖延时间。中心领导或任何工作人员立即组织现场人员不惜一切代价建立警戒线,使犯罪分子无法靠近幼儿,防止事态扩大。

③ 应急领导小组宣布幼教中心进入全面应急状态,立即实施应急救援行动。

④ 集结优势力量,携带防卫器械,与犯罪分子周旋劝阻与制止犯罪行为,为警方援助赢得时间,在有利条件下设法制服犯罪分子。

⑤ 尽快把所有幼儿和无关人员撤离至安全区域。

⑥ 救护受伤幼儿和其他伤员。

⑦ 实施事件现场警戒,阻止无关人员进入园内,维护现场秩序,防范别有用心的人肇事,引导外部救援人员进入事件现场。

⑧ 事件发生后,幼教中心应即向教育主管部门报告。

(2) 园内发现可疑人物应急处理程序,本应急程序的要点是迅速采取措施控制可疑人物。在园内发现形迹可疑、四处游荡、可能作案的可疑人物,在场人员都应当立即向中心领导报告。

① 幼教中心保安人员和领导指派人员要立即对此人进行询问,同时将其行动限制在局部区域内。

② 若此人自述进入中心的目的明显缺乏可信度,无人证、物证,甚至说话前后矛盾,蛮不讲理,保安人员应当将其带入保安室进行进一步盘问。

③ 若有证据表明此人是危险人物或犯罪嫌疑人,应立即打1110上报保卫处,时间严重及时拨打110报警,由保卫处安保人员或警方带走做进一步调查。

④ 若可疑人物在盘问时夺路逃跑,单位人员应当将其相貌、身高、衣着及其他特征和逃走方向向警方报告。同时,幼教中心应当做好此人再一次闯入作案的准备工作。

⑤ 在整个过程中,幼教中心会采取切实有效的措施,防范可疑人物使用暴力,要确保周围人员的安全。

⑥ 幼教中心要把事件情况及时向教育行政主管部门报告。

(3) 园内发现可疑物品的应急处理程序,本应急程序的要点是防范易燃易爆有毒有害物品伤害事故。

① 收到可疑邮包或发现可疑物品的任何人员都要在第一时间向中心领导报告。可疑物品包括外表、重量、气味可疑的物品;不是本单位的物品;从没见过此种物品,不知此物品有何用途,为何会摆放在园内某处等。

② 发现可疑邮包和可疑物品的教职工不应当试图打开或随意摆弄它,要进行初步鉴别,判断是不是危险物品,若不能排除危险物品,应立即拨打1100上报保卫处,若事件严重应及时拨打110报警,请专业人员检测和处理。

③ 若可疑邮包和物品被警方确定为危险物品,幼教中心应立即在其周围设

置警戒线,撤离无关人员,听从警方指挥。

④ 中心应当配合警方组织人员在校园其他区域搜寻检查,确定在中心内是否还有其他可疑物品。

⑤ 中心配合警方开展各项处理工作并及时向教育行政主管部门报告。

第十六节　安全维稳应急处理预案

幼教中心的安全稳定工作是各项工作中的重中之重,为进一步贯彻落实教委及上级相关文件精神,加强幼教中心安全维稳工作管理,切实维护幼教中心正常的教育教学和生活秩序,特制定本工作预案。

(一) 指导思想

树立法律意识,维护社会安定稳定,坚持预防为主,正面引导,加强宣传教育,做好幼教中心突发事件的预防和处置工作,把不安全不稳定的因素扼杀在萌芽阶段。

(二) 成立维护稳定领导小组

1. 领导小组

组　长:中心主任。

副组长:中心副主任(主管后勤)、中心副主任(主管业务)。

组　员:部门主任、部门班长。

信息联络员:保健医。

2. 主要职责

组长:全面负责教师的思想教育和引导工作,深入教师,做好细致的工作调查,及时发现问题,做好防范。高度重视并认真解决师生家长反映的问题,及时发现并就地消除不稳定因素。注重教师的师德教育,重视家园沟通和互动,充分发挥家委会的作用。

副组长:协助组长落实各项工作措施,定期召开班长会、家委会、职工代表会等,及时了解员工和家长动态,化解矛盾,做好幼教中心维稳安定工作。

组员:部门主任要及时了解员工和家长思想动态,遇情绪不稳定的员工和家长要及时沟通,化解矛盾。在班级微信群中参与班级管理,引导和指导班主任做好家长工作,遇家园矛盾、师师矛盾时要第一时间处理,处理不了的要及时上报,把矛盾扼杀在萌芽中。班长要组织教师、保育员共同负责本班幼儿的一切安全工作,定期召开班务会,及时了解班员和家长思想动态,经常与班员和家长沟通,做好班级各项工作并有过程性记录。

信息联络员:每天 8:10 之前汇总全园幼儿来园人数,填写未来园幼儿准确信息并上报副组长。

(三) 工作管理措施

1. 统一思想,提高认识

(1) 定期召开行政会议和全园大会,加强正面宣传和正面引导,不传谣,不信谣。

(2) 学习贯彻落实上级的决策和所提出的工作要求,统一思想,提高认识,引导教师为营造教育发展的良性环境作出应有的贡献。

2. 宣传教育

(1) 定期开展师德教育,让全体教职工自觉拥护党和国家的方针政策,遵纪守法,牢固树立大局意识,维护社会和谐安定。

(2) 利用培训开展各种法律法规教育,要求全体教职工自觉遵守职业道德,不做违反职业形象的事,不说不利于稳定的话。

3. 主要措施

(1) 建立每天信息报告制度,做到每天有事报事,无事报平安。

(2) 每天 8:30 前信息联络人汇总全园幼儿来园情况上报副组长。

(3) 定期组织开展防食物中毒、防火、防盗、交通安全、反恐怖等自防、自保、自救和逃生安全演练,确保全体师生生命财产安全。

(4) 明确职责,落实责任,把各项工作做实、做细、落到实处。

(5) 加强对幼教中心内部和周边隐患的排查,坚持跟踪,敏锐捕捉一些苗头性、倾向性问题,及时发现、掌握最新信息,准确了解教师和家长思想动态,对重点人物重点落实,及时处理难点问题。做到"矛盾在第一时间处置,情况在第一时间上报"。

(四)应急处置反应

发生维稳事件后,应急处理领导小组应根据实际情况启动相应的应急反应。

(1) 若察觉将有涉稳事件发生或已经发生,必须第一时间上报幼教中心应急处理领导小组负责人,由负责人向上级有关部门报告。

(2) 应急处理指挥领导小组收到发生涉稳事件的信息后,应立即启动应急预案,落实各项处置和防控措施,同时向有关部门报告。

(五)应急处理步骤

(1) 维护稳定领导小组成员接到涉稳事件的风险信息后应第一时间赶到现场进行处置,并向应急处理小组组长汇报。

(2) 应急小组组长要在最短时间赶往现场指挥工作,并根据情况向上级有关部门汇报。遇组长不在时,副组长指挥处置全面工作。

(3) 待涉稳事件处置后,应急处理领导小组要进行认真分析,总结经验教训并写出书面报告。

第十七节 舆情舆论预案

为进一步加强网络舆情监测,防止不良信息对幼教中心的侵害,有效防范网络舆情事件发生,掌握网络舆论主动权,加强对网络舆情的预警防范和监测引导,形成积极向上的主流舆论,营造良好的舆论环境,特制定本预案。

(一)组织领导

组　长:中心主任。

副组长:中心副主任(主管后勤)、中心副主任(主管业务)。

成　员:部门主任、部门班长。

(二)工作目标

加强网上舆情监控,及时掌握舆情动态,坚决封堵、删除各种有害信息,及时掌握各网络媒体对幼教中心工作动态、幼儿动态等方面信息的报道及评论,加强正面引导,释疑解惑,化解矛盾,消除不良影响,树立幼教中心良好的形象。

(三) 工作内容

(1) 网络舆情监控的基本程序:收集信息—核实信息—报送信息—处置舆情。

(2) 建立网络舆情处置机制。按照组建处置小组、核查事实、分析研判、评估影响、制定应对方案到主动发布信息、启动网络评论等一整套应对程序,为积极主动应对舆情危机、引导社会舆论向健康方向发展起到重要保障作用。同时,在舆情事件处理结束后,形成专题处置报告进行总结。

(四) 实施措施

1. 监测对象和监测内容

实行分工轮值负责制,利用搜索引擎对主要门户网站和新闻网站的留言、网上论坛、微博、即时通信等互动性栏目,通过网页逐条浏览或者通过关键字词全网搜索等形式,收集相关舆情信息和留言,对不良舆情进行监测,做好记录、梳理等工作,及时上报,正确处置。上报内容包括网络实名、舆情和网友留言内容等,并向相关领导及时汇报。

负责人员:中心副主任(主管后勤)、办公室主任。

2. 针对幼教中心网站评论、公众号等交互平台的应急预案

(1) 把握舆情主旋律。一方面,就一些相关问题立场鲜明地发表评论,从而积极引导幼儿和家长形成健康的思想观念;另一方面,通过了解家长的疑惑和困难,正确地分析、引导和解答疑问,营造一个良好教育教学环境。

负责人员:中心副主任(主管业务)。

(2) 实现舆情监测。掌握网络舆论导向,了解网络舆论动态,使教师和家长成为舆论主力军,发现不利于幼教中心稳定的舆情,应及时反馈至相关部门,为相关部门提供舆情方面的决策支持,同时做好舆论引导。

负责人员:教学部主任、教研部主任。

(3) 加强教育管理,促进网络文明,重视网上网下相结合。利用家校通App、微信公众平台等宣传媒介开展有针对性的教育,提高家长对各种信息的观察、识别、选择和运用能力;注意尊重和维护隐私权;养成诚实、信用、自尊、自爱的品质。加强心理健康教育,对个别有严重心理问题家长发布的信息能及时跟帖,做好心理疏导,减少消极影响,积极引导家长做一个理智的网民,促进网络文明。

负责人员:各班班长。

3. 幼教中心网站新闻、公告等有关内容的审核及发布应严格审查、把关

园领导要高度重视信息工作和网页建设,要有组织、有计划、积极主动地开展宣传报道工作,树立好部门形象。对于幼教中心网站的留言板,凡涉及园内问题,由各部门指定专人负责及时回复。对非正常及不健康信息要及时存档并删除。

4. 网络舆情研判贯彻"谁主管、谁负责"的原则

将监测到的舆情信息进行分转交办,按照"快速反应、确认事实、妥善处理"的方式及时对网络舆情进行分析、判断、评估,准确查找舆情信息产生的原因,认真核实舆情反映的问题,对舆情走向作出正确的判断,对舆情可能产生的影响进行客观、全面评估。

5. 应对负面舆情须主动

网络传播快速、直接、简单、有效,并且产生的巨大转发量,对此需要引起重视,对于网络中流传的未确认信息不闻、不问、不管、不说,会给园内工作带来恶劣的影响。如遇突发事件须迅速反应,需加强信息的披露与家长的沟通。

(1)以多种形式介绍事实真相;公布相关证据、信息;用事实说话,积极释疑解惑、化解矛盾、消除影响,积极营造良好的舆论氛围。

(2)发挥网络的传播优势,利用权威机构、主流媒体的权威性和公信力,及时发布权威信息和主流信息,进行正面宣传引导。

(3)对个别特殊情况要争取获得公众的谅解与支持,避免流言四起和引起恐慌,做到尽早讲,第一时间表明对事件的态度及应对措施;持续讲,向公众不断披露事件进展情况;准确讲,发布信息真实全面,争取公众的认可;反复讲,采取各种方式对公众进行答疑解惑。重大舆情处置后,要密切关注事件进展情况,防范负面舆情出现反复。

(4)如果是相关老师的问题引发的网络负面舆情,避免采取压、捂、盖、推、躲或不理睬等消极的措施,要主动进行内部调查,作出公正处理,并及时通过相

关渠道对外公布,以诚信、公平、公正的态度取信于民,同时由主流媒体配合进行正面报道,引导公众客观看待、正面热议,左右网络舆情走向。

6. 强化法律和技术监管

网络舆情宜疏不宜堵。但对网民恶意传播一些非法内容危害幼教中心利益,要通过法律途径和技术手段双管齐下,坚决遏制有害信息的传播。

7. 此项工作要常抓不懈

网络舆情控制与防范处理要定期总结存在的问题,制订工作计划,有针对性地开展工作。利用家委会及时掌握家长思想动态,及时疏导。

(五) 奖惩机制

建立奖惩和宣传教育机制。根据相关规定,对因各种原因对园内造成负面影响的教职工进行批评教育,严重者给予相应处分;对在舆情防范处置工作中表现突出给予表扬。

第十八节 幼儿园防踩踏事故应急预案

为加强幼教中心安全管理工作,防止幼儿来园、离园,户外活动上下楼时拥挤发生踩踏意外事故,根据本中心的安全管理制度特制定本预案。

(一) 成立处置突发事件的领导小组

组 长:中心主任。

副组长:中心副主任(主管后勤)、中心副主任(主管业务)。

成 员:部门主任、部门班长、保健医、后勤人员、办公室人员。

(二) 机构职责

(1) 加强领导,健全组织,强化工作职责,制定应急预案和落实各项措施,完善工作机制和应急保障系统。

(2) 领导小组成员要识别容易出现踩踏的风险,重点防范;利用各种形式加强对幼儿行为规范教育、安全教育,增强幼儿的自我保护意识。

(3) 领导小组成员要经常性地对幼教中心教学和生活设施、设备以及场地、房屋和设备进行安全检查,发现隐患要立即整改;要确保走廊、通道的畅通。

（4）健全幼教中心各项规章制度。

（三）教师职责及对幼儿的安全教育要求

（1）各班班长要经常对幼儿进行文明礼仪教育，教育幼儿上下楼梯时靠右行，不要拥挤，防止踩踏挤压等不安全事故的发生，对有这种现象的幼儿要给予批评教育，责令其改正错误行为。

（2）教师要及时制止幼儿上下楼梯故意打闹等不良行为，防止拥堵现象的发生。

（3）若发生幼儿轻微踩踏等安全事故，在场教师要及时组织疏导，防止事故进一步扩大。

（4）一旦发生严重踩踏等安全事故，带班教师或在场老师须马上报告中心主任、保健医，同时根据伤情拨打120急救电话，将受伤幼儿送至最近的医院进行抢救。

（四）应对突发事件处置预案

发生事故后，目击者要立即向领导小组反映，领导小组立即启动应急预案，所有成员必须立即赶赴现场组织抢救。同时，迅速拨打电话报警并向上级主管部门报告，请求援助。报告内容应包括事故发生的时间、地点、种类、程度、危害以及已采取和准备采取的应急行动。

发生事故后，领导小组按以下原则组织师幼进行紧急疏散：

（1）发生突发事件后立即按制动报警鸣笛，安全领导小组迅速组织全园师幼疏散逃生。

（2）具体疏散撤离路线同"幼教中心防火、防震安全撤离路线"。

（五）疏散要求与注意事项

（1）听到幼教中心发出的警报声后，全园师生立即快速、安全进行疏散，切勿磨蹭。

（2）疏散集合地点：全部幼儿按做操位置在操场集中。

（3）疏散顺序：教师指挥幼儿按计划依次快速、安全下楼，不能抢先下楼，以免再次发生拥挤践踏事故。

（4）疏散过程中如果发生意外伤害，首先应对伤者进行简单救助，然后安排专人护理,并送到医院救治。

第十九节 幼儿园矛盾处置应急预案

幼教中心的稳定工作关系着幼教中心教学工作的正常开展,关系着幼教中心温馨和谐的学习生活环境,关系着幼儿的健康发展。因此,充分认识并做好幼教中心各种矛盾纠纷协调工作是一项重要和紧迫的任务。我们要从维护幼教中心稳定的大局出发,高度重视矛盾纠纷,将矛盾化解在萌芽阶段,并将可能出现的种种矛盾进行排查,尽量减少矛盾对幼教中心带来的危害,深化"平安校园"。现结合实际工作,特制定本预案。

(一)应急机构组织

1. 矛盾协调小组

组　长:中心主任。

副组长:中心副主任(主管后勤)、中心副主任(主管业务)。

组　员:行政办公会人员。

2. 主要职责

(1)指挥协调:中心主任。

(2)矛盾排查调查、调解小组:中心副主任(主管后勤)、中心副主任(主管业务)。

(3)疏导处置小组:行政办公会人员。

(4)接待记录:办公室主任。

(二)可能出现的矛盾纠纷

(1)家长与幼教中心出现矛盾纠纷,如由于事故造成幼儿的伤害,看护不当造成的伤害,招生过程中造成的纠纷等。

(2)幼教中心内部矛盾纠纷,如教职工各种矛盾引发的纠纷,包括因福利待遇、绩效工资、外聘合同工权益的维护等问题。

(3)幼儿之间产生的矛盾,继而引发家长之间的矛盾冲突。

(三) 幼儿园矛盾纠纷排查工作重点

(1) 矛盾纠纷排查工作以幼教中心矛盾协调小组为重点,坚持抓早、抓小、抓苗头、抓源头,守住基层"第一道防线",确保矛盾纠纷化解在基层,解决在萌芽状态中。

(2) 从维护师生根本利益出发,加强多发性、常见性、群体性、突发性、易激化的矛盾排查工作。

(3) 动态掌握园情,建立情报信息网络和预警机制,及时排查随时发生的矛盾纠纷,防止事态扩大。

(4) 严格履行排查报送制度,对排查出来的隐患及时上报中心副主任(主管后勤)。

(5) 幼教中心矛盾协调组对涉及园所全局性的政策问题和影响较大的问题,专项研究,专题解决。

(6) 建立并完善矛盾纠纷排查责任人制。认真研究协调方案,制订周密计划,落实责任制。根据矛盾纠纷问题的实际情况,确定解决策略。

(7) 通过矛盾纠纷化解和安全隐患排查整治工作,化解全年出现的不稳定问题,整治校园安全隐患,努力实现五个不发生:①不发生重大群体性事件;②不发生大规模群访事件;③不发生校园安全事故;④不发生重大刑事案件;⑤不发生邪教群体集闹事件。

(四) 应急处置程序

(1) 最早获悉重大矛盾、突发性矛盾的教职工要在第一时间向中心领导汇报,由领导小组决定是否启动应急预案。

(2) 决定启动应急预案后,领导小组迅速组成指挥协调小组、矛盾排查控制小组和疏导处置小组三个小组。

(3) 各个工作组迅速召集人员分头开展工作。

① 中心主任担任指挥协调小组组长,主要负责及时听取处置动态信息并报告上级主管部门。

② 中心副主任(主管后勤)担任矛盾排查控制小组组长,主要负责与社区派出所民警及时取得联系,控制现场局面,做好现场调查、取证、留存证据等相关

工作。如遇重大、复杂事件及时与教委和公安局联系，以防止事态扩大，造成恶劣影响。

中心副主任（主管业务）担任疏导处置小组组长，主要负责向发生矛盾纠纷的双方宣传法律、法规，引导他们按照法律法规办事，做好和谈善后工作，认真听取反映的问题和意见，分析引发事件的原因，形成具体处置意见，向指挥小组组长汇报处置动态，提出下一步处置意见。

第二十节　幼儿园停电应急预案

根据国家和北京市关于加强公共安全应急预防工作要求及《北京市中小学、幼儿园人身安全事故预防与处理办法》的规定，针对幼教中心可能出现的停电情况，特制定停电应急预案。

（一）工作要求

一旦有停电突发事件，要立即启动应急处理预案，按照统一指挥、分级负责、各司其职的原则，及时控制局面，努力将事故危害降到最低程度。

（二）预防及应急前准备

（1）定期对幼教中心电器、线路等进行检查，避免因幼教中心自身因素出现的意外停电事故。

（2）在幼教中心楼道等公共区域配置应急灯，保证各疏散通道应急设施完好。

（3）在各部门内部配备好手电筒，以备急用。

（4）园领导利用全园会、安全工作会组织全体教职工进行安全预案的学习，班级教师利用日常教学活动对幼儿进行停电应急有关知识的宣传教育，厨房及后勤人员利用总务会、安全会进行有关停电应急有关知识的培训，并能根据应急预案进行演练。

（5）做好全园应急灯的维护工作，如应急灯损坏要及时更换。

（三）停电的紧急预案

（1）用电故障无法迅速修复的，可直接拨打物业或供电部门电话进行维修。

(2) 对于不能在短时间内修复,可能影响正常教育教学停电情况,应迅速成立以中心主任为组长的紧急事件处理小组,稳定师生员工情绪,及时向上级主管部门反映情况。

(3) 针对有关部门提前通知的停电,中心副主任(主管后勤)要及时通知到各部门,保证教师和各部门知道停电的时间,各部门提前做好应对停电的准备工作。

(4) 针对突发停电情况,各班老师应稳定幼儿的情绪,在应急灯的照射下,有序地安排好幼儿的活动,保障一日活动的正常开展,等待正常供电;食堂班长积极协调学校餐饮食堂,做好幼儿食物的临时采买或调运工作,保证幼儿能够正常进餐,并保证食物和餐具的卫生;主管领导做好指挥监督工作。

(5) 送电后,及时检查各楼层照明用电、各部门计算机、网络是否恢复正常,发现问题及时排除。

第二十一节　幼儿园停水应急预案

为预防幼教中心突发停水事件,停水后能从容面对并保证幼儿在园安全及正常的生活学习,教职工能有序地开展工作,特制定本预案。

(一) 工作要求

(1) 了解停水原因是来自园内还是园外,若是园外原因,应立即拨打自来水公司服务电话,问清事故发生地点和事故原因;若是园内原因,应立即通知负责维修的物业人员到场,迅速进行维修。对于园内主水管道故障无法迅速自行修复的突发事故,可直接拨打自来水公司电话进行维修。

(2) 对于不能在短时间内修复,可能影响正常教育教学的停水情况,应及时向上级主管部门反映情况,并稳定师生员工情绪。

(3) 停水时,要求园内人员不要随意开启自来水龙头,以免来水后造成不必要的浪费。

(二) 可预知性的停水

(1) 接到停水通知后,食堂人员应尽快做好蓄水工作,以解决食堂正常的生活用水;其他各部门人员抓紧时间存留一定的自来水,以备应急之需。

(2)停水前,保健部门联系供应商购置充足的瓶装饮用水,以保证幼儿的饮用。

(3)行政人员加强巡视,发现问题及时根据实际情况进行排解。

(三)突发停水

(1)向自来水公司了解停水原因。

(2)停水超过4小时,园内购置大瓶纯净水定量分发给幼儿饮用。

(3)停水超过24小时,将联系辖区消防部门请求援助,提供幼教中心的日常饮用水、生活用水的供给。

第二十二节　施工安全预案

为有效加强幼教中心施工安全生产,及时控制和消除工程建筑安全事故的发生,保障安全事故发生后的处置和救援工作,最大减少事故损失,根据《中华人民共和国安全生产法》《建设工程安全生产管理条例》等法律法规的有关规定,结合项目施工生产内容及幼教中心实际情况特制定施工安全应急预案。

(一)应急预案的任务和目标

(1)遵循安全第一的原则,优先保护人身安全和财产安全。做到统一指挥、分工负责。幼教中心委派专人负责监督施工方落实施工安全协议的具体要求,面对可能发生的重大安全事故,协助施工方及时采取抢救措施,高效、有序地组织开展触电、火灾以及机械伤害等事故的抢救工作,最大限度地减少人员伤亡和财产损失。

(2)幼教中心对各类事故应急救援工作都应当落实"预防为主、常备不懈、救人第一"的方针,统一指挥、分级负责、冷静有序、团结协作,遵循"快速有效处置、防止事故扩大"的原则,启动施工预案。

(二)施工安全应急机构

1. 施工安全应急领导小组

组　长:中心主任(第一安全责任人)。

副组长：中心副主任（主管后勤）中心副主任（主管业务）。

组　员：值班人员。

2. 领导小组成员职责

组　长：根据事故发生状态，统一部署应急预案的实施工作，指挥各部门协助施工方有条不紊地进行救援工作。

副组长：

（1）中心副主任（主管后勤）：对施工安全协议负责监督和落实，对事故原因做初步判断和分析。

（2）两名副主任协助施工方对事故现场应急救援，防止事故蔓延和扩大。严格保护施工现场，做好标记并拍照，详细记录和绘制事故现场图，并妥善保存现场重要痕迹、物证等。严格按照"第一时间先口头、后书面"的要求做好突发情况信息的报送工作。

（3）组员：在最短时间内了解事故情况；协助施工方救援；协助有关部门调查；采取有效措施；做好事故善后处置工作。

（三）安全事故应急救援流程

（1）事故发生初期，事故现场人员应积极采取应急自救措施，同时启动施工现场应急救援预案，实施现场抢险，防止事故扩大。通知相关部门尽快恢复有关设施，确保应急救援工作的顺利开展。

（2）安全事故应急救援预案启动后，应急小组立即投入运作，在第一时间抢救受伤人员；当出现人员受伤时，及时拨打急救电话120呼叫医疗援助；其他相关部门应做好抢救配合工作。

（3）重大安全事故发生后，事故单位或当事人必须将所发生的重大安全事故报告相关监管部门，报告内容包括：发生事故的单位、时间、地点、位置；事故类型（火灾、倒塌、触电、爆炸、泄漏、机械伤害等）；伤亡情况及事故直接经济损失的初步评估；事故涉及的危险材料性质、数量；事故发展趋势，可能影响的范围，现场人员和附近人口分布；事故的初步原因判断；采取的应急抢救措施；需要有关部门和单位协助救援抢险的事宜；事故的报告时间、报告单位、报告人及电话联络方式。

（4）重特大安全事故发生后，事故发生地和有关单位必须严格保护事故现场，并迅速采取必要措施，抢救人员和财产。因抢救伤员、防止事故扩大和疏通交通等原因需要移动现场物件时，必须做出标志、拍照、详细记录和绘制事故现场图，并妥善保存现场重要痕迹、物证等。

（5）积极妥善做好善后工作，追究当事人或施工单位责任。

第二十三节　假期安全应急预案

为进一步加强幼教中心假期期间的安全稳定工作，有效预防各种突发事件及提高值班人员的应急处理能力，让假期值班各岗人员能在第一时间做出正确处置，特制定本预案。

（一）指导思想

按照习近平总书记提出的"管行业必须管安全，管业务必须管安全"和安全工作"党政同责，一岗双责，失职追责，齐抓共管，齐抓共管"的要求，树立"安全第一"的责任意识，确保幼教中心假期期间的安全与稳定。为了有效预防、及时控制和消除发生于幼教中心内紧急突发事件的危害，保障在园幼儿及教职工的生命安全与身体健康，维护正常的工作秩序，结合本园实际情况特制定本预案。

（二）工作目标

（1）牢固树立安全责任意识，落实安全责任制度，完善安全规章制度，做到早防范、早处置。

（2）建立快速应急机制和应急处理机制，及时采取有效和果断的措施，确保幼教中心秩序。

（三）假期安全事故应急机构

1. 安全事故应急领导小组

组　　长：中心主任（第一安全责任人）。

副组长：中心副主任（主管后勤）、中心副主任（主管业务）。

组　　员：部门主任、部门班长、保健医、后勤人员、办公室人员。

2. 领导小组成员职责

组　　长：做好突发事件的应急部署，统一指挥应战。

副组长：制止事态扩大，尽力把事故损失降到最低程度；严格按照"第一时间'先口头、后书面'"的要求做好突发情况信息的报送工作。

组　　员：在最短时间内了解事故情况；协助有关部门调查；采取有效措施；做好事故善后处置工作。

（四）值班人员的工作职责

（1）认真做好幼教中心的防火、防盗、安全保卫工作。值班人员要认真检查和关好幼教中心办公室及各班的门窗；关闭不需要的电源；关好水龙头等；值班期间不得进入厨房，不得私自使用厨房任何炊具。消除一切隐患，确保幼教中心的一切安全。

（2）认真做好的安全巡逻工作，预防各种事故和事件的发生。

（3）值班期间，不能脱岗。上岗时，不擅自离岗、脱岗，认真值班。全天24小时确保有人在园里值班，并及时清理园里的易爆易燃物品（园中及周边的干枯树枝）。

（4）值班人员要做好值班记录。重要事情要有记载，做好交接班等有关工作。

（5）值班人员要做好园里花草树木的施水及防冻工作，遇天气变化，应及时做出相应处理；保证幼教中心的水电供应。

（6）要坚守岗位，不得擅离职守。要提高警惕，做好幼教中心的安全保卫工作，做好值班期间的工作。发现问题必须处理并及时向上级领导报告，不能迟报、漏报，更不能隐瞒不报。对重大情况及突发性事件不按时上报或处理不力，造成严重后果的，视情节追究相关责任。

（7）值班人员要做好电话记录及来访登记，做好上情下达、下情上报工作。

（8）值班期间负责幼教中心安全及院子的卫生工作，完成领导交办的其他工作。

（9）春节期间对园区周边加强巡视，尤其对违反《北京市烟花爆竹安全管理规定》者，必须制止并拨打保卫处电话报告。

（10）遇假期有工程施工，值班人员要对施工人员做好安全宣传工作，监督施工方与幼教中心签订的《施工安全协议》的执行情况。

（五）应急处置反应

假期发生突发应急事件后，应急处理领导小组应根据实际情况启动相应的应急反应。

（1）如遇突发应急事件或察觉涉稳事件要发生，必须第一时间上报幼教中心应急处理领导小组负责人，由负责人向上级有关部门报告。

（2）应急处理指挥领导小组收到发生突发应急事件的信息后，应立即启动应急预案，落实各项处置和防控措施，同时向有关部门报告。

（六）应急处理步骤

（1）假期安全领导小组成员接到突发应急事件的风险信息后，第一时间赶到现场进行处置，并同时向应急处理小组组长汇报。

（2）突发应急小组组长要在最短时间赶往现场指挥全面工作，并根据情况向上级有关部门汇报。遇组长不在时，副组长指挥处置全面工作。

（3）突发应急事件处置后，应急处理领导小组要进行认真分析，总结经验教训并写出书面报告。

第二十四节　空气重污染应急预案

为有效应对空气重污染，切实保护幼教中心幼儿的身体健康，保证教育教学有序进行，根据海教发〔2015〕25号文件《北京市海淀区教育委员会空气重污染应急预案（修订）》有关规定，特制定本预案。

（一）成立空气重污染应急领导小组

组　　长：中心主任。

副组长：中心副主任（主管后勤）、中心副主任（主管业务）。

成　　员：部门主任、部门班长、保健医、办公室人员、后勤人员。

（二）工作职责

（1）领导小组办公室负责接收海淀区教委关于空气重污染预警的发布及解

除指令,及时上报给领导小组组长和执行组长,并按照领导小组的要求,通过园内广播的方式发布和解除预警信息,协调各部门启动和解除我校空气重污染应急预案。

(2)保健室、办公室负责在接收到学校空气重污染应急领导小组的预警发布、预警解除指令后,依据幼教中心空气重污染应急预案协调园内各项工作及各项活动的开展,在保障师生健康、安全的前提下合理安排幼儿一日活动。

(3)办公室、保健室等部门负责协助领导小组启动和解除空气重污染应急预案。预警响应期间,确保园内网络、通信设施等正常运行,保障园内各项工作的顺利开展。

(4)办公室负责通知全体教职员工在预警响应期间确保24小时通信畅通,注意了解、掌握有关情况并及时上报领导小组办公室。

(三)预警分级

根据环境中华人民共和国环境保护部《环境空气质量指数(AQI)技术规定(试行)》(HJ633—2012)分级方法,空气质量指数在200以上为空气重污染。按照《中华人民共和国突发事件应对法》有关规定,依据空气质量预测结果,综合考虑空气污染程度和持续时间,将空气重污染预警分为四个级别,由轻到重依次为蓝色预警(预警四级)、黄色预警(预警三级)、橙色预警(预警二级)和红色预警(预警一级)。其中,蓝色预警(预警四级):预测空气重污染将持续1天(24小时);黄色预警(预警三级):预测空气重污染将持续2天(48小时);橙色预警(预警二级):预测空气重污染将持续3天(72小时);红色预警(预警一级):预测空气重污染将持续3天以上(72小时以上)。

(四)具体实施方案

根据空气重污染预警级别,分级采取相应的应急措施。在接收到空气重污染预警信息后,各部门要做到快速反应、应急处置、及时报告,协调开展园内的各项工作。

1. 蓝色预警(预警四级)

保健室负责做好应对空气重污染的宣传和指导工作。通过园内广播、宣传栏、LID屏播放设备等加强对空气重污染应急、健康防护等方面科普知识的宣传、指导家长、教师、幼儿采取恰当的防护措施应对空气重污染,提醒教师减少户外运动。

2. 黄色预警(预警三级)

(1)保健室做好应对空气重污染的宣传和指导工作,提醒教师停止体育课、课间操、运动会等户外活动。预警响应期间,对于原计划在户外开展的各项户外活动应及时响应,并与相关部门协调与安排,原则上要求活动、比赛等延期或改为室内进行,务必将师生的身体健康、生命安全放在首位。

(2)教学处负责落实体育课、课间操、体育大锻炼等相关教学工作的调整及监管工作。预警响应期间,体育课停止室外课练习,转为室内,并对上课内容进行合理安排;暂停课间操和体育大锻炼。

(3)预警响应期间,如遇园内大型户外活动,由活动主办部门将本次活动的应急方案上报至领导小组,经领导小组审核通过后按活动应急方案执行,并在活动期间做到密切监控、及时上报。

3. 橙色预警(预警二级)

(1)保健室做好应对空气重污染的宣传和指导工作,提醒师生预警响应期间,停止所有户外活动、比赛等,保健室应及时响应,并与相关部门协调与安排,务必将师生的身体健康、生命安全放在首位。

(2)教学处负责落实体育课、课间操、体育大锻炼等相关教学工作的调整及监管工作。预警响应期间,体育课停止室外课练习,转为室内,并对上课内容进行合理安排;暂停课间操和体育大锻炼。

(3)预警响应期间,暂停全校大型户外活动,由活动主办部门将本次活动的应急方案上报至领导小组,经领导小组审核通过后按活动应急方案执行,并做到密切监控、及时上报。

4. 红色预警(预警一级)

(1)空气重污染应急领导小组办公室依据《北京市海淀区教育委员会空气重污染应急预案(修订)》,及时通过园内广播、各班家长微信群向全体教职工及家长发布停课通知,同时密切关注预警信息。

(2)保健室负责联系各班班长,班长通过网络、通信等途径确认幼儿家长接收到幼教中心的停课通知,提示家长对幼儿进行生活和安全教育,并及时向领导小组反馈情况。

(3) 停课期间,教师通过网络、通信等途径与家长保持联系,及时了解幼儿在家的身体情况,对幼儿在家的一日生活进行有效指导,及时将幼儿在家的健康情况向保健室反馈。

(五) 预警启动与解除

幼教中心空气重污染应急领导小组办公室在接收到海淀区教委空气重污染应急领导小组办公室发布与解除指令后,负责向园内各部门发布与解除预警信息,启动与解除空气重污染应急预案。

1. 预警启动

领导小组办公室在接到空气重污染预警信息后,于30分钟内上报学校领导小组组长及执行组长,并按照领导小组要求,通过园内广播及微信平台向园内各部门发布预警信息,依据预警等级启动相应的应急预案。

预警响应期间,领导小组办公室密切关注预警信息及空气质量变化情况,依据预警等级及时调整和启动相应的应急预案。

2. 预警解除

领导小组办公室在接到空气重污染红色、橙色、黄色预警解除指令后,于30分钟内上报学校领导小组组长及执行组长,并按照领导小组要求,通过园内广播及微信平台向园内各部门发布预警解除信息。空气重污染蓝色预警不设立解除发布,空气质量好转时自动解除。

(六) 工作要求

(1) 领导小组统一部署,各部门积极落实,明确责任,相互配合,把工作要求落到实处。

(2) 接到空气重度污染预警信息后,各部门及时作出反应,并依据空气重污染应急预案进行工作部署,及时向领导小组进行情况反馈。

(3) 加强应急反应机制的日常管理,在实践中落实和完善应急处置预案。加强人员培训,不断提高应对突发公共卫生事件的指挥能力和实战能力。

附件一　陪餐班次表

年　　月

日期					
班级					
陪餐人员					
日期					
班级					
陪餐人员					
日期					
班级					
陪餐人员					
日期					
班级					
陪餐人员					

注：陪餐班次表每月排一次，由保健室主任对陪餐班次表进行编排。

附件二 陪餐记录表

日期：____年____月____日　　　　　　　　　　班级：_____

餐次	饭菜名称	口味是否适合			外观是否良好			食材是否新鲜			搭配是否合理			陪餐人签字
		适合	一般	不适合	好	一般	不好	新鲜	一般	不新鲜	合理	一般	不合理	
早餐														
午餐														
晚餐														

发现问题及建议：

反馈人签字：

附件三　食品验收标准

根据食品采购的要求,特制定食品验收标准。

1. 对调味品质量要求:

(1) 食盐:颗粒均匀、无杂质、不变色。

(2) 食糖:均匀、不结块、不变质、无杂质。

(3) 大料:不霉变,无异味,符合品质要求。

(4) 其他调料。

以上物品必须到合格供方名单中的商店购买。

2. 对肉类质量的要求:

(1) 外形:肉质鲜红、不含多余水分、有合格章。

(2) 韧度:富有弹性、黏度适中。

(3) 气味:无腐败味和其他异味。

(4) 脂肪:不超过二指。

3. 对鱼类质量的要求:

(1) 鱼鳃:色泽鲜红、有弹性、无腐败现象。

(2) 鱼眼:较亮、有神、不混浊。

(3) 鱼体表面:完整、有弹性、不变质。

(4) 鱼内组织:无腐烂现象、无异味。

4. 对动物内脏质量的要求:

(1) 色泽正常、不变质。

(2) 无异味、完整、干净、符合整观要求。

5. 对干货制品质量的基本标准：干爽、无霉味、整齐、均匀、无虫蛀、无杂质。

6. 对蔬菜质量的要求：含水量适中、大小一致、完整、色泽鲜亮。

7. 对水果质量的要求：外观色泽鲜亮、无破损、新鲜、不腐烂。

8. 对蛋的质量要求：蛋壳表面，干净，无污物，色泽鲜亮有白霜，无破蛋，腐败蛋。

9. 对油脂的质量要求：透明、不混浊、无异味、色泽鲜亮。

10. 对大米质量的要求：

(1) 粒形整齐均匀、质地硬度大、米粒饱满。呈乳白色、有光泽、有正常香味。

(2) 无霉变、无粘连结块，无杂质、无公害。

11. 对面类质量的要求：

(1) 用手捏有滑爽感，颜色晶白。

(2) 气味正常，无腐败味，无结块。

验收人员要严格按食品采购索证验收管理制度及食品验收标准仔细查验货品，索取、留存产品检疫合格证明等相关材料，并做好记录。

附件四　食堂工作流程图

(一) 食品加工流程图

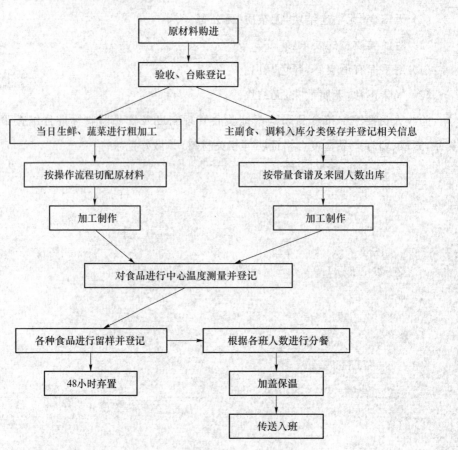

(二) 餐具消毒流程图

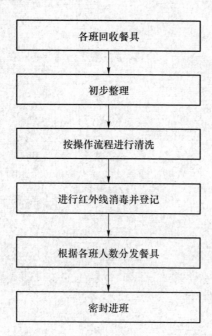